謹將本書獻給我的英雄，羅素・B・皮考特（Russell B. Pecaut，1902-2000，道瓊工業指數：67-11,551）。Papa（我們兒孫輩都如此稱呼），是一位本性良善、正直且總能帶給人們正面力量的紳士。他對我的事業帶來極大的啟發。他告訴我，我們能自主選擇樂觀以對，而我們也應該總是信守承諾。這個世界需要更多如羅素・皮考特這般的人。Papa，這是獻給你的書。

——丹尼爾・皮考特

UBH

UNIVERSITY OF
BERKSHIRE
HATHAWAY

30 YEARS OF LESSONS LEARNED FROM WARREN BUFFETT &
CHARLIE MUNGER AT THE ANNUAL SHAREHOLDERS MEETING

波克夏大學

巴菲特與窮查理30年的投資備忘錄

丹尼爾‧皮考特Daniel Pecaut ｜ 柯瑞‧溫倫Corey Wrenn——著

李祐寧——譯

Contents

3

治理：亮眼的第一季、錯誤的CEO與薪酬、建立無與倫比的董事會／●評論：對次貸危機的批判、賭博的代價——無知稅、不明智的替代能源——乙醇、分送300億的財富／●接班者計畫：七百件申請書／●人生習題：成為學習機器、更多來自查理的智慧

波克夏的未來

波克夏大學
教會我們這個世代投資人
最重要的事！

　　股神巴菲特，地球上最有名也是最偉大的投資人，他赤手空拳地將波克夏從一個小紡織廠，轉變為世界前五大的商業帝國。

　　如果你在1964年買入波克夏1股，到了2017年底已經增長了2萬4,047倍，年化報酬率高達20.9%，持續53年。這種驚人的紀錄不但前無古人，很可能也後無來者。

　　巴菲特怎麼做到的？大抵而言他運用了三個法寶：價值投資、複利效應和資本配置，而具體的執行步驟有五點：

▶ 第一步：盡可能的快速取得現金

　　巴菲特是最重視複利效果的投資大師，複利就是利滾利，牽涉到複利的因子有三：現金，時間，報酬率。

　　當年的紡織產業是夕陽產業，利潤低而且需要投資設備，是一種現金會不斷流出的產業，因此巴菲特買入波克夏，嚴格說來不算取得好牌。但是巴菲特指派優越的肯恩・蔡司擔任紡織廠執行長，

透過設法節省成本、謹慎營運來降低現金支出，並且讓其成為微薄的淨現金流入，這樣一來營運劣勢得以止血，並且讓巴菲特有現金可投資。

接著，巴菲特用波克夏收購傑克·林沃特執掌的國家賠償保險公司，將其併為子公司，這是一部高明至極的好棋。

因為保險業特有的浮存金是一種先收錢、後理賠的營運模式。保戶付了保費，未來保險理賠的時間可能會拉得很長，所以這個模式具備了「時間差」的優勢，讓巴菲特可以運用複利因子的前兩項（現金和時間），同時也讓波克夏的淨現金流入加大，此為一大優勢。

▶ 第二步：運用現金產生投資報酬

複利因子的第三點就是資金的報酬率，巴菲特運用的工具就是價值投資，運用形式上則有兩種：第一，買股票；第二，收購好公司。

這兩者只有形式上的差異，而非本質上的不同，不過也因此產生不同的操作模式。

購買股票的優點是，股票市場會因為投資人的情緒起伏不定，有時候會出現非常低的低價，在這時候買入就會具備絕佳的安全邊際，這是直接收購子公司所沒有的優勢。

另外，如果持股公司的管理階層出了問題，導致公司體質轉差，這時候股票投資人可以快速的賣出，不用擔心難以脫身的問

題，但是賣股票有資本利得稅的缺點，這是相對劣勢。

收購子公司為了公平起見，並且希望收購後子公司的老闆持續為巴菲特工作，因此會採用「合理價」收購，這個缺點就是成本相對高。子公司的老闆可能因為各種私人因素（例如節省遺產稅）想要賣股而把公司賣給巴菲特。

當子公司併入波克夏集團後，所有資金獲利繳回總部，因此巴菲特就可以運用子公司所有的自由現金流量，更進一步的增加可運用的投資資金。所以巴菲特特別喜歡「低資本支出」類型的公司，因為這類公司能產生充沛的自由現金。

雖然合理價收購子公司有成本較高的缺點，但是子公司則不需要巴菲特捲起袖子下場管理，因此能節省時間（複利的第二個要素）還能持續有現金流入。所以子公司越多，波克夏集團就能得到更多的資金，巴菲特所需要付出的時間成本卻更少。

透過收購子公司，巴菲特還能更加瞭解該公司的產業營運，增添自己的能力圈範圍，這幾項優勢足以彌補安全邊際不足，加上巴菲特精通稅法，能按照公司季節損益上的變化來替整體集團省稅，這又是一個優勢。

▶第三步：自由調度資金，做出正確的資本配置

當「買股票」和「收購」兩個模式並行的時候，就成了波克夏集團最強大的優勢，這個優勢有賴於巴菲特無人能比的資本配置能

力。資本就是錢，配置就是將錢做最有效益的運用，資本配置大抵而言有五種運用方式：

(1)如果公司本身有成長空間，就投資在現有營運上。

(2)如果沒有成長空間，就收購或投資其他公司。

(3)如果財務結構不佳，就還清負債。

(4)如果前幾項都完成後，就發放現金股息。

(5)如果股價低於內在價值，就實施庫藏股。

這五種方式，前兩項是用保留盈餘進行投資，後三項則是發出盈餘讓現金流出，決定如何運用的工作則落在執行長身上。

通常一間公司執行長的工作有兩個：營運公司本身的業務和配置獲利賺來的資本。許多執行長透過在產品、行銷、用人方面這些營運上的過人表現，榮登執行長的地位，但是遇到「配置資本」這個具備難度的工作，往往有些人表現不佳。

巴菲特在1987年的波克夏年報中說到：「執行長不擅長資本配置可不是小事，一名執行長在位十年，如果公司的保留盈餘相當於淨值的10%，十年後公司資本有60%源自於該執行長的決策。」

讓我們以實例來計算巴菲特舉的例子，以下的表格是一間無負債的虛擬公司，第一年開始營運的淨值是10元，當年度獲利1元（因此資產報酬率是10%），這一元完全納入保留盈餘不發放，所以期末淨值變成11元。

我們假設該公司的執行長運用保留盈餘讓獲利成長的能力也是10%，所以隔年的獲利提升到1.1元。以此類推、在第十年的時候該年獲利為2.4元，期末淨值則是25.9元

時間	第一年	第二年	第三年	第四年	第五年	第六年	第七年	第八年	第九年	第十年
期初淨值	10	11	12.1	13.3	14.6	16.1	17.7	19.5	21.4	23.6
獲利轉保留盈餘	1	1.1	1.2	1.3	1.5	1.6	1.8	1.9	2.1	2.4
期末淨值	11	12.1	13.3	14.6	16.1	17.7	19.5	21.4	23.6	25.9

現在我們把十年的累積保留盈餘加總，然後對上期末淨值：

- 累積保留盈餘 15.9 元
- 第十年期末淨值 25.9 元
- 保留盈餘／期末淨值＝ 61.4%

結果正如同巴菲特所說，該執行長支配的保留盈餘佔了61.4%，因此執行長用錢的能力格外重要，如果保留盈餘成長率能維持，那麼獲利和淨值將不斷地成長；如果成長率下滑，情況就會倒過來。

那麼，波克夏如何做資本配置呢？我們可以進一步觀察巴菲特如何運用以下這五種資本配置法：

A. 投資在子公司現有營運上：監控資本支出

　　巴菲特收購子公司是不管理其日常營運的，他唯一會插手的就是資本支出的額度，他會要求子公司達到一定的成長率，如果無法達成，就要將現金繳回總部。如果巴菲特成為某間公司的大股東，他也會運用他的影響力去強化該公司的資本支出能力，例如他擔任《華盛頓郵報》的董事期間，就影響該報做出良好的庫藏股策略。

B. 收購其他公司：

　　繳回總部的現金，會交由巴菲特併購其他公司或購買股票。值得一提的是，巴菲特不在乎預定收購公司的營運項目，只在乎能否增添整體內在價值。

C. 還清負債：

　　一般公司藉此提升財務穩健度，不過波克夏是低金融負債的類型，財務穩健。

D. 發放現金股息：

　　如果保留盈餘運用不當，應該將現金還給股東，波克夏的衡量基準是「保留 1 美元的盈餘，是否能增加 1 美元的市值」。

E. 實施庫藏股：

　　如果公司出現顯著的低價，同時手上資金已滿足前幾個項目的

話，實施庫藏股會比發現金股息好，因為可以為持股的股東省稅。

▶優勢中的優勢：現金流動力鏈

巴菲特配置資本的能力，讓資金在集團內不斷地調度，形成一個互相支援的平衡模式，讓他在面對競爭對手時有本錢打消耗戰。

1977年巴菲特透過藍籌點卷公司收購了《水牛城日報》，此刻遇上了競爭對手《信使快報》的法律攻擊和本身的工會罷工，當時巴菲特和蒙格面臨了史上最大的個股虧損，兩間公司彼此競爭，雙方都持續虧錢。

巴菲特之所以能撐下去，是因為藍籌點卷公司旗下有一間超賺錢的時思糖果，時思糖果和藍籌的現金不斷地注入《水牛城日報》，形成一個現金流動力鏈，讓它有能力頂過虧損。之後競爭對手倒閉，《水牛城日報》大獲全勝，沒有競爭對手之後的獲利甚至超越過去的全盛時期，而這些獲利又讓巴菲特能再去收購其他公司，週而復始的循環，並且在每個循環之後，財務實力都變得更加強大！

▶第四步：建立強大的企業文化和營運衡量基準

波克夏能夠如此強大，除了巴菲特驚人的能力之外，還有一個無形的力量，就是巴菲特花費五十年所建立出來，以股東權益為重的公司文化。在這個文化裡面，衡量執行長是否「不負股東所託」

是最重要的事。

那要怎麼衡量執行長的營運成果呢？針對不同的項目，有不同的衡量方式。例如波克夏的營運目標，是整體內在價值成長要超過加計股息的S&P指數。但是內在價值的成長率無法直接觀察，因此使用淨值成長率來代替。

雖然波克夏的淨值不等於內在價值，但是在完全保留盈餘的狀態下，「淨值成長率」可以適當的反映「內在價值成長率」，在理想狀態下，該公司的股價會超越市值。

巴菲特為了顧及有一天股東可能需要賣出股票的時候不吃虧，所以他自我規定：保留1美元的淨值，日後要超過1美元的市值。如果用我們前述的虛擬公司做案例，該公司股東如果第一年用淨值10元投資，十年後要賣出股票時，該公司股價必須要高過25.9元，股東才能得到這十年間累積15.9元的保留盈餘。

只要巴菲特表現得好，波克夏的股價就會高於每股淨值，那麼當股東有一天必須要賣出股票的時候，絕對不會吃虧。這樣的制度就能讓股東安心持股。而當集團的執行長如此自我要求，底下子公司人人也會如此要求，形成一種文化上的強制力，讓各公司因此團結起來。

▶第五步：打造護城河，強化循環優勢！

隨著時間過去，波克夏本身強大的財務實力，為股東著想的文

化和良好的名聲，形成強大的優勢，這種優勢逐步循環，將波克夏從巴菲特的複利機器，轉換為一台能自動營運的「永動機」。

過去波克夏的投資部位佔80%，子公司佔20%，因此巴菲特的存在非常重要，所有的投資決策皆需要巴菲特檢視。

現在的波克夏子公司和股票的佔比剛好反過來，而波克夏的分權制度讓子公司擁用自主權，因此巴菲特本人在營運上的重要性可以因此降低。如此一來、波克夏集團形成了一部能自動運作的永動機，即使巴菲特辭世，這部機器也能繼續運作下去。

別以為這種「永動機」模式是自然形成的，巴菲特被人稱為「奧馬哈先知」，他的每個動作都經過仔細規劃。巴菲特身為波克夏的靈魂人物，他的股東最害怕的就是——如果有一天，巴菲特離開人世該如何是好？

這個問題從巴菲特60多歲被問到80多歲，而他的規劃，就是他透過五十年的時間，讓子公司持續增加，並且從中累積人才，這種逐步形成的過程，細微到沒人能夠察覺。

在2014年波克夏股東會上，本書作者發現巴菲特非常開心，並且開始宣揚波克夏的價值，這是因為「永動機」已經完成，他再無擔憂，可以不斷地欣賞他創造出來的巨大創作。

這些用經年累月，持續注入的多重優勢，變成波克夏獨一無二的護城河，創造出波克夏副董事長查理‧蒙格說的「魯拉帕路薩效應」的成果。所以蒙格告誡他的子孫說：以後別傻掉賣出波克夏的股票。

▶如何跟巴菲特學習？

了解巴菲特的成就過程之後，我們要如何正確的學習巴菲特的投資法則呢？有三種方法：

(1)閱讀高品質的巴菲特相關書籍。
(2)閱讀巴菲特親筆寫的波克夏年報。
(3)參加波克夏股東會，聆聽股神的智慧。

在資訊充沛的時代，要達成前兩項不難，如果你手頭預算充沛，並且抱著朝聖的心情，要完成第三項也不是問題。但是要回顧過去數年的波克夏股東會紀錄，恐怕只有靠你手上這本《波克夏大學》才能幫助你。

我們何其有幸，能與股神生活在同一個世代，見證當代最偉大的投資人所展現出人類極限值的能力。

巴菲特身為偉大的投資人、慈善家和最令人尊敬的人生導師，重視隱私的他大方地分享其投資成果，文字和各種報導見證，讓我們這些即使遠在台灣的投資人，也能間接地學習到巴菲特的智慧。他的投資智慧與股東信，如同金庸小說中獨孤求敗的玄鐵重劍一樣，充分領會其奧祕之人，便可持之橫行天下。

如果巴菲特問他的好搭檔蒙格那題經典名句：「查理，有什麼想補充的嗎？」查理・蒙格肯定會說：「我的劍留給能揮舞之人。」

繼承巴菲特精神者，即為舞劍之人。

這是一份最棒的投資禮物

如你一般，我的父親也是我的英雄。迪克顯然是一位相當了不起且思想縝密的男子。你非常幸運，能擁有如他這般的父親、導師與啟蒙者。

——華倫·巴菲特

（寫在皮考特公司新聞報的背面）

當家父迪克·皮考特（Dick Pecaut）於2009年過世時，我在自家投資公司的新聞報中，撰寫了一篇動情的致敬文。幾天後，我收到一份被寄回來的新聞報。在這份新聞報的背面，是「奧馬哈的先知」華倫·巴菲特的親筆回應。那位無論是其想法、策略或投資遠見，都讓我與公司合夥人柯瑞（Corey）受益良多的人，更是我研究了長達三十年的人，同時也是我很榮幸地能透過本書內容，和讀者分享其投資智慧的主角。

巴菲特的留言，成為家父畢生事業——作為一名投資顧問，最溫暖的註解。同時，也是對於構成本書的新聞報內容，和作為投資

顧問的我們的一種認可。

　　長期以來，我們一直是波克夏公司的評論員。在《紐約時報》、《Money Magazine》、《Schiff's Insurance Observer》和一些主流投資刊物上，都可以讀到我們對該公司董事長華倫·巴菲特、副董事長查理·蒙格所做出的分析。在詹姆士·歐洛林（James O'Loughlin）的著作《真實的巴菲特》（*The Real Warren Buffett: Managine Capital, Leading People*）中，也引用了我們其中一篇新聞報。[1]

　　這麼多年來，我們持續向波克夏總部投出自己的新聞報。但直到我們收到這封感性的回應前，我們根本不知道自己的信件是否有幸被人拆閱。[2]

　　柯瑞和我又驚又喜。巴菲特讀了「我們的」新聞報！得知大師本人對於我們針對價值型投資所撰寫的文章和想法感到興趣，就像是獲得某種認可般。就我個人而言，在眾多給予家父的致意中，這或許是我收過最溫暖且最具肯定性的訊息。為此，我由衷地感激。

　　但事情並非總是如此。世界上最偉大的投資大師並不常給我們捎上私人訊息。

1　該書在2015年波克夏股東會上販售，且列在波克夏官方認可的閱讀清單上。
2　2016年上半，柯瑞為了和一位來自奧馬哈且曾在1980年代與波克夏合作的股票經紀人碰面，和我一起來到墨西哥。柯瑞告訴對方，自己來自離奧馬哈90分鐘車程的愛荷華州蘇城（Sioux City）一家叫做皮考特（Pecaut & Company）的公司時，對方說，「皮考特？噢，我看過你們的新聞報。」柯瑞說，「我不記得我們有寄給你，有嗎？」這位經紀人說，「沒有。我是從別人那裡拿到的。」

▶我們是如何做到的？

　　1979年，我以博士的身份從哈佛大學畢業。在唸書的時候，我只修過一門經濟課。我認為課堂內容過於理論，和我在家族經營的投資公司內所觀察到的行為，非常不同；翌年，祖父、家父和叔叔一同成立了證券經紀公司——皮考特公司（Pecaut & Company）。從公司成立的第一天開始，他們就開始賺錢，且自此之後一帆風順。祖父總認為這件事非常不可思議。

　　一直到1970年代末期，我才開始參與家族事業——暑假的時候負責一些後台的工作。我能做的不過是很零碎的工作，像是更新標準普爾500指數（S&P 500）的撕頁。

　　在那個年代，標準普爾會寄給客戶一套以顏色做區分、如百科全書般依字母順序排列的卷宗。之後的每個月，客戶會再收到一封郵件，裡面放著一綑可和卷宗匹配的五顏六色表單——綠色表單對應的是大型公司股票、黃色是小型公司股票、藍色則是債券。為了淘汰舊資訊，必須要有人手動將這些新的表單放上去。而這就是我的工作。透過閱讀這些表單，我學到非常多的知識。

　　畢業後，我以正式員工的身份，加入公司。當時的我缺乏信心，面對工作毫無頭緒。在由家族經營且規模小巧的公司內，我們並沒有所謂的培訓計畫或制度。家父鮮少會認真地跟我談論公司的發展。我總是想著自己的表現該有多麼差勁，並以此折磨自己。在各種嘗試與錯誤中，我邊摸索邊學習著。

其中一個錯誤，是選擇權交易。這個領域變化快速，經常讓人熱血沸騰。理論上，你可以在很短的時間內將本金翻三倍。只需要成功幾次，你這一年就都不用愁了。我花了一年的時間，試著建立一套成功的選擇權交易模式。在那年結束時，我賺了大約100美元。考慮到我所投入的時間和精力，約等同於我每個小時僅賺進10美分。

顯然，這個結果非常不理想。或許短期操作對某些人來說有賺頭，但並不適合我。我必須找出更好的方法。

後來，到了1982年，我閱讀了約翰·特蘭（John Train）所寫的《股市大亨》（*The Money Masters*）。在書中，他列出了九位了不起的投資者，其中包括約翰·坦伯頓（John Templeton）和華倫·巴菲特。在讀完那本書後，我腦中有了靈感。

我對自己說，「我要重回學校。這些投資家將成為我的導師。他們的言論和文章，就是課程的內容。」為此我非常興奮。世界上最傑出的投資家將如同哈佛的教授般，成為我追隨和研究的對象。我迫不及待地想要知道關於他們的一切、鑽研他們的投資術。

打從這一天起，我將自己定位為公司內部的主要學習幹部。我認為，如果我充分地充實自己，在做決策時應該能表現得更好，從而帶給顧客更好的服務。

漸漸地，我有了最喜歡的教授，像是坦伯頓成長基金的約翰·

坦伯頓爵士[3]、資源資本公司（Source Capital，頂尖封閉型基金）的喬治・麥可利斯（George Michaelis）、紐約首鷹投資管理公司（First Eagle Global Fund）的艾維拉德（Jean-Marie Eveillard）、第一太平洋顧問公司（First Pacific Advisors）的鮑伯・羅德里奎茲（Bob Rodriguez），以及第三大道價值基金（Third Avenue Value Investors）的馬丁・惠特曼（Marty Whitman）等，這些專家們給予我極大的靈感和方向。

但在這些了不起的「教授們」之中，給予我最多啟發的，莫過於波克夏海瑟威的華倫・巴菲特和查理・蒙格。

在明白巴菲特「正是」那一位值得追隨的大師後，我貪婪地將他每年寄給波克夏股東的信，一字一句地吞進心裡。後來，我還遇到一位在巴菲特買下波克夏公司之前因和他擁有合夥關係、而得到一封（巴菲特）親筆信的朋友，我也沒有放過那些信件。對我而言，閱讀這些文字是最大的享受。

從我住的地方開九十分鐘的車，就可以抵達奧馬哈——波克夏舉辦年度股東會的城市。但出席股東會的先決條件，便是要成為它的股東。勇往直前的我，立刻以每股2,570美元的價格，買下1股波克夏海瑟威的股票。這張股票讓我在未來的三十年裡，得以向世界上最偉大、堪稱所有學生夢寐以求的兩位教授學習，吸取一流的

3　1987年，我和一群投資者來到約翰・坦伯頓位於奧馬哈的投資總部，和他會面。在那間以桃花心木裝飾的辦公室裡我見到了他，而他就如同我想像中那般親切且充滿威嚴。這場美妙的會面，成為我職業生涯中最美妙的一次經驗。

知識。

▶ 波克夏海瑟威大學

我清楚記得，第一次的會面發生在 1984 年。地點就在奧馬哈的喬斯林美術館（Joslyn Art Museum）。那是一場規模小巧、舒適卻又讓人興奮不已的會面。

站在門口收票的其中一個人是當地的註冊會計師，而他也正巧是我的舊識——柯瑞·溫倫。[4] 相對於其他員工，剛於 1983 年進入波克夏審計部門的柯瑞，還只是個菜鳥。

大學畢業後，柯瑞進入了愛荷華州蘇城（Sioux City）的公共會計部門。在工作長達兩年後，他發覺這份工作並不是自己想做一輩子的志業。在物色新工作時，他接到一通來自奧馬哈獵人頭經紀人的電話，對方表示波克夏海瑟威公司正在尋找一名內部審計員。

---

4 在 1984 年的波克夏股東會上，柯瑞擔任觀察員，由於該年的出席人數不足五十人，所以他並沒有被要求做些實質工作；然而到了隔年，股東會的參加人數突然暴增，他們不得不全體總動員。柯瑞的工作是負責向大量湧進會議現場的股東們，確認門票。但是很快地，人潮超過了柯瑞所能負擔的範圍。當時擔任內布拉斯加家具商城執行長的艾文·布朗金（Irv Blumkin）看到柯瑞的窘境，趕緊幫忙他一起收票。
在柯瑞發瘋似檢票的同時，他瞄見一名男子在沒有出示票的情況下，企圖進場。柯瑞大喊，「不好意思！你需要出示你的票。」男子停下腳步，柯瑞看了看他——那是華倫·巴菲特本人。柯瑞趕忙道歉，巴菲特於是朝著禮堂繼續走去。又過了一會兒，一名女子在六到七人的簇擁下，走進會場。她沒有出示票，所以柯瑞又對著她大喊，「不好意思！請出示妳的票。」她看著柯瑞，表明自己的身份：「我是蘇珊·巴菲特。」於是，在同一場會議上，柯瑞阻止了巴菲特和他的妻子進入自己的會議現場。每想到這件事，柯瑞就尷尬到不行。

柯瑞追問，「波克夏什麼？」對方說，「華倫・巴菲特經營的公司……」柯瑞聽了又問，「華倫什麼？」當時他根本不知道這些名字的來歷。儘管如此，他還是接下了這份工作，進入波克夏的審計部門，和另外六到七名員工一起審計波克夏子公司的財務，並準備每一季財務報表和巴菲特需要用的分析表。

當我發現他居然在波克夏工作時，我簡直嫉妒死了。我衷心地羨慕他居然有機會能親自向巴菲特學習。[5]

但當時我的注意力並不在柯瑞身上。我的焦點全放在講台上。

華倫・巴菲特和查理・蒙格就坐在禮堂的講台前，面對台下三百名股東（當時的我認為三百名就已經很驚人了）。我明白，若想學到東西就必須站起來發問，提出自己想要知道的問題。我列了好幾頁的問題清單，腦中只有一個目標——我一定要拿到麥克風。

我在異常緊張的狀況下，提出了第一個問題。透過他們的答案，你可以清楚感受到這兩個人的思緒是如此清晰且非凡。我忍不住想，「哇，他們的答案實在太完美了！他們居然可以把我那愚蠢的問題帶到這麼重要的思路上。」我不斷地想，為什麼我會這麼慢才想到這一步？為什麼我之前居然都沒有參加股東會？

在那場會議上，我發現波克夏持有威斯科金融公司（Wesco Financial）80％的股份，而蒙格還是那間公司的董事長。於是我趕忙飛往帕薩迪納（Pasadena），參加威斯科的股東會。相比之下，

5　當時的我根本沒想到，八年後，柯瑞會離開波克夏，成為我的生意夥伴。

那場會議的規模小多了。

我所參加的第一場威斯科股東大會，總共只有十五人，而且半數還是該公司的員工。再一次，我準備了詳盡的問題清單。在提出三個問題後，我明顯地表露出還想提出更多問題的態度。

我非常緊張。在蒙格那厚重的眼鏡背後，有著異於常人的顯著存在感。他看上去就像是一位無法容忍笨蛋的老教授。我起身，結結巴巴地說著，「實在很抱歉，我有太多問題想問了。感覺所有問題都是我問的。我並不是有意想要拖延會議時間。」

而蒙格只是和藹地說，「這正是我們之所以在這裡的原因。只要你有任何問題，我都會回答。如果有人想要先離席，他們可以先走。但我會待在這裡。」[6]

我心想，「噢，既然如此，那就放馬來吧！」我不知道整場會議持續了多久，但我覺得自己就像置身於天堂。毫無疑問地，和一流專家直接對談，大幅加速了我的學習進程。

「波克夏大學」是我擅自將這些從巴菲特與蒙格身上學到的智慧，所冠上的暱稱。每一年的課程包含了波克夏的年報和年度股東

---

6 儘管這麼多年來，我向蒙格提出了無數問題，柯瑞卻只問過一次問題。而他的問題和蒙格的答案，被刊登在另一本由波克夏公布的閱讀清單書籍：《窮查理的普通常識：巴菲特五十年智慧合夥人查理‧蒙格的人生哲學》上。
在得知蒙格擁有一座湖和一間小屋，且每個夏天都會和家人一同到此度假後，柯瑞寫下並提出一個幽默的釣魚問題：「下個禮拜五我會剛好遇到明尼蘇達 Eagle Lake 的鼓眼魚釣魚季開放。有沒有關於魚餌或魚餌的建議呢？」蒙格看到問題後笑了出來，並立刻回答：「我已經沒有在釣鼓眼魚了；在年紀大了以後，我比較愛釣黑鱸。但就我自己的湖來說，晚上釣鼓眼魚收穫會比較好。」

會上的發言。柯瑞和我從這門課（亦即本書的內容）所學到的投資理財術，遠勝過任何學習管道。

徹底研究波克夏的報告、仔細閱讀巴菲特寫給股東的信、聆聽巴菲特和蒙格在股東會上的發言，是作為價值投資者的我們，得以成長茁壯的關鍵力量。這是我們商業教育的核心課程，且足以和大多數的MBA課程一較高下。[7]這更是我們進修教育的核心基礎。

毫無疑問地，這絕對是我們兩個人此生做過最棒的投資。

一年一次，你可以讓全世界最棒的投資團隊，為你解答心頭所有的疑惑。這絕對是商業界最夢幻的年度大師殿堂。在會議的一開始，巴菲特承認自己很畏懼公開發言（過去，他只要光是想到演講，就會出現身體不適）。

幸好，作為一位教育者，巴菲特和蒙格的表現越來越好。今日，他們已經是最棒的講師。他們的智慧和樂於與人分享的心態，讓每年的股東大會都成為特級演講系列中極其珍貴的一堂課。

▶ 無人能擋的波克夏

對於「巴菲特和蒙格是當代最偉大的投資家」此一論點，華爾

7　作家提摩西・費里斯（Timothy Ferriss）說道，有些老手在朝聖前會對我說，「這就像趁週末的時候去修一個MBA。」我心想這也未免太過誇大了，這些人只是出於英雄崇拜心理，但我不得不說：「我認為在這一個週末學到的東西比多數MBA課程還要多。從經驗中篩選出來的實時策略？打勾。人脈？大大的勾。巴菲特聖地唯一缺少的東西大概是一個10萬美元（以上）的商品吊牌。」

街鮮少會有人提出異議。他們在辨識並評估無形資產方面的才華，使他們從眾人之中，脫穎而出。

作為一位價值投資者，最理想的狀況就是找到一間正在提升其內在價值的公司。理想上，這間公司的股價甚至在下跌，並能隨著時間的推移，創造出更理想的價差。在掌握這兩大原則方面，沒有人的技巧能超越巴菲特和蒙格。在過去五十多年裡，他們總是試圖找出優良企業，並以優異的價格買下部分或全部的股份；此外，為了有效運用此一原則，你必須控制好自己的情緒——在企業評估和施行這個策略所展露出的殘酷理性方面，巴菲特和蒙格確實無人能及。而這個策略帶來的成果令人嘆為觀止。在巴菲特和蒙格的領導之下，波克夏成為二十和二十一世紀最經典的商業傳說之一。

▶波克夏：一部濃縮版的投資經典

巴菲特畢業於內布拉斯加大學（University of Nebraska）。畢業後，他轉往哥倫比亞大學商學院（Columbia Business School）就讀。在這裡，他從價值投資之父——班傑明・葛拉漢身上，得到許多啟發。巴菲特成為葛拉漢的得意門生。後來，葛拉漢也讓巴菲特來到自己和其他人合夥經營的葛拉漢紐曼公司（Graham Newman）工作。

巴菲特利用這段期間的所學，回到奧馬哈開始經營自己的合夥事業。打從一開始，他就經營得相當有聲有色。如果你在1956年將1萬美元投資到他的公司身上，就可以在1969年收回20萬元，

複合年化報酬率高達25.9％。更令人不敢置信的是，儘管市場在這段期間內出現了六次低潮，他的公司卻未曾遭受波及。

1959年，巴菲特在一場晚宴上，遇到了同樣來自奧馬哈的查理・蒙格。兩人立刻察覺出對方所具備的才華。當時的蒙格還是法律界人士，於是巴菲特勸他，要想賺錢，就應該從事投資。[8]蒙格於是在1962年開始自己的投資合夥事業——惠勒蒙格公司（Wheeler, Munger & Co.）。自此之後，他和巴菲特在正式和非正式的情況下，進行了幾次商業構思的合作。

波克夏海瑟威原本是一間位於新英格蘭的紡織公司。該公司的股票帳面價值為19美元，價格被大幅低估。其平均每股的淨營運資金為11美元。巴菲特以每股約7至8美元的價格，買下這間公司的股票。這也意味著巴菲特的買價，低於淨現金值和近似現金資產的價格。

紡織產業逐漸沒落的趨勢，已無力回天。當時的波克夏海瑟威正經歷整合，並開始出售名下的資產。在售出資產後，該公司再用獲得的現金買回自己的股票——這招非常聰明，因為他們的股價很低。1963年，波克夏大量買進自己將近三分之一的股份。波克夏公司的負責人察覺到巴菲特手中握有不少股份，而他們希望巴菲特能遠離自家公司。於是，他們找上了巴菲特，提議以每股11.5美元

8　蒙格確實想賺錢，「不是因為我想買法拉利——是因為我想要獨立。我太渴望獨立了。我覺得不得不向別人寄出單據的日子太沒尊嚴了。我也不知道自己為什麼會這樣想，但當時我就是有這種念頭。」

的價格，買下他手中的股票。巴菲特同意了。在極短的時間內，他賺了將近40%的利潤。

然而，當巴菲特拿到交易合約時，上面標示的價格卻低於當初雙方談好的價格（儘管只是低了幾美分）。巴菲特對他們的小手段，感到非常生氣——他每股都會被對方騙取12.5美分。於是，巴菲特決定改變自己的態度，他開始大量買進波克夏的股份，直到取得該公司的掌控權。接著，他趕走了那個當初試圖欺騙他的管理者。1964年，華倫·巴菲特正式管理那間位於新英格蘭的小紡織廠，而此處也成為他往後進行投資的據點。

就當時來看，巴菲特的這一步毫無道理——他買下一間正在走下坡、並且他根本不知道該如何經營的公司。後來，他曾開玩笑地說，自己當初真的應該乖乖拿錢走人，這才是真正聰明的做法。

然而事實證明了，這間紡織公司是執行投資的理想載具。因為波克夏的股票，讓巴菲特擁有一間公開上市、且資本受控制的公司。在資金管理方面，公司架構也能帶來極為顯著的優點。

在他過去的合夥事業裡，如果有任何一名股東退股，錢就會立即減少。現在，如果股東賣掉波克夏的股份，也不會影響到公司可用的資金。只有當巴菲特發放股息的時候，才會有資金脫離「企業」此一框架的可能。因此，他可以利用這個永久且受控制的資本來進行長期投資，像是購買公司（部分或全部）。波克夏的架構也讓巴菲特能在特殊情況下，進行機會性投資。

漸漸地，巴菲特淘汰了該公司的紡織業務比重。他賣掉資產以

創造更多現金。有了現金，他就可以著手打造屬於自己的財富累積製造機。

1967年，巴菲特買下國家賠償（National Indemnity）保險公司。自此之後，「保險」成為波克夏的核心主力業務。巴菲特鍾愛保險事業。該產業能創造浮存金（float）的性質，使其成為一個強而有力的財富積累平台。

作為保險公司，通常會收取保費，而保費的很大部分會直接進入準備金，以應付未來的給付可能。而這些準備金（亦即浮存金）能夠替波克夏賺進財富，提升公司的資本回報率。如果我們可以透過低成本的方式製造浮存金，並隨著時間增加浮存金的總量，那麼我們就能打造一部財富累積製造機。如同蒙格曾經說過的，「基本上，我們就像是知道一件大事的刺蝟[9]。我們發現，如果能用成本為3%的浮存金，去購買每年能賺13%的公司，那這不是一個極為理想的投資方式嗎。」然而，很少投資者能理解，浮存金是波克夏之所以能如此成功的其中一個祕訣。

波克夏每一塊錢的股權，在經過一段時間後就會產生大約50美分的浮存金。而這些年來，波克夏運用這1.5元為每一塊錢的本金進行投資，大幅提升了獲得的回報率。波克夏的長期表現之所以能如此亮眼，絕大部分的功勞必須歸諸於巴菲特和蒙格貫徹此一了不起策略的能力。這並非所有人都能輕易如法炮製的。

9　譯註：此一典故出自希臘詩人亞基羅古斯（Archilochus）的一句話：「狐狸知道很多事，但是刺蝟只知道一件事。」

1972年，波克夏買下時思糖果（See's Candy）。儘管當時巴菲特開出一個超過他平常願意出的價格，但他也因此明白一個優秀的品牌能如何賺進大筆的現金。他第一次見識到品牌力量，也感受到「不需要大量資金來提振成長的公司」之優點。賣巧克力不需要太多的研發或創新。這門生意永遠不會過時。只要你是一個優秀的品牌，每逢情人節，客戶總會忍不住再次踏進店來。

自此之後，作為投資平台的保險公司和能生成現金的優秀品牌，成為波克夏「財富累積製造機」的根基。

另一間被巴菲特買下的大企業，就是和巴菲特有著深遠淵源的蓋可（GEICO）公司——他的啟蒙老師葛拉漢，透過葛拉漢紐曼公司持有蓋可的股票；在內布拉斯加念大學時，巴菲特的論文主角也是蓋可。現在看來，巴菲特當時就明白一間擁有優秀基本營運模式的公司，只需要適當的管理，必能取得成功。

到了1970年代中期，蓋可遇上了麻煩，股價也隨之崩潰。這時，新的執行長傑克・伯恩（Jack Byrne）出現了。巴菲特對伯恩非常有信心，認為此人必定可以解決所有的問題。於是巴菲特開始買進大量蓋可的股票。[10]

1976年，蒙格清算了自家公司的合夥關係。自1962到1975年間，惠勒蒙格公司達成24.3％的年複合成長率（同時期的道瓊工業

---

10 蓋可公司持續在市場上穩定地買回更多股票，因此隨著時間經過，波克夏握有的股份越來越多，也漸漸成為其大股東。到了1996年，波克夏買下蓋可全部的股份，從此之後，波克夏就能針對蓋可的成長進行積極投資。而這一步，也為波克夏帶來了極大的財富。

平均指數的年複合成長率為6.4％）。1978年，蒙格成為波克夏海瑟威的副董事長。

除了擔任波克夏的副董事長一職，蒙格同時也出任了威斯科金融公司的執行長與董事長（自1984年至2011年）。威斯科是帕薩迪納互助儲蓄銀行（Mutual Savings，提供存款和貸款業務）的控股公司。威斯科有80.1％的股權，掌握在藍籌點券（Blue Chip Stamps）公司手中，而後者又完全隸屬於波克夏[11]。這些年來，隨著蒙格將該公司的資產重新配置，投入到再保險（Reinsurance）、CORT（家具租貸公司）商業設備、堪薩斯金融擔保（Kansas Bankers Surety）及蒙格最喜歡的某些股票上，使得威斯科在某種程度上，一直被視為是「小波克夏」。

在隨後的數年中，波克夏持續持有更多優秀的企業，包括：公共事業（波克夏海瑟威能源）、消費商品（可口可樂的股份），甚至是媒體資產（水牛城新聞報和華盛頓郵報的股票）。

長久以來，大眾在某種程度上視波克夏為一個擁有大量持股的共同基金。然而，此種想法低估並忽視了幾個面向：第一，波克夏保險公司那令人吃驚的低成本「浮存金生產」的能力；第二，波克夏那令人印象深刻且穩定成長的「現金生產」商業營運模式。波克夏策劃那些得以「提升企業價值的交易」的能力。

在坐擁價值數十億美元的現金與證券所帶來的固定收益下，波

---

11 2011年6月，波克夏買下了之前未能買下的19.9％威斯科股份。

克夏就像是一座金融軍事堡壘。在二十一世紀的前十年（又稱「失去的十年」），巴菲特因為持有大量的現金與債券，而飽受批評。在次貸危機期間，巴菲特和蒙格則繼續瘋狂地投資。

波克夏擁有察覺美國國內每一筆好交易的能力，因而被稱為美國「最後的買家」。當散戶投資者忙著賣股票時，巴菲特和蒙格卻忙著買、買、買——再買。他們的投資，包括買下鐵路公司BNSF（美國柏靈頓北方聖太菲鐵路公司），以及化學公司路博潤（Lubrizol）；他們進行高收益的附認股權借貸；他們提高了BNSF和中美能源公司（MidAmerican Energy）的資本。整體而言，在次貸危機期間，波克夏可能投出了1,000億美元，並獲得了兩位數的報酬率。

在過去三十多年裡，波克夏創造了許多令人驚豔、獨立且出色的公司，並利用其產生的可觀現金來發展公司。如果波克夏完全只依賴投資組合，那麼他們便需要像巴菲特與蒙格這樣的天才，來審視每一筆投資，決定何時該賣何時該買。但藉由擁有優秀的子公司，波克夏對於巴菲特與蒙格的「需求度」就可以減少。蓋可可以繼續推銷他們的汽車保險、BNSF可以繼續透過鐵路運送貨物，這些公司都可以在不需要他們插手的情況下，良好地運作。透過這樣的機制，他們刻意讓波克夏能在沒有他們的時候，繼續維持良好的獲利。

今日，波克夏是世界上最強大的企業集團之一。2014年，《財富》（Fortune）雜誌將波克夏列入世界上最大的企業行列——擁有

1,400億美元的收入、195億的獲利，和價值4,850億的資產，包括握有價值2,300億的股票和770億的浮存金，使其擁有充盈的營運資金。

　　就市場價值方面，現在的波克夏在角逐美國最具價值公司的排名上，僅落後於蘋果、谷歌及其母公司Alphabet、艾克森美孚（Exxon Mobil）和微軟。波克夏成為牢靠的價值、低於一般水平的風險和無與倫比質量的代表。它更是美國股市中幾乎凌駕於一切股票之上、擁有更優秀相對價值的超績優公司。

▶ 波克夏 vs. 標準普爾 500 指數 （751,113％ vs.11,196％）

　　自從巴菲特在五十年前買下波克夏公司之後，其每股的帳面價值從19美元上漲到14萬6,186元，這意味著複合成長率高達19.4％。我們可以將這個數字和標準普爾進行比較。由於標準普爾集合了美國跨領域的產業（不要將所有的維蛋放在同一個籃子裡），因此通常被視為一種較安全的選擇。如果波克夏想證明擁有自己股票的風險是合理的，其表現就必須要優於一般市場。

　　結果任務達成──在這五十年間，波克夏19.4％的成長率，幾乎是標準普爾9.9％的兩倍。

　　在不景氣的時候，波克夏的表現也持續優於標準普爾。事實上，自1965年以來，波克夏以每五年為一間格的期間表現，都超

越了標準普爾（只有兩個時期例外：2009到2014年、2010到2015年）。除此之外，在這五十年間，標普500指數曾出現過十一次的低潮，而這十一次（年）的累計損失，更高達了251.4％。相較之下，同一時期的波克夏僅出現過兩次虧損，累計收益為117.8％──波克夏領先標準普爾的幅度達到令人驚異的369.2％。

而在波克夏超越標準普爾的卓越表現之中，有三分之二的成績是在逆境年所累積而來的。這正是巴菲特與蒙格「不要輸錢」哲學所帶來的成果。避免賠錢這樣的想法，長期下來所累積的財富就跟波克夏在牛市時期所累積打造的金錢帝國一樣可觀。

因為複利而造成年收益上的小小優勢，在時間的推移之下，變成總金額上巨大的優勢。就1965至2014年間的總體收益百分比來看，1965年投資在波克夏的每一塊錢，將獲得令人驚豔的751,113％回報（相較之下，標準普爾只有11,196％）。

儘管柯瑞和我長久以來早就摸透這些數字，但巴菲特和蒙格的成就往往還是令我們驚奇不已。他們一手主導了歷史上最偉大的財富帝國的崛起。在這五十年內，巴菲特手中掌管的財富以驚人的速度膨脹。

▶資本家的胡士托音樂節

隨著巴菲特和蒙格的名聲與財富越來越龐大，人們對於波克夏一年一度的股東會開始趨之若鶩。

如同我在筆記中所紀錄的，當我於1984年首度參與波克夏股東會時，那是一場簡樸、只有三百個人出席的會議。在此之後，這場會議出現了許多改變。從一開始較為單純的活動，逐漸變成盛大的宴會，又再演變成當前這個為期三天、集各種功能於一身的研討饗宴。儘管如此，對1984年來說，三百人的出席盛況，已稱得上規模龐大（與再回推六年前只有十九人出席的狀況相比）。將時間快轉到2015年，出席人數已達四萬五千人。[12]

在極短的時間內，波克夏的股東會從小小的私人講座系列，演變成商界的夢幻大會。有數不盡的人為了聆聽巴菲特與蒙格的演說，從世界各地飛往奧馬哈，而這種現象也成為一個時代的奇景，經常被人們稱為「資本家的胡士托音樂節」。這也證明了全世界對於投資領域的興趣，正在興起。

巴菲特和蒙格欣然地款待這群每年飛到奧馬哈的粉絲、朋友、學生和投資者。事實上，他們也努力地擴大活動，使其成為一場長達三天且內容精彩絕倫的慶典。

這就像是一場週末度假套裝行程，你還可以得到大量的股東優惠折扣。各式商店如波仙珠寶（Borsheim's）和內布拉斯加家具商城，都會為股東們推出獨家派對和專門的營業時間。整個奧馬哈小鎮上，還會定期舉辦許多活動，像是「奧馬哈追風人」（Omaha Storm Chasers）棒球活動——巴菲特會在簽名會中現身並為比賽開

12　在本書的「附錄II」中，依照年代列出了波克夏在過去三十年間的驚人成長狀況。

球。

在短短的週末裡，股東們被鼓勵去光顧所有波克夏在經濟上實質參與的事業，而這也催生了「波克夏購物商城」——這個讓波克夏子公司們得以進行目標銷售的零售大會。奧馬哈體育會展中心（CenturyLink Center）的一樓，瞬間成為專屬於波克夏股東們的迷你商城。波克夏的各個子公司，在各個攤位上兜售自己的商品。[13]

而重頭戲——股東大會在一場獨立拍攝的短片播映會之後，開始了。這麼多年來，這些逗趣的短片請來了各式各樣的名人出演，包括肥皂劇傳奇人物蘇姍·露琪（Susan Lucci）、拳擊選手佛洛伊德·梅偉瑟（Floyd Mayweather）和演員布萊恩·克雷斯頓（Bryan Cranston，以自己在連續劇《絕命毒師》中的角色沃特·懷特出現）。

▶ 股東大會

在目睹股東大會結束後所展開的瘋狂問答時間後，許多人可能會覺得相較之下，大會本身似乎沒那麼重要了，這也算是情有可原的想法。但這或許是我們最接近「真相」的時刻。這兩個男人永遠都是焦點的核心。

對於他們的發言，人們全神貫注地等待。有時候為了提出一個問題，就算等上數小時，大家也總是甘之如飴。在1984年，問答

13　想更了解大廳所發生的拜金狂歡饗宴，請見本書的「附錄III」。

時段大約長達兩個半小時。現在，只要問答部分能在六個小時之內結束，就算是非常精簡。問答時段承載了所有參與者對於兩位當代賢者投資智慧的期待。

不得不承認，為了適應人數大幅成長的參與者也是一種考驗。有這麼多人都迫不及待地想要發問，導致問題的品質開始下降（對柯瑞和我而言）。或許我們的想法有失公平，但作為長期出席波克夏股東會的股東[14]，我們更懷念過去那種寧靜又緊密的過程。幸運的是，自2013年開始，增加了由三名記者和三名分析師組成的提問小組，問題的質量自此有了顯著的提升。而現在，大部分的問題也多由這個小組提出。

無論股東會的規模是小或大，這場會議總能帶給與會者大量的資訊，並獲得巴菲特與蒙格的智慧和洞見。

▶一場跨越時空的對話

自1984年所參與的第一場波克夏股東會開始，柯瑞和我在每一場會議期間，總會留下大量的文字記錄。1986年，我開始認為自己不應該獨享這些智慧，因此將這些紀錄寄給了朋友與客戶，作為公司發行的新聞報。

當柯瑞還在波克夏工作的時候，他的電子信箱依然列在我的新

---

14 別忘了，早在巴菲特和蒙格受到眾人追捧之前，我倆就見過他們——就像曾經見過在德國漢堡演出、且尚未成名的披頭四一樣。

聞報收件欄之中。他還記得自己當時非常喜歡且享受閱讀我的電子報。他認為我的電子報資訊豐富，內容實用，且精確掌握股東會的核心。我們時不時地會通電話，而我總會向他提出一些問題，這讓他覺得以一個旁觀者的角度來說，我對波克夏的經營之道理解得非常透徹。

在波克夏工作的時候，柯瑞總想著應該將自己在公司所學到的寶貴知識，按照年代逐一記錄下來。但部分的他也考慮到，這麼做可能有違身為一名員工對公司的忠誠度，因此最後只能放棄。

然而，儘管柯瑞從來沒有正式地做筆記，但在和同事、子公司執行長的談話過程中，他還是吸取了許多難能可貴的經驗，並觀察到這些傑出人士是如何去思考事情的。由於工作性質的緣故，柯瑞總是專注在學習之上。他曾經和許多經營模式大異其趣的波克夏子公司共事過——光用腦袋想，就能知道內布拉斯加家具商城和國家賠償、時思糖果、《水牛城新聞報》非常不一樣。

那段在波克夏工作的時間裡，柯瑞念了一個MBA學位，並修讀了組織理論。因此，在工作的時候，他總是透過自己修讀的理論框架，去觀察波克夏的營運模式，並發現波克夏去中心化的組織效率非常優異。

1992 年，柯瑞成為我的商業夥伴。在不侵害他所知道的專利訊息前提下，柯瑞和我無時無刻都在討論波克夏。在企業文化、企業價值觀和參與交易的商業人士方面，他帶給我非常深入的理解。

在當時，柯瑞和許多參與波克夏營運且對該公司事業有深刻理

解的人，都有些私人交情——他必須花許多時間和子公司的人見面。[15]現在經常被譽為巴菲特接班人的阿吉特‧嘉安（Ajit Jain），也曾在柯瑞於他位於紐約的辦公室工作一整天後，邀請他一起共進晚餐；柯瑞也曾經和巴菲特有過一、兩次簡短的對談經驗。[16]

對於波克夏的高道德標準，柯瑞也有親身體驗。柯瑞曾見到巴菲特向下屬交代，表明所有波克夏的員工都應該監督、並尊重一切的法律與原則。在柯瑞剛進入內部審計部門時，一般消費者可以在網路上購買電腦，如此一來就不用付營業稅。但是在波克夏，任何此類的購買行為，都必須向上級呈報，讓公司去申報使用稅；巴菲特也總是希望內布拉斯加家具商城能誠實繳納營業稅。他非常堅持波克夏應該繳納所有應支付的稅金（當然，也不至於要多繳）。

在柯瑞於1992年來到皮考特公司後，他利用自己過去所學，為每一年波克夏股東會的筆記帶來許多貢獻。在只有他獨自一人參加的年度裡，我會根據他的筆記與觀察，製作新聞報。我負責撰寫每一份新聞報，而柯瑞負責嚴謹地編排內容。[17]

會議期間，柯瑞和我總會瘋狂地做筆記，記錄巴菲特和蒙格的言論與想法（我們認為）最重要的地方。而透過這些嚴謹的筆記內

---

15 柯瑞之所以決定離開波克夏的主要原因，就是因為冗長的飛行時間。1987年，他的第一個孩子誕生了。某一次，在為期兩週的例行商務旅行結束後，回到家的柯瑞突然驚覺女兒長大了，而且連「看上去都不一樣了」。對此，他耿耿於懷。因此，當我找上柯瑞、表達想要合夥的意圖時，正值柯瑞萌生改變生活念頭的重大時刻。

16 由於蒙格獨自在加州負責威斯科金融公司的營運，因此柯瑞只有在年度會議上，才能見到他。

17 這也是為什麼，我是我們新聞報中唯一一個會使用「我」的人。

容，也讓我們得以突顯、反思和表達自己所學到的寶貴知識。等到回家後，我們會為客戶製作一份精煉、但卻包含所有內容的會議紀錄，而本書正是由這些精華所構成的作品。

除了他們的發言之外，我們還會補充他們未能來得及說出口、稍微帶到或暗示的內容。作為價值投資者，我們的專業背景讓我們能在枯燥、無趣、逐字逐句的會議記錄中，增添更深入的領悟。

多數關於巴菲特的主流新聞報導中，缺乏對投資工作領域的深刻認識。[18]而我們希望：讀者能透過我們針對波克夏股東會所做出的關鍵性評論和剖析，獲得更深入的投資智慧。那些長達數百小時的講座，經過我們的去蕪存菁後，留下最精髓的內容。你可以省去從檔案中千辛萬苦翻找、只為了挑出重點的吃力活兒。

我相信很快地，你絕對會沈浸在這場長達三十年，精彩絕倫、內容豐富且經常讓人捧腹大笑的「華倫和查理秀」之中。這並不是一本枯燥無味且過時的「投資理論」，相反的，這是一本囊括了巴菲特與蒙格在過去三十年間，和大眾分享過最棒的建議與啟發大集──震驚的內幕、好笑的時刻、還有令人拍案叫絕的策略分析，皆在其中。

這些新聞報就像是和巴菲特及蒙格進行了一場橫跨三十年的對話。我們確信，每一位認真的投資者，都會為這些內容感到驚

---

18 在2015年的波克夏股東會一開始，巴菲特積極地想要澄清一個問題：一位不懂會計的主流媒體記者在報導波克夏的其中一門生意時，將「淨利」誤植成「毛利」──這兩者間有著極大的差異。而這件事突顯了對於規模、術語和會計有第一手理解的重要性。

豔，並獲益良多。（我們向讀者提出挑戰：在讀到巴菲特和蒙格那如兄弟般鬥嘴的場景時，讀者可以試試看自己能否忍住不笑。）

我們確信，除了波克夏的年報外，這些筆記絕對是出席過去三十場波克夏股東會的最佳替代品。當然，如果你曾親身參與這些年度會議，那麼本書的內容將是喚醒你記憶的最佳契機，這些文字將為你記憶中的場景著上更豐富的色彩與定義。

本書的架構非常簡單，其初衷就是讓讀者能和過去三十年間（1986至2015年）的巴菲特和蒙格[19]，進行面對面的會談。讀者將看到巴菲特與蒙格是如何面對自己的失誤，以及如何因應瞬息萬變的世界所帶給他們的挑戰。閱讀本書，就像是踏上一場冒險之旅。

如果你決定加入我們的行列，你將能親眼目睹波克夏華麗的變身。你將深入了解到成功背後的推手。你手中握著的，是三十場波克夏股東會最詳盡入微的分析。

無可否認地，如果主題是一般的公司，那麼這將變成一場最枯燥無趣的閱讀體驗。但波克夏海瑟威是全然地與眾不同。[20]該公司獨一無二的成功經歷，和走向成功的策略，讓其成為一則傳奇。

---

19 如同你即將觀察到的，隨著會議的時間愈來愈長，我們的新聞信也同等變多。由於被提出的問題和給出的答案增加，因此紀錄的內容也變得更為豐富。

20 你還曾聽過哪一場能以電影開場，且規模大到足以影響整個城鎮長達一個週末的股東大會嗎？又或者還能拿自己的購物中心來吹噓的股東大會？當然沒有，因為這並非常態。

▶如何運用這本書？

相較於初涉金融市場的新手，這是一本更適合手中握有資訊、且認為「深度理解華倫・巴菲特與查理・蒙格思維脈絡」，是極具意義之事的投資者。如果你想從他們的角度審視過去三十年的市場發展、理解哪些才是可行之道，並將所學應用到自己的投資上，那麼本書將是你不二的選擇。

此外，價值投資帶來的另一項顯著優點，就是個人心情上的平靜。許多投資者長期以來不停地在市場上堅持、苦戰著，過著被焦慮與壓力綁架的生活。他們不停地擔心著自己的投資會在一夜之間蒸發。相反的，優秀的價值投資者如巴菲特和蒙格，總能在夜晚時酣然入睡——因為他們遵循的是最簡單且亙古不變的原則。

我們希望在讀者閱讀完本書後，能把這些原則銘刻在自己的潛意識中。我們期待你在投資上能做出更具質量與深度的決策，帶給自己更多的競爭優勢。

這不是一本「how-to」（如何做）的書。本書的宗旨是探討「為什麼世界上最偉大的兩名投資家要這麼做？」。而答案就在接下來的字裡行間。如果你能夠理解，那麼你將可以成為一位更棒的投資者。如果你能更進一步「用他們的邏輯來思考和行動」（尤其是在面對壓力時），你將成為一位更傑出且更富有的投資家。

本書將讓讀者更深入地了解，世界上最偉大的投資者在面臨投資問題時，他們是如何化險為夷，並邁向成功。你將能看到他們在

面對諸如主權債務危機、次貸危機和核武恐怖主義等事件，最即時的反應。透過這些內容，你將看到關於犯錯和突破危機最真誠且直白的描述。關於巴菲特為什麼要投資可口可樂和時思糖果的穩健理由，你也將獲得第一手的資訊。

此外，你還有機會能仔細觀察到蒙格在一連串的事件中，那逗人發笑卻同時也讓人嘆為觀止的機敏思維——從徒勞無功的玉米燃油到鞭撻現代投資組合理論，蒙格可從來沒有出錯過。

如果這只是一部搜集了過去五至十年間奇聞軼事的集錦，在這麼短的時間維度內，我們很難獲得重要的啟發。然而，這是一部橫跨三十年、且逐年進行分析的歷史紀錄。讀者得以從一個獨一無二且具有優勢的觀點，來審視巴菲特和蒙格的決策制定過程。呈現在讀者面前的，是一連串伴隨著時間因子所制定的決策，及一言一行背後隱藏的遠見。你將學到在大幅改變的環境及處境之下（如網際網路的崛起、報紙的沒落、景氣循環等），同一個且經得起時間考驗的原則，該如何付諸實踐。

在閱讀的時候，你或許會忍不住想著：連波克夏都脫手了，那我是不是也該跟進？或波克夏買進了，是不是意味著我也應該進場？對此，巴菲特和蒙格在他們的建議中，表達得非常清楚——我們應該試著從他們的行為中學習，以他們的建議為榜樣，而不是單純地去模仿。因為除非你和波克夏一樣處於那令人極端羨慕的位置，否則模仿他們並不會為你帶來什麼好處。

現在，波克夏海瑟威的資產高達5,000億美元。該公司進行直

接購買，且根據自己的計畫執行交易。有時候，波克夏會吞下整間公司。巴菲特和蒙格所進行的遊戲規模，是許多投資者無法比擬的。因此，與其抄襲他們的行為，不如試著理解他們為什麼要這樣做，再將這些體悟應用到自己的決策與位置上。

巴菲特不止一次在股東大會上提到，「史上最棒的投資，就是投資自己」。在追隨他的教誨並親眼見證自己事業的成功後，我們由衷地贊同他們的說法。本書的內容是最珍貴的學習與分析資源，能協助讀者為自己的投資決策打造理想模板。

在你投入到本書之前，請明白作為波克夏海瑟威大學的學生，是我們這一生做過最棒的投資，而你即將收穫這份禮物。

因此，我們誠摯地邀請你繼續閱讀本書，一起踏入世界上最棒投資團隊的奇幻世界……

誠摯的祝福

丹尼爾・皮考特

皮考特公司

2016 年 4 月

當巴菲特被詢問到，為什麼要如此頻繁地出現在電視上時，他表示自己喜歡留下電子紀錄，如此一來他的話就不容易被誤用或誤解。如果他上「查理羅斯訪談錄」（Charlie Rose）節目，他知道這段紀錄將會被永久地保存下來，且絕對不會改變。

——摘錄自〈2010 年波克夏股東會〉筆記

然而，本書的內容自然不同於電子紀錄。這是一份由參與了波克夏三十年股東會的狂熱筆記粉絲，所留下的紀錄。儘管我們（作者們）深信這些筆記精準地濃縮了會議內容的精髓與企圖傳達的意思，但我們仍想先就可能產生的誤解，致上歉意。

1986

地點：喬斯林美術館（Joslyn Art Museum）

出席者：約莫五百人

年度摘要：

在短短數分鐘內，總結了該年度的商業脈動。今年的股東大會共用了兩個半小時來進行問答。

波克夏股價：2,475 元

- 1964 年所投下的 1 美元，在今日約等值於 200 元。
- 波克夏的每股面值從 19.46 元上漲至 2,073.06 元（年複合成長率為 23.3％）。
- 同時期的標準普爾 500 指數(S&P 500)的年複利率為 8.8％。

1986 年的投資備忘錄

在回顧這場股東會之前，我們先一起複習巴菲特的思維框架：

1. 投資心法：價值型投資

華倫·巴菲特是當代最了不起的投資家，在眾多追隨智慧之父班傑明·葛拉漢（Ben Graham）腳步的投資者間，巴菲特無疑是最傑出的一位價值型投資者。葛拉漢的著作《證券分析》（*Security Analysis*，*1934*年）和《智慧型股票投資人》（*The Intelligent Investor*，*1949*年），更成為價值投資界的聖經。

基本上，葛拉漢將投資的藝術拆解成兩個簡單的變項：價格（price）和價值（value）。價值，指的是一間公司的價值；價格，則是你必須付出的金額。考慮到股票市場那狂躁抑鬱的波動，許多時候，我們會看到一間公司的市場價值遠低於它實質價值的情況。在此情況下，投資者可以用50美分的價格買進1美元的價值。請注意，此處並未提及利率、經濟預測、技術圖表、市場循環等。唯有價格和價值，是我們考量的重點。

此外，葛拉漢也經常強調「安全邊際」（margin of safety）。其做法是不要用97美分的價格去購買1美元。進一步解釋，也就是價格落差必須顯著到足以吸收錯誤估算和運氣不濟時可能造成的損失。如同巴菲特所言，「當你在建造一座橋梁時，你會堅持這座橋的負重必須高達3萬磅，但你可能只會讓不超過1萬磅的卡車行駛

在上頭。」長時間下來，針對此類股票的多元化投資組合，往往能以低於平均的風險，獲得傑出的回報。

2. 巴菲特的個人績效

這些原則在巴菲特的手中，被發揮得淋漓盡致。在過去三十多年裡，巴菲特一直以合理或甚至極為便宜的價格，買進一間企業的全部或部分股權。其成效令人嘆為觀止。

1956年，巴菲特投注 1 萬美元的合夥事業，到了 1969 年暴增為 20 萬元，這也意味著 25.9％的年複合成長率。在這段期間裡，市場曾出現過「六次」低潮，然而讓人震驚的是：巴菲特的合夥事業卻未曾受此影響。巴菲特的投資確實有著低於平均的風險，加上超優的回報率。

1969年，合夥事業解散而前身為新英格蘭一間小紡織廠的波克夏海瑟威，自此成為巴菲特進行投資的據點。當時，波克夏公司的股價為 40 美元。今日，該公司的股價約落在 2,850 美元，年複合成長率為 28.5％。由此可知，巴菲特所掌管的資產在這三十年內，出現極為可觀的成長。儘管對於巴菲特的經歷我早就滾瓜爛熟，但這麼多年來，我還是屢屢為此驚嘆不已。

3. 波克夏的年度股東大會

因此，當我第一次參加波克夏的股東會時，我的內心簡直是無比激動。

當前的商業脈動就這樣濃縮在短短的幾分鐘之間，而當時的股東會更開放長達二個半小時的提問時間。以下，便是我從巴菲特與蒙格的發言中，所挑選出來最重要的部分。

4. 投資心法：內在價值

這個概念是巴菲特投資的核心準則。巴菲特對它的定義為：資訊通達的買家願意買下該公司而出的價格。在此定義下，公司的無形資產，例如管理才能和特許權價值等，也具有其價值，因而和葛拉漢以「數字」為導向的估值方法，有所不同。

巴菲特也正是憑藉著找出、並評估此類無形資產的才能，累積出今日如此崇高的聲譽。

5. 市場分析：通貨膨脹的預言

巴菲特表示，通膨是一種政治現象，非關經濟領域。當政治家缺乏自制能力時，某些時候他們會開始印鈔票（創造貨幣）。儘管或許要在兩年、或甚至更久之後才會出現，但巴菲特已預見會有「重大的通膨」和「前所未見的利率」。

對巴菲特這樣一位用詞總是輕描淡寫且極端內斂的人來說，這樣的用語是非常強烈的，絕對不容忽視。如果巴菲特的預言為真，那麼我們就應避開長期債券和易受通膨影響的投資項目。

6. 投資心法：經濟預測與交易策略

忠於葛拉漢的原則，巴菲特表示自己並不在乎經濟展望。他的決策都是基於企業的內在價值而定。

有趣的是，儘管他提出通貨膨脹的預測，卻不打算改變自己的策略（也是這三十年內持續為他所用的策略）。最理想的情況下，他會試著找出能跟上通膨腳步的公司。

7. 關鍵交易案：大都會美國廣播公司

「在國內的所有公有企業中，大都會的管理是最好的。」巴菲特以這樣的方式，解釋自己於去年（1985年）所做出的最大宗收購案。

波克夏協助了大都會／美國廣播公司（Capital Cities/ABC）這兩大媒體巨頭的合併，以5億1,700萬美元的金額，買下合併後該企業的300萬股（每股172.5元）。該公司當前的股價為240元。

8. 投資心法：股市的進場時機

當市場上人心惶惶時，巴菲特認為比起買下整間公司，將錢投注到市場上能獲得更多利潤。然而，這樣的時機相當罕見。此刻，「我們沒有看到任何能引起我們興趣的可交易證券。」

巴菲特和蒙格已經退出市場。基於當前的牛市，他們所偏好的產業（媒體、消費性商品、保險），其價格出現大幅成長。

或許你會問，「如果連巴菲特都退出市場了，難道我們還要待

下去嗎？」這是一個極為複雜的問題。關鍵在於要學習巴菲特的觀念，而不是複製他的行為。當巴菲特賣出股票時，並不意味著他認為股價即將下跌（儘管或遲或緩，這天都會到來）。他的行為只是單純意味著他認為當前的市場價格，已經充分反映了他手中持股的內在價值。

當前的波克夏擁有31億美元的資產。因此規模大到足以讓巴菲特產生興趣的公司，數量並不多，而便宜的藍籌股更是幾乎不存在。然而，我們並沒有因此受到太大的侷限。還有非常多條件優秀的小型公司，值得關注。

1987

地點：喬斯林美術館

出席者：超過五百人

年度摘要：

該年度的股東會問答部分，為時三小時。

波克夏股價：2,827 元

- 1964 年所投下的 1 美元，在今日約等值於 229 元。
- 波克夏的每股面值從 19.46 元上漲到 2,477.47 元（年複合成長率為 23.1%）。
- 同時期的標準普爾 500 指數的年複利率為 9.2%。

1987 年的投資備忘錄

1. 與導師見面的巡迴

過去兩個月裡，我何其幸運地和幾位最傑出的投資家見面，他們是：

- 過去十年中表現最亮眼的封閉型基金「資源資本」公司的喬治·麥可利斯／加州／聖塔莫尼卡／4月28日。
- 威斯科金融公司的董事長和波克夏公司的副董事長查理·蒙格／加州帕薩迪納／4月28日。
- 波克夏公司的董事長華倫·巴菲特／內布拉斯加州奧馬哈／5月19日。
- 你或許還記得，在2月時我還幸運地見到了約翰·坦伯頓（John Templeton）。

簡單來說，我的合夥人馬克·史塔爾（Mark Staal）和我採用了「世界就是我的教室」方法。因此，我們努力不懈地尋找著那些能作為我們「導師」的傑出投資家。我們期望透過此一方法，能讓自己成為更出色的投資者，或至少能讓我們在犯錯時，少些藉口。

以下，就是這些共同智慧的精華。

2. 投資心法：面對缺乏機會的市場

跟多數的價值投資者一樣，他們沒有找到太多划算的投資標的。麥可利斯將資源資本的現金持有控制在40%；巴菲特和蒙格的作法更極端，他們清空手中「所有」非長期性質的股票，並以10億美元購入為期八至十二年的免稅債券。如同巴菲特在波克夏年度報告中所言：

> 「……時不時地，恐懼和貪婪這兩種極具傳染力的疾病，會在投資界蔓延開來。這些傳染病爆發的時間難以預測。而市場會因此出現何種程度與長短的失常情況，也無法估計。因此，我們從未試著預測這些疾病的到來或離去。我們的目標更謹慎：當別人貪婪時，我們試著保持恐懼；當別人恐懼時，我們試著維持貪婪。
>
> 此刻，華爾街很難看到恐懼。相反的，卻充斥著興奮之情——為何不呢？還有什麼比親身參與牛市更讓人振奮的事情呢？尤其當企業所有者能擺脫企業自身低迷的表現、獲得豐碩的回報時。然而不幸的是，股價不可能永遠跑在公司前頭。」

在提到當前的日本股市陷入極端狂熱的狀態時，巴菲特諷刺地引用了經濟學家赫爾伯特・斯坦（Herbert Stein）的名言說：「如果一件事無法永遠持續下去，終將停止……這就跟我們一樣複雜。」

3. 投資心法：最小化市場風險

巴菲特和約翰‧坦伯頓一樣，認為當我們的政府企圖追求經濟的「靈丹妙藥」時，顯著的通貨膨脹是不可避免的。

「用印鈔機作為短期止血靈丹，自然是非常誘人的……通貨膨脹就是麻醉劑。」在會議上，巴菲特甚至說出我們會經歷大幅度的通貨膨脹，且規模可能更勝於五年前的那次。這對固定收入投資者來說，有著極端重大的意義。

值得注意的是，為了最小化市場風險，巴菲特所有的債券都會在十二年內到期。你也應該考慮如此。

4. 人生習題：了解自我極限

這似乎是這些傑出投資家們的重要議題。坦伯頓認為保持謙虛，是學習的不二法門；蒙格則提到，大都會／美國廣播公司的執行長、也是巴菲特公認全美最棒的企業經營者湯姆‧莫非（Tom Murphy），每天都會提醒自己維持謙遜。而我們也能觀察到，喬治‧麥可利斯是一位謙虛且喜歡自貶的人。

蒙格說自己並不謙虛（當然），但指出他和巴菲特之所以能如此成功的關鍵原因，在於「我們對自身能力的評價是非常低的。」他說，自己情願跟一個IQ130、卻認為自己只有IQ128的人在一起，而不願跟一個IQ190、卻以為自己IQ240的人在一起。後者只會讓你捲入許多麻煩中。

5. 評論：小心「虛假的精確值」

巴菲特認為，如果你以為電腦計算出來的結果就叫「精確」，那麼你就犯了一個嚴重的錯誤。如果你還必須保留到小數點後第三位，那就太複雜了。

巴菲特也表示，在他從事投資的三十五年裡，他一直沒能看到投資管理者在這方面的改善。他們沒有變得更聰明，心理上也沒能更穩定，並讓事情看上去比原本複雜許多。

蒙格更指出，最糟糕的錯誤往往奠基在最完美的圖表上。我們需要的，不過是「開明的常識」而已。

他們再一次的強調，知道自己的極限以及手中資訊的極限，是非常重要的一點。或如同凱因斯所言：「我情願自己懵懵懂懂地做對了，也不願意在無比精確的情況下犯錯。」

6. 評論：內線交易

在讚揚美國證券交易委員會（SEC）至今為止對防杜內線交易的努力之餘，蒙格也發現，「當賭博式經營者獲得令人驚奇的回饋時，人類的文明是不可能獲得昇華的。」

7. 產業觀察：保險業的派對結束

巴菲特表示，保險產業的派對已經結束，而宿醉的痛苦往往會比派對狂歡的時間還要更長久。

波克夏旗下的保險公司預期未來獲得的保費金額，會出現急劇

的下滑。儘管一、兩年內，獲利看上去還算不錯，「就算酒吧關門了，你還是可以把手邊的啤酒喝完」，但其內在獲利的可能已經顯著地下滑。

有趣的是，麥可利斯最喜歡的一檔股票，剛好是最頂尖的保險經紀公司Marsh & McLennan。

華爾街已經做出結論：派對結束了，並將保險股打入冷宮。

在我們的投資組合中，漢諾瓦保險集團（Hanover）和RLI的售價約為其收益的6倍。

8. 評論：理想公司的定義

對於心目中理想的公司，巴菲特的定義是：「那些只需要花一分錢買進，一塊錢賣出，且讓人欲罷不能的公司。」

1988

地點：喬斯林美術館

出席者：五百八十人

年度摘要：

股東會的正式程序在短短幾分鐘內結束。接下來，會場成為股東們進行三小時 Q&A 的場所。

波克夏股價：2,957 元

- 1964 年所投下的 1 美元，約等於今日的 239 元。
- 波克夏的每股面值從 19.46 元上漲到 2,974.52 元（年複合成長率為 23%）。
- 同時期標準普爾 500 指數的年複利率為 9.1%。

1988 年的投資備忘錄

1. 市場分析：通膨與印鈔票

　　如同巴菲特這幾年所說的，市場遲早會出現顯著的通貨膨漲。儘管出現的時機和嚴重程度無從預測，但勢不可免。原因在於「印鈔票太簡單了。如果我可以，我立刻就印。」而此現象並非美國獨有，全世界都出現通貨膨脹的傾向。

2. 投資心法：通膨避險的反思

　　考慮到即將爆發的顯著通貨膨脹，有些人問道，是否該考慮買進不動產、外幣、槓桿或硬資產？巴菲特和蒙格基本上否定了這些想法，他倆的看法如下：

不動產	蒙格：「人人都談論著不動產能如何致富，卻忽略了不動產也能讓人破產的事實。」
外幣	蒙格：「光要了解自己所身處的文化背景，就已經難如登天，更何況是其他國家。」
槓桿	巴菲特：「你可以緊緊盯著槓桿不放，但我們不可能永遠如此。」
硬資產	蒙格：「有人算出去年以 4,000 萬美元賣出的梵谷畫作，其複合年報酬率為 13％。波克夏股東們獲得的報酬率比這個還高。」

3. 投資心法：基本的通膨避險

　　我們該如何減輕通貨膨脹的影響呢？巴菲特和蒙格的應對之道，就跟平時沒什麼兩樣。我們可以用相對便宜的價格，買進擁有優良管理績效的公司股票，然後放著。

　　儘管通貨膨脹的存在讓人擔憂，但那些相對而言資本較低、現金持有少且價格具彈性的優良企業，自然具有抵抗通膨的能力。

4. 評論：程式交易套利

　　巴菲特注意到，任何時候只要兩個商品並存，就會出現套利機會，而這對資本市場而言其實是一種良性且必要的機制。問題在於：衍生性金融商品，例如指數選擇權等，真的有存在的必要嗎？

　　蒙格的態度很直接，他批評說：「這是相當愚蠢的點子。」

　　為了進一步解釋，巴菲特建議我們試著想像股東大會在一艘船上舉行，但這艘船被吹離了航道，漂流到一座荒島上。我們推舉巴菲特擔任島上的領袖，並負責解決如何「最大化荒島求生機率」的使命。他或許會指派半數的股東們負責生產糧食，再分配部分的人力去建造遮風避雨處，而少數具有創造能力者，則負責製作新工具，並研發可因應未來挑戰的科技。

　　現在，請試著想像巴菲特透過智力測驗挑出三十至四十名優秀且聰明的人才，每人發放一台科特龍（Quotron）終端機，針對食品生產者的產值進行期貨交易。這豈不是最荒謬的行為嗎？

5. 投資心法：不要預測市場週期

巴菲特說：「如果我活了 X 年，大概會經歷 X 次的經濟衰退。但如果我將所有的時間都拿來猜測週期，那麼波克夏的股價現在大概只會有 15 元。你不能靠預測來決定自己進場和出場的時機。」

6. 關鍵交易案：所羅門兄弟公司

不同於波克夏投資的其他公司，例如內布拉斯加家具商城（Nebraska Furniture Mart）或世界圖書出版公司（World Book），巴菲特表示自己對於投資銀行在十年後，會呈現何種樣貌並沒有清楚的概念。儘管如此，資金勢必會增加許多，而所羅門兄弟公司（Salomon Brothers）應該會在投資銀行中扮演舉足輕重的角色。[1]

此外，巴菲特也表示，他們非常欣賞所羅門公司的執行長約翰・古弗蘭（John Gutfreund）。

顯然總喜歡把「這門生意不容易」這句話掛在嘴上的蒙格，也說出了當天最熱情洋溢的評論：「所羅門兄弟人材濟濟——絕佳的精英管理——而這能讓他們經得起時間的考驗。」

對我而言，目前售價低於面值的所羅門兄弟公司，或許是作為長期持有的絕佳對象。

1　編注：巴菲特在1987年以7億美元買進所羅門兄弟公司的可轉換優先股，看準該公司穩定9%的年息，以及預期股價上漲的收益。事後證明，巴菲特在這筆投資中慘遭滑鐵盧，1990至1991年，該公司的高層捲入違法囤積國債的醜聞，導致股價大跌，幾近破產，最後在巴菲特出手相救下才度過難關。

7. 產業觀察：該投資替代產業嗎？

當巴菲特聽到有人提問，光碟對世界圖書出版公司的生意是否會造成影響時，巴菲特描述自己就是一個「老式風車的愛好者」，並認為在未來二十年內，百科全書的產業不會有太大的改變。

在饒富趣味的閒談中，巴菲特表示，「當某一個產業淪為過時的產品時，也不意味著你應該要投身到替代產業中。」

他舉例說，如果你是一個生在1930年代、對載客火車頗有研究的人，那麼你或許會預見飛機的普及。但這並不意味著你應該投身到航空產業（不過這確實是一個很恐怖的產業）。較正確的做法，應該是要遠離載客火車這門產業。

8. 評論：美國經濟的回復力

巴菲特和蒙格態度堅決地拒絕深度探討總體經濟。

巴菲特表示，美國的經濟體系非常強健，足以承受極大的傷害。他指出，好的經濟政策和壞的經濟政策之間，或許只會造成年度GNP（國民生產毛額）1%的差距。換句話說，在錯誤的政策引導下，GNP或許只能成長（X－1）%，而不是X%。

約翰・坦伯頓也抱持同樣的觀點。

簡而言之，與其擔心種種經濟預測，傑出的投資家們會更專注於在美國強韌的經濟體系內，找出價格實惠的優質企業。

9. 市場分析：關於貿易逆差

對於貿易逆差，巴菲特認為這個問題遠比聯邦預算赤字來得嚴重。為了闡明自己的觀點，巴菲特舉出彼得‧米努伊特（Peter Minuit）用小裝飾品換得曼哈頓島的故事。[2]現在，我們卻用曼哈頓去換小飾品——大都會／美國廣播公司以 7 億 5,000 萬美元的價格，出售位於紐約的辦公大樓；作為交換，我們買了 VCRs。

換句話說，他解釋道，我們正在放棄比較可靠的資產。這就像是發放著只能緩慢、且一次只能贖回一小塊農地的借條般。這就是貿易逆差帶來的嚴重後果。

10. 人生習題：提升交友品質的方法

我最喜歡的評論，往往是那些可以讓我們窺見蒙格與巴菲特真實人格的內容。在被問到推薦閱讀哪些書籍時，蒙格說自己是徹頭徹尾的傳記迷，並誠摯地推薦大家透過傳記，「和偉大的故人們做朋友」。巴菲特也俏皮地說，「而且他們還不會跟你吵架呢！」

蒙格繼續說道，傳記能帶給我們無與倫比的體驗，拓展自己的視野，甚至可以提升交友的品質。他也提到《Golden Arches》和《The Big Store》這兩本書，能讓我們學到許多商業知識。[3]

2　編注：1626 年，荷屬美洲新尼德蘭省總督米努伊特以價值 24 美元的飾品，從印第安人手中買下美國曼哈頓島。

3　編注：暗指速食業龍頭麥當勞與大型零售業者。

1989

地點：喬斯林美術館

出席者：超過一千人

年度摘要：

該年度的股東大會因為有超過一千名參與者試圖擠進威斯朋音樂廳（Witherspoon Concert Hall）的會場，最後不得不延後十五分鐘開始。巴菲特說，「比起看畫，看來有更多人想要關心自己的錢。」

財富世界五百大排名：205 名

波克夏股價：4,711 元

- 1964 年所投下的 1 美元，約等於今日的 381 美元。
- 波克夏的每股面值從 19.46 元上漲到 4,296.01 元（年複合成長率為 23.8%）。
- 同時期的標準普爾 500 指數的年複利率為 9.4%。

1989 年的投資備忘錄

1. 市場分析：貿易逆差是經濟大麻煩

巴菲特解釋，貿易逆差意味著送出「只能用於兌現資產或消費商品」的支票。每年，我們（美國）都會發送出價值 1,300 億美元的兌現支票，因此我們能 103％ 的享用著本國生產的產品。儘管這個現象目前看上去挺美好的，但這樣的生活方式最終將導致嚴重的問題。

他用每天「多吃一片吐司」的譬喻，來形容此問題。每天多攝取一百大卡的行為聽起來似乎沒什麼了不起，還能帶給我們立即的滿足感。然而，一個月過去後，你會多攝取了三千大卡，還胖了半公斤。繼續這樣的習慣，你的身體遲早會出現問題。

總結來說，貿易逆差就像是一筆緩慢而不划算的交易。隨著越來越多的支票被兌現，越來越多的美國資產被換走。彼得・米努伊特用小飾品換來曼哈頓；現在，我們卻用曼哈頓去換取小飾品。

2. 評論：垃圾債券的代罪羔羊？

巴菲特提到葛拉漢曾說過，「聽上去合理的房產往往比不合理的房產，更容易使人吃到苦頭。」

舉例來說，如果我向你推薦阿拉斯加海景第一排的房子，你或許會因為整件事聽起來像是無稽之談般而拒絕我。但如果我推薦的

是佛羅里達州海景第一排的房子，你或許會因為房子的地點而萌生想進一步理解的興趣。然而，許多人正是因為投資佛羅里達的房產而賠掉大把鈔票。

所以，這正是一種槓桿收購（leverage buyout，簡稱LBO）遊戲。少數幾樁極其成功的槓桿收購成果，引發市場過熱的潮流。對於因槓桿狂熱而誕生的「創意融資」（creative financing）一詞，巴菲特和蒙格並未加以掩飾自己對它們的看法。

零息債券（zero-coupon bond，只有在到期日做出實際支付）和實物支付債券（payment-in-kind bond，簡稱PIK，用其他債券來支付），也只是延遲關鍵時刻。蒙格提到，如果阿根廷使用PIK，現在依舊會好好的。[1]

他們表示，在這些債券中，有大量是在多數情況下，都無法給付；將責任轉嫁至他人身上就是這些債券的主要目的——找出別的替死鬼。

簡而言之，LBO垃圾債券的遊戲，將走向極致，直到再也做不下去為止。屆時，「街上將血流成河」。[2]

1　編注：阿根廷在1828、1988和2001年分別發生過倒債破產危機。
2　在資源資本公司第一季的報告中，麥可利斯針對LBO問題提出了精闢的看法。根據他的建議，如果不想成為替死鬼，你必須做到下列幾點：
　(1) 避免透過高收益債券市場給予價格過高的收購行動融資。
　(2) 避免握有進行此類融資的金融企業的股票。
　(3) 在自己的股票投資組合中，避開以推測收購後價格而做出來的非實際估值。

3. 投資心法：公司內在價值的估算法

這是巴菲特估算價值的核心概念。

巴菲特提到，在決定一項資產的內在價值時，就是將一間公司在餘後經營期間內所能產生的淨現金流，根據當前債券利率貼現後的價值。

這其中最困難之處，當然在於預測未來的現金流。有些公司比其他公司更容易預測。但即便如此，也很難做到正確無誤。

巴菲特表示，如果他和蒙格推測一個產業的價值落在 X 至 3X 間，那麼他們就會以 1/2X 的價格購買。[3]

4. 產業觀察：保險業還會更糟

談到保險業的未來，巴菲特和蒙格有兩個基本觀點：第一，針對保險業的規範只會變得越來越繁瑣。「加州一○三號提案」（*California's Proposition 103*）已經反映出大眾對於保險業的反感。[4] 另一點則是該產業的核保損失，還會繼續擴大至少兩年。

5. 評論：荒謬的奢華

股東會上總是穿插著最直白的詼諧與幽默。

3　1987 年的年初，巴菲特以 23.25 元買進 ServiceMaster 公司。因此，我們可以推斷他當時對 ServiceMaster 內在價值的估計約介於 46 至 140 元之間。目前 ServiceMaster 的價格為 22.875 元。

4　編注：加州在 1988 年 11 月通過這項提案，要求保險公司在訂定各類保費時，必須先獲得主管機關的批准。

儘管巴菲特向來以自己從不添購「不需要的物品」為傲，但波克夏在幾年前買下了一架商務用飛機。在被問到這架「小小的噴射機」時，蒙格回應說：「我對這種荒謬的奢華實在不太了解。」

　　飛行時，蒙格總是會買最便宜的機票。

6. 產業觀察：品牌價值

　　波克夏的子公司時思糖果準備力推一款新開發的巧克力糖漿，並預期在一段時間內，可能會稍微賠上一點錢，因為好時糖果（Hershey's）是個強勁的對手。要打進食品市場是非常困難的，而這正好解釋了為什麼一個已經打下市場基礎的品牌商品，是非常珍貴的。

　　同樣的，巴菲特曾說自己過去每天都會喝掉五罐百事可樂（Pepsis），直到他認識了櫻桃可樂後。現在，他一天要喝五罐櫻桃可樂。他開玩笑地說，在進行五十年的研究後，他終於發現在這個領域中，只有兩家大公司——可口可樂和百事可樂佔據了70％的無酒精飲料市場，而兩者的市場佔有率還在繼續成長。因此，他終於下定決心，買下其中一家。[5]

7. 評論：歷史不等於未來

　　華爾街的歷史是由永無止盡的繁榮與蕭條交織而成。

5　波克夏擁有可口可樂公司6.3％的股份。

巴菲特對人口過剩的解釋之一，就是那種對過去不假思索的依賴。舉例來說，提倡垃圾債券者用過去三十年來極為吸引人的「高收益」表現作為證據，宣稱未來的表現也會繼續如此亮眼。巴菲特認為此種邏輯，就跟「因為公雞啼叫所以太陽昇起」是一樣的思維。此外，垃圾債券變得更加垃圾了，可怕的崩潰似乎已經越來越近。

　　如同巴菲特所總結的，「如果投資者所要做的只是研究歷史，那麼世界上最富有之人必定是圖書館員。」

1990

地點：奧芬劇院（Orpheum Theater）

出席者：一千三百人

年度摘要：

為了顧及成長迅速的參與者人數，股東會的場地換到了更寬敞的奧芬劇院。

財富世界五百大排名：第 179 名

波克夏股價：8,696 元

- 1964 年所投下的 1 美元，約等於今日的 703 元。
- 波克夏的每股面值從 19.46 元上漲到 4,612.06 元（年複合成長率為 23.2%）。
- 同時期的標準普爾 500 指數的年複利率為 10.2%。

1990 年的投資備忘錄

1. 波克夏之外的選修課

　　自從六年前開始採用「世界就是我的教室」學習方法後，除了定期參與波克夏的股東會，我們還會另外挑選幾個股東會參加。今年，我們「選修」了下列這些由我們最喜愛的教授所開的課程：

- 4 月 30 日／奧馬哈／波克夏／巴菲特和查理
- 5 月 7 日／洛杉磯／資源資本公司／麥可利斯
- 5 月 8 日／帕薩迪納／威斯科金融公司／蒙格

　　這幾位教授給了我許多想和你們一同分享的啟發。然而，其中有一個概念格外受到他們的重視與強調。因此，我認為在此刻複習這個主題，再適合不過了。

2. 投資心法：購買優良企業

> 用適當的價格購買一間優良的企業，這比用優良的價格買進一間適當的企業來得好。
>
> ——華倫・巴菲特

　　根據上述我所參加的股東會，可以歸納投資成功的關鍵要素，

就是購買優良企業。如同許多了不起的真理，這個論點看似再明顯不過，但實則不然。事實上，此種做法徹底遠離了價值投資理論之父——班傑明‧葛拉漢所推薦的價值法則。

在資源資本公司的年度股東大會上，麥可利斯指出在價值投資範疇下，有兩個最基本的主題：第一，購買資產；第二，購買獲利能力。

第一個方法，著重於以遠低於該企業清算價值（liquidating value）的價格來購買。葛拉漢非常擅長以低價購入資產，而這或許是走過經濟蕭條歲月的他，所磨練出來的最適辦法。

然而，如同麥可利斯所觀察到的，購買價格低廉資產的問題在於：唯有透過某些活動，才能抬升該資產的價值。在波克夏的年度股東會上，巴菲特也表達了雷同的想法，稱此種資產類型就像是投資在「雪茄屁股」上的方法。除非你是一名清算者，否則你或許要等上很長一段時間，才能得到那「虛無縹緲」的利潤。

麥可利斯更偏向購買獲利能力的方法。他解釋道，如果一間公司能年復一年地賺進豐厚的利潤，那麼這些利潤遲早也會成為股東的利潤。

在威斯科金融公司的股東大會上，蒙格如此表示——他想要的就是「極其簡單」的企業。他也用可口可樂和《華盛頓郵報》作為例子，形容它們就像是「經得起時間考驗的優先留置權」。[1]

1　過去，巴菲特曾經稱讚蒙格，表示在蒙格的啟發下，他開始購買優良的公司而不是便宜的資產。

3. 評論：商學院不會教你的事

令人驚奇的一點在於，所有人都不約而同地提出了購買好公司的想法。

麥可利斯告訴我，哈佛大學商學院從來沒有討論過這個議題。在威斯科金融公司的股東會上，蒙格也提起世界上最偉大的老師——班·葛拉漢，曾指導他最得意的門生華倫·巴菲特，要他「絕對不要提起這件事」。

蒙格笑道，「如果商學院願意教學生怎麼樣能讓一間好公司變得更好、怎麼樣能讓一間壞公司變得更壞，他們肯定會培育出更優秀的管理者。可惜他們不教這些。」

在被問到為什麼商學院不教如此重要的事，蒙格回應，如果商學院去觸碰這些議題，就意味著他們必須去質疑美國最大企業那殘缺的道德與表現，而這些企業往往是雇用這些商學院學生的公司。

蒙格認為，這些商學院只是選擇遵從班傑明·富蘭克林（Benjamin Franklin）的建議——婚前張大眼，婚後半閉眼。

「商學院在半閉眼方面，確實挺在行的，」蒙格如此作結。

1991

地點：奧芬劇院

出席者：一千七百人

年度摘要：

- 一幅從天花板垂降到地面的可口可樂圖像，在大廳裡歡迎著粉絲們。可口可樂的總裁唐·基奧（Don Keough）和他的「最低薪資小幫手」華倫·巴菲特穿著可口可樂的紅色圍裙，替大家上飲料。

- 這一千七百名湧入舊奧芬劇院的群眾，其數量是 1984 年股東會出席人數的六倍。而群眾的數量僅僅是帶來了慶典般的氛圍（我們認為這降低了會議中發問的質量）。除此之外，會議依舊給予聽眾豐富的資訊，充分展現巴菲特與蒙格的智慧和遠見。

財富世界五百大排名：第 170 名

波克夏股價：6,687 元

- 1964 年所投下的 1 美元，在今日約等值於 541 美元。

- 波克夏的每股面值從 19.46 元上漲到 6,437 元（年複合成長率為 23.7%）。

- 同時期的標準普爾 500 指數的年複利率為 9.6%。

1991 年的投資備忘錄

1. 關鍵交易案：沒錯，就是可口可樂！

　　為了解釋波克夏為什麼要買進可口可樂公司7%的股份，巴菲特提起了他所敬重的可口可樂總裁唐‧基奧。基奧曾說，這一百零五年以來，他的公司只販售「簡單的快樂」，現在你可以在一百七十多個國家內，買到他們的產品。此外，海外市場未來可能會出現大幅的成長。在美國，每人每年平均消費的可樂數量為三百罐，然而在海外，這個數字僅有五十九罐。

　　長期以來，巴菲特經常提到消費者號召力的價值。他對可口可樂的態度非常正面，也就是擁有「世界上最珍貴的號召力」。

2. 投資心法：長期持股的篩選標準

　　巴菲特將波克夏對大都會／美國廣播公司、可口可樂、蓋可公司和《華盛頓郵報》的持有，歸類為「長期」，並列出這些持股的三大特徵：

　　a. 優秀的賺錢特質。

　　b. 擁有能力且值得信賴的管理人才。

　　c. 我們喜愛該公司的行為。

他承認，賺錢並不是自己唯一看重的指標（如果不能享受自己喜愛的事物，那麼當個有錢人還有什麼意義？），但即便是從賺錢的角度出發，長期持有這些公司的股票還是非常理想的。他指出，符合理想、規模大且經得起時間考驗的公司，數量並不多，且甚至少於他十五年前的預估。[1]

3. 投資心法：買股票要像買食物

巴菲特做出年度聲明，表示除非在《證券法》的規定下，否則他不會針對波克夏可能加碼的投資做出解釋。好點子總是稀有的，而爭相買進股票的行為可能會導致股價上漲。

他指出，許多投資者在股價上漲時歡欣鼓舞，在股價下跌時垂頭喪氣，這樣的邏輯是不正確的。這就好像你今天買了一些漢堡，隔天你又去了同一家店，並以更高的價格買了更多漢堡，然後為自己前一天買的漢堡比較便宜而暗自竊喜般。作為一生都在購買食物的消費者，你應該是欣然迎接大減價，並抵制漲價。投資也應當如此。

4. 市場分析：愚蠢政策將導致危機發生

對於近幾年美國金融體系的衰退，巴菲特和蒙格有許多話想

---

1 「波克夏海瑟威」這檔標的，當然符合長期持股的標準：其營運情況優秀，且管理方面更有著無人能及的能力和誠信。

說。他們在垃圾債券市場、儲貸和銀行產業上，預見了一些問題。[2]

巴菲特解釋說，經濟危機的出現肇因於金融產業的愚蠢決策，而這些決策所導致的後果卻沒能即時反映。取而代之的，人們還繼續給他們更多錢。見到這樣的甜頭，競爭對手也不加思索地跟著模仿。因此，當苦果來臨時，其規模變得異常龐大。

巴菲特和蒙格點名某幾樁災難性的融資收購案，並對某些發起者抱持著「殺雞取卵」的心態，提出撻伐。在Interco公司的破產事件中，蒙格認為該公司做出了極端不負責任的行為。過高的槓桿操作，讓Interco早在一開始，就註定會失敗收場。[3]

此外，巴菲特也指出我們需要一個更好的保險清償體制。以儲貸協會和銀行為例，當前的體制只有在傷害已然造成的情況下，才會反應。蒙格也表示，儘管First Executive Life是如此地「愚蠢且狂妄自大」，在其出事之前，居然還收到信用評鑑機構給予的「A」級評分。[4]金融公司裡並非總是充斥著壞蛋。倘若有富國銀行（Wells Fargo）的卡爾·萊卡特（Carl Reichardt）和保羅·海岑（Paul Hazen）那樣講究實際、獨立的管理者，那麼這些公司必定能維持

---

2 請閱讀蒙格1988、1989和1990年發布的〈威斯科金融公司股東信〉，裡面精彩地分析了經濟時代謬誤的迭起興衰。

3 編註：1980年代的美國金融市場，掀起一波槓桿購併熱潮，若投資人看準某企業想買下來，銀行端不是視購併者有多少資金，而是視被購併者擁有多少資產而借貸。鞋類與家具製造商Interco即為這波惡意購併潮下破產的公司之一。

4 編注：關於該公司破產及其主理人——垃圾債之王麥可·米爾肯的事蹟，請參閱《偉大的貪婪：金融強權華爾街崛起的大歷史，1653-2016年》一書，大牌出版。

良好的營運。不幸的是，這樣的人才非常稀少。[5]

5. 產業觀察：明顯疲弱的媒體

儘管出現一些週期性反彈，巴菲特依舊認為媒體的長期發展並不樂觀。隨著電子廣告的散布量越來越高，以及直郵廣告的替代品出現，媒體產業中的部分領域也瞬間從表現優異，轉變成中等。

巴菲特認為，與美國多數產業相比，波克夏所持有的媒體股份依舊為不錯的公司，但與他幾年前的預估相比，確實沒那麼優異了。

6. 人生習題：給 MBA 畢業生的忠告

巴菲特提出的建言是：「從事你最喜歡的事。為你欣賞的人效力。如果你能做到這些，就不可能失敗。」

7. 評論：巴菲特的一天

有人詢問巴菲特，「你是如何度過一天的？」巴菲特說自己總是輕快地踩著舞步去上班（顯然他也遵守了自己給予的職業忠告），然後進行大量閱讀、稍微講些電話，就這樣。

當蒙格被問到同樣的問題時，他說了一個二戰時期被困在巴拿馬而倍感無聊的空軍上尉的故事。某位來進行閱兵的將軍，問上尉平時都在做些什麼。已經心灰意冷的上尉回答，「我連件鬼事都沒

5　在1990年12月31日前，波克夏只持有富國銀行不到10％的股份（500萬股，平均每股約為57.88美元），最近則加碼到22％。

做！」將軍對著他的少尉，提出相同的問題。少尉回答，「我負責協助上尉，長官。」

8. 投資心法：選股思維

巴菲特推薦利用一種「去蕪存菁」（cream-skimming，譯註：也稱刮脂效應，意指僅取好的部分，其餘捨棄）的辦法，來找出合適的投資標的或公司管理者。他建議眾人採取籃球隊教練的思維模式——在人群之中，籃球教練總會直接找上身高七尺的人。只要擁有一名優秀的球員，就足以改變局勢。

此外，蒙格也表示透過「紙本紀錄」，能獲得許多資訊。記載一個人在過去數年間行為模式的檔案，往往比個人訪談，更具有預測能力。巴菲特也補充道，這也是為什麼他們不會雇用剛畢業的MBA學生。因為這些學生沒有任何工作經歷可供參考。

9. 評論：猩猩與「效率市場假說」

巴菲特和蒙格有一個習慣，喜歡嘲弄學術圈和他們最喜愛的投資理論——效率市場假說（efficient market theory）。

該理論認為，由於市場是完全有效的（能夠正確反映投資人的預期），因此去思考公司（個股）是沒有意義的。[6]去年，三位教授因為對這個理論提出補充而獲得諾貝爾獎。

6　如果該理論為真，那麼波克夏勢必是一座海市蜃樓。

蒙格指稱，這是一個建立在錯誤前提之上的宏觀架構，並搭配一個生硬的結論，「一個受過良好教育的猩猩也能發現我們使用的方法有多麼地成功，然而卻沒有人要研究它。」

10. 產業觀察：保險業的危機是最好的機會

儘管巴菲特對於保險業的短期表現並不樂觀，但對於波克夏保險事業的前景，他依舊抱持著相當支持的態度。

蒙格指出，重大的危機即將逼近，而下跌的股價和資產問題，將成為波克夏的機會。在波克夏的子公司之中，巴菲特深信保險公司具有最高的潛力。

1992

地點：奧芬劇院

出席者：兩千人

年度摘要：

- 這兩千名湧入舊奧芬劇院的群眾，其數量是 1984 年股東會出席人數的 8 倍。
- 前波克夏海瑟威公司的員工柯瑞‧溫倫（本書作者之一），成為皮考特公司的合夥人。

財富世界五百大排名：第 158 名

股價：9,068 元

- 1964 年所投下的 1 美元，在今日約等值於 733 美元。
- 波克夏的每股面值從 19.46 元上漲到 7,745 元（年複合成長率為 23.6%）。
- 同時期的標準普爾 500 指數的年複利率為 10.4%。

1992年的投資備忘錄

1. 關鍵交易案：買下健力士

在談論到波克夏用2億6,500萬美金買下健力士（Guinness）
——世界上最大的各式酒精供應商PLC的股份時，巴菲特表示，
健力士和可口可樂、吉列（Gillette）一樣，絕大多數的收益來自於
海外市場。

蒙格則指出，在某種程度上，酒精飲料就像是一種地位象徵，
而健力士的產品享有一種獨特且卓越的特質——價格越高，感知價
值越高。巴菲特也補充道，有些人將價格等同於投資銀行所提供的
服務或商學院的價值，因此，這間公司等同於蘇格蘭威士忌。[1]

2. 投資心法：分析「透視盈餘」

巴菲特提到，波克夏的透視盈餘（look-through earnings）[2]中，
約有20%來自於國際銷售額，其中可口可樂又占了最大的比例。

每一天，每個人平均會攝取六十四盎司（譯註：約等於十八公

---

[1] 波克夏付出的成本約等於以每股42.40美元的價格買下健力士ADR（American Depositary
Receipt，美國存託憑證），後者的現價約為55元。有鑒於巴菲特總是希望以半價的價格
收購一間公司，我們或許可以推論出他認為健力士的內在價值約莫落在80元以上（per
ADR）。

[2] 編注：巴菲特曾說，「每一位投資人的目標應該是創造一個從現在起，大約十年期間能
達到最高透視盈餘的投資組合。」而所謂的「透視盈餘」，即是讓我們在公司股價與經濟
環境脫鉤時，判斷它是否仍具投資價值的重要指標。

斤）的液體。根據1991年的統計，在這六十四盎司中有25％屬於軟性飲料。軟性飲料超越水，成為美國人民攝取量第一的飲料！這也意味著每年每人會消費七百三十罐軟性飲料，而可口可樂的產品約占其中的42％。全球的消費調查也顯示了極為相似的模式，且軟性飲料的比重還在持續上升中。

巴菲特表示，這個結果也顯示了為什麼他總是不太關心宏觀經濟因素。抱著正確的公司才是關鍵。

1919年，可口可樂以每股40美元的價格上市；到了1920年，糖價的改變使其股價下跌到19.05元。在經歷了七十年的戰爭、經濟蕭條等事件後，曾經每股只賣40元的可口可樂，如今身價高達180萬元（年複合成長率約為16％）──比起預測經濟，預測一件商品是否能經得起考驗，成果似乎更豐碩。[3]

3. 評論：高階經理人的薪酬

近來媒體界的熱門議題，總是圍繞著高階經理人高達上千萬的年薪而打轉。對此，巴菲特給出下面幾點回應：

> 1. 不應該有所謂的薪資上限（面對真正了不起的管理者及其帶來的效應，不存在所謂給薪過高問題）。

3　從巴菲特自發性提供透視盈餘中海外收益所占百分比的舉動來推論，他試圖重新定位波克夏，讓「海外成長」成為其收益的主要來源。在本期的新聞報中，我們曾數次討論到全球的自由企業興盛狀況。而巴菲特早在幾年前就預見這個趨勢。

2. 長壽與此無關。

3. 薪酬與營運績效有最直接的關係（根據產業與投入的營運成本多寡，衡量標準也會不同）。

他認為真正令人反感的地方在於高階經理人平庸的表現，卻坐領鉅額薪水的現象。

4. 公司治理：CEO 與董事長的權責

上述薪資問題的答案，引發了更多關於企業董事會的討論。

巴菲特表示，企業中的每一位員工都必須對某一個人負責，但只有董事長除外。有太多時候，執行長會身兼董事會的主席。由於每次會議的召開和議程內容都是由主席決定，因此董事會很難去正確地評價執行長。

問題的核心在於我們該如何在企業架構中，設立一個具有監督性質、可以在必要時亮黃燈，卻又不至於過度頻繁地出手、從而影響營運效率的董事會。巴菲特的建議是讓執行長以外的人來擔任主席，他也曾公開建議所羅門兄弟公司這麼做。如此一來，這個角色才能適當地評估和監督執行長。

5. 評論：拯救所羅門兄弟公司

巴菲特被問到，關於他英勇地拯救深陷財務醜聞風波的所羅門兄弟公司一事。

作為對這個問題的回應，巴菲特講了一個海洋世界鯊魚池的故事。關於這個鯊魚池，海洋世界的嚮導說，儘管他們祭出100萬美元的獎金給敢泳渡這個池子的人，至今卻沒有人願意挑戰。

突然間，一陣水花飛濺起來，一名男子奮力地從池子一端游向另一端，鯊魚在後面追咬著他的腳踝……嚮導興奮地喊著，「真是太勇敢了！你是第一個游泳橫越水池的人。你拿到100萬獎金後，要做些什麼事呢？」

男子回應，「雇用一名偵探，找出那個將我推進水池裡的混蛋！」

6. 公司治理：我們只是輕輕掌舵

在被詢問到關於波克夏所投資公司的資本分配時，巴菲特聲明他和蒙格的影響力，其實遠低於眾人的想像。

蒙格說他們並不具有什麼控制力，他還引用美國知名律師克拉倫斯・丹諾（Clarence Darrow）的名言說：「掌控命運的主宰？見鬼，我甚至連槳都不碰。」

7. 評論：現代投資組合理論

巴菲特強烈地指出，在過去四十年內關於投資界所教給人們的東西，開始退步了。

蒙格表示，這個現象是因為經濟學教授們是如此地為「現代投

資組合理論」（Modern Portfolio Theory）[4]，感到心醉神迷。而一個手握槌頭的男子，往往會將所有事情都視作釘子來解決（譯註：意指在不假思索的情況下將所有事物都一視同仁地去解釋）。

巴菲特接續了這個話題，提到藉由電腦可以處理巨量資訊的能力，現代投資組合理論已經淪為「到雞舍裡找答案」的荒謬境地。他們忽視最單純的事實——當你買進一間公司（的股票）時，你就擁有那間公司。

作為結論，巴菲特打趣道，身為購買優良公司的買家，他和查理應該全力支持現代投資組合理論的研究：「假如身處在競爭激烈的航海事業中，你肯定會想設立『地球是平的』研究獎學金。」

8. 投資心法：何時才是進場時機？

我發現這個故事相當了不起：當巴菲特於1950年代從哥倫比亞大學畢業時，他的老師班傑明·葛拉漢及他的父親都對他說，「現在不是進入證券產業的好時機」。當時，道瓊指數剛過200點大關。那時的巴菲特，手裡有1萬美元。如果他乖乖等下去，那麼這1萬元就只會是他手裡的那個數字。

蒙格如此表示：「我們預測的並不是潮流本身，而是人們會如何抵抗潮流。」

我之所以覺得這個故事非常了不起，是因為這兩個最理解巴菲

4　編注：該理論揭示了投資者可透過理性的模型計算，採用分散投資方法來優化投資組合。

特是一位傑出游泳健將（傑出投資者）的人，在分析了潮流（市場）後，都勸他不要跳進水裡。甚至連葛拉漢自己都沒能抵擋分析市場的誘惑，而這也顯示出「將焦點放在傑出的游將身上、而非潮流本身」，是多麼困難的一件事。

9. 投資心法：所有投資都是價值投資

巴菲特認為，區別成長型投資和價值型投資，是一件莫名其妙的事。對所有經濟活動而言，「價值」是其唯一的考量。

為了計算預期的回報，你必須計算從現在到某日期間，該公司所有現金流的折現值。而為了執行這一步，你必須做兩件事：其一，確定現金進出的量和確定性；其二，選擇貼現率。

巴菲特指出，「企業的成長」可以加強或減損你所計算出來的價值。舉例來說，1970年代的電力公共事業被迫提高成長、擴大資本額，而這樣的做法也同時拉低了他們的回報率。

巴菲特也舉了一個更極端的例子：對於美國投資者來說，成長性看似勢在必行的航空產業，就像是在宣判所有投資者的死刑。在小鷹鎮（Kitty Hawk，譯註：萊特兄弟在此成功試飛第一架飛機）的突破後，這個產業每年都只有在賠錢！然而，這個產業每年都在向投資者要更多的錢。關鍵點在於：找一個會給你錢、而不是搶走錢的投資項目。

在研究了航空產業後，蒙格發現這能告訴我們，關於高固定成本且商品具替代性產業的競爭情況，究竟是如何。

巴菲特同時也指出，在分析一個產業的價值時，帳面價值很少會具有意義——帳面價值不過是紀錄有多少資金，被投入到一間公司中。計算價值的關鍵要點，是決定這個產業能有「多少產出」。

巴菲特解釋道，購買公司就像是購買不帶有期限、且票息那一欄空白的債券。你必須寫下債券票息，而這個票息的準確性正是學習智慧投資的精髓。如果你無法推測出精確的利息，那麼千萬不要投資這個產業。

10. 市場分析：企業 ROE 的長期趨勢

一個企業的股東權益報酬率（ROE），約等同於其股票的票息。那麼，我的問題就會是：過去十幾年來，平均ROE為13%的美國產業，在未來十幾年內，是否會出現重大改變？

巴菲特引用了1977年他在《財富》雜誌上發表的文章（那是一篇股票等同於債權的分析），指出當時美國產業的平均ROE為12%，他並沒有看到太大的改變，或許13%這個數字是可以接受的。接著，他和蒙格紛紛提出更多的考量，13%這個數字也被慢慢地消滅：

- 對美國企業而言，勞工退休後的醫療福利是一個龐大的責任，然而經過二十年的累積後，這筆帳最近才開始出現在公司的資產負債表上。因此要扣掉 1/4 到 3/8。

- 在一般公認會計原則（GAAP）之下，股票期權和高

階經理人的薪酬並不會出現。再扣掉 1／4 到 3／8。

- 養老金資金過剩導致預付退休金的出現，這也不符合
  他們對利益的定義。

在他們說完這些後，他們決定12％的企業平均ROE，才是較
正確的數字。巴菲特表示，美國的會計會習慣性的誇大數字。如同
蒙格精心篩選的用字，「12％和13％之間的差異，代表的是美國會
計業的腐敗……美國會計體系的道德與知識份子的墮落。」

11. 市場分析：市場價格並不便宜

再次重申市場價格對於購買行為沒有任何影響後，巴菲特也同
意了當前的市場價格並不低。

蒙格描述過去十二年就像是天堂般，並指出未來的回報率或許
不會這麼高——全球投資資金的成長速度有限。

巴菲特語氣更重的說：「投資報酬率不可能和過去一樣了。」

1993

地點：奧芬劇院

出席者：兩千人

年度摘要：

今年新增了接駁車服務，載著股東往來於內布拉斯加家具商城、波仙珠寶、各大飯店和機場之間。

財富世界五百大排名：第 158 名

股價：11,770 元

- 1964 年所投下的 1 美元，在今日約等值於 951 元。
- 波克夏的每股面值從 19.46 元上漲到 8,854 元（年複合成長率為 23.3%）。
- 同時期的標準普爾 500 指數的年複利率為 10.2%。

1993 年的投資備忘錄

1. 公司治理：海外市場收益

　　巴菲特依舊偏好全球市場，指出可口可樂、健力士和吉列的收入之中，有極高的比例來自海外市場（三者的比重分別為：80%、80%、67%）。

　　海外市場的收益占波克夏透視盈餘的比重超過20%，而巴菲特在過去五年內也刻意重新定位波克夏，以迎接世界經濟的全球化趨勢。

　　有趣的一點在於：波克夏對英國公司健力士的持有，並未進行貨幣對沖。巴菲特表示，貨幣對沖不僅花錢耗時，而且根本沒必要，因為健力士本身賺的就是不同類別的貨幣。就長期來看，貨幣因素的影響力應該不大。[1]

　　蒙格也趁著此一話題，提起了官僚形式的「規模不經濟」（diseconomies of scale）[2]。儘管許多大企業在瘋了的情況下，設立整整一層的貨幣交易部門（為該公司根本不存在的貨幣風險進行避險），波克夏卻試圖保持簡單的行事作風，「這樣主席就可以花一整天的時間，好好研究年度報表。」

1　坦伯頓集團（Templeton Group）的研究主任馬克・霍羅威斯科（Mark Holowesko）也曾說過相似的言論。
2　編注：意指當企業規模越大、內部結構越複雜，將導致其邊際效益遞減，甚至成為負值。

2. 投資心法：「定價錯誤」的賭局

和往年一樣，巴菲特指出，任何經濟資產的合理價值，等於未來所有現金流（進、出皆算）的貼現值。

他認為對多數資產而言，長期公債的利息（當利息低的時候，可以加個1或2％）是相當合適的貼現率。然而，預測公司的現金流往往比預測債券來得複雜，因其收益可能更高。

蒙格則表示，許多分析師試圖從龐雜的往日資料庫中，找出一絲線索，而這只會落得徒勞無功的下場（且失敗的嚴重程度往往與智商高低成正比）。真正的投資更像是在「同注分彩」（parimutuel）的賭博體制內下注（例如賭馬），並試著找出一個標示為一賠三，但贏錢的機率實為一賠二的對象。因此，所謂的價值投資，就是找出「定價錯誤」的賭博標的。

巴菲特此時插嘴表示，如果他們試圖評估每一匹馬的情況，那麼以他們的立場而言，根本沒什麼優勢。只有在對的時間、做他們擅長的事物，才能保有自己的優勢。依賴歷史統計數據或公式之所以危險，是因為這些數字可能會導致你最後投注在一匹過去曾經輝煌，但如今都已經十四歲、差不多要被送到膠水工廠的老馬身上。[3]

3. 評論：世界改變的速度

我經常對客戶說，世界改變的速率，正在持續加速著。

3　譯注：美國常用語，儘管現在動物性膠水的市佔率已經非常低。過去，馬的體內因含有大量的膠原蛋白，因此是製作動物性膠水的原料之一（雖然豬才是最主要的原料）。

儘管我依舊抱持著這樣的想法，但巴菲特卻持相反意見。他認為今日商業世界的變化速度，非常正常。簡單來說，產業更迭興替，總是有一定數量的產業就如那匹十四歲的老馬一樣，準備被送去膠水工廠。（他推薦閱讀凱洛・盧米思〔Carol Loomis〕刊登在《財富》雜誌上的〈恐龍〉（The Dinosaurs）一文，作為佐證。）

4. 產業觀察：雜牌和品牌

巴菲特指出，對任何一個可透過公司股票而獲得大量利益的產業而言，「雜牌都是一種威脅」。在許多行業裡，這個威脅也正逐漸擴大。

雜牌發展得相當不錯，但並非所有品牌都是如此。在定價過高（例如香菸、玉米片、尿布）且因零售商而拉低行銷力的產品市場裡，品牌的優勢並沒有高過雜牌。

以菸草公司菲利普莫里斯（Philip Morris）為例，當萬寶路（Marlboro）的價格持續上漲、來到2美元一包菸的價位時，一包1美元的雜牌菸市佔率，就出現了顯著的成長（對一周抽五包菸的癮君子來說，雜牌與品牌香菸在一年內會產生500美元的價差）。為了反擊此一現象，菲利普莫里斯於近期大幅調降萬寶路的價格。

相反的，吉列的商業帝國卻擁有固若金湯的護城河。吉列的Sensor系列刮鬍刀和雜牌刮鬍刀相比，一年下來的花費也只差了10美元左右。此外，兩者之間還有著因為技術而帶來的顯著品質差異。（舉例來說，要在Sensor刮鬍刀中放進迷你彈簧片，就需要研

發出可以在零點一秒內焊接十五個點的鐳射設備。)

可口可樂也是如此，它總是將商品的價格維持在低檔。許多年前，可樂每一盎司的價格為0.8美分；現在，每一盎司賣2美分。很少有食品的價格漲幅能維持得這麼少。換個角度來講，以每天在全世界賣出七億瓶八盎司罐裝可樂的可口可樂為例，該公司去年賣出了二千五百億瓶飲料，賺進25億美元，也就是每一罐賺1美分。這讓Sam's Cola等競爭對手很難搶奪可口可樂的地盤。此外，可口可樂在世界各地都建有基礎設施，這點也非常令人欽佩。

至於時思糖果對上雜牌巧克力的狀況呢？巴菲特說，他希望那些在情人節當天對著另一半說「來，寶貝，我挑了些便宜貨給妳」的男人，能越來越少。

5. 市場分析：衍生性商品的警訊

有鑒於衍生性金融商品以令人警戒的速度成長著，巴菲特認為，如果有一天它對金融業造成滔天巨浪、引發一連串嚴重的連鎖反應，他也不會太驚訝。

蒙格補充道，衍生性金融商品此刻的市場規模，已經超越了期貨市場。他認為將錢交給那些終日坐在電腦螢幕前的人，無疑是一種相當瘋狂的舉動。採用合約與給付能力交織而成的金字塔式投資法，風險非常高。儘管所羅門兄弟公司（投資銀行）對這個風險有所警惕，巴菲特認為該公司仍舊無法抵銷衍生性金融商品崩潰所帶來的系統性危機。

6. 公司治理：要分割股票嗎？

巴菲特每一年都會重申，他希望波克夏擁有優秀的長期股東，因此，分割股票有違他的理念。此外，這麼做也只會吸引到那種去街上買披薩，當店家詢問他想將披薩切成四片還是八片時，回答「四片好了，八片我吃不下」的那種人。

蒙格補充道，如果你對一間好公司感興趣，那麼1萬3,000美元（股價）算是相當合理的合夥費用。

7. 市場分析：再保險的機會

巴菲特提到，當風險成長的速度已經遠超過生活成本時，世界就需要摸索出一個新的「再保險」概念。在極大的層面上，許多公司都需要再保險。

其中一個促成這件事的原因，就是倫敦勞合社（Lloyd's）[4]的崩潰，而蒙格認為此事是可以避免的（他也相信全世界都應該關注此事件，作為對愚蠢方面的深度研究）。[5][6]

4　編注：勞合社成立於1871年，是英國最大的保險組織，其設計的業務架構與條款，對保險業的發展深具貢獻。然而在進入二十世紀後，由於保險市場競爭激烈，加上本身經營不善，致使它在1992年出現巨額虧損。

5　我們認為巴菲特和蒙格此刻已經嗅到巨大機會的氣息，且試圖尋找可擴大再保險核保業務的資金。

6　80%掌握在波克夏手中的威斯科金融，近期宣布在出售其子公司互助儲貸銀行後，釋出了3億美元的資金。因此，波克夏可以提供威斯科Wes-FIC（威斯科金融保險公司）一筆可觀的資金用於再保險業務上。在近幾個禮拜內，威斯科金融的股價從90元迅速飆漲到110元。

8. 市場分析：通膨將捲土重來

在驚嘆此刻的通膨是多麼低之後，巴菲特表示這意味著通貨膨脹將捲土重來。「現在不過是緩解期。」他說。

蒙格同意這個看法，並以他特有的樂觀方式表示：「所有偉大文明的失敗率，都是百分之百。」

儘管沒有產業會因為通膨而獲得好處，但巴菲特相信與多數公司相比，波克夏的準備可謂相當充分。

9. 投資心法：正確的觀念

在被詢問到推薦哪些投資書籍時，巴菲特（如往常一般）提出了《智慧型股票投資人》這本書，但卻接著駁斥了「投資奧祕會藏在書本裡」這樣的想法。

他解釋道，投資並沒有那麼複雜。除了學習會計之外（這是商業的語言），投資成功的關鍵就在於擁有「正確的觀念」，加上可以將這些原則付諸實踐的個性。只要你能量力而為（並知道自己的底限），就不需要過於擔心。

蒙格更直接表示，沒有什麼人（像我），能同時追蹤四十間、或甚至更多間公司的狀況。每個人的一生中，只需要八間、十間、或甚至是一間好公司，就能讓你賺回本。

1994

地點：奧芬劇院

出席者：三千人

年度摘要：

- 以波克夏員工身份在股東會上奔波了九年後，我們的柯瑞·瑞恩終於能好好坐下來，享受這場盛會。

- 巴菲特打趣道，現在唯一夠大、足以召開明年股東會的場地，大概只剩 AK-SAR-BEN（當地的賽車場）。幾年前，波克夏股東會還在喬斯林美術館舉行。它先是從文化的殿堂，轉移到舊時的劇院，接著（又可能）再轉移到賭博的巢穴，巴菲特發現波克夏的文化層級，似乎正在降低。

財富世界五百大排名：第 158 名

股價：16,348 元

- 1964 年投下的 1 美元，在今日約等值於 1,322 元。

- 波克夏的每股面值從 19.46 元上漲到 10,083 元（年複合成長率為 23%）。

- 同時期的標準普爾 500 指數的年複利率為 10.2%。

1994 年的投資備忘錄

1. 市場分析：無知與借來的錢

在去年的會議上，巴菲特注意到衍生性金融商品的使用率正急速擴張，因此對於這類商品在未來十幾年內崩潰而引發金融危機的可能，他並不意外。在發表這些言論之後，全世界的人都開始關注了。

在被詢問到最新的看法時，巴菲特強調，衍生性金融商品確有其存在的意義。然而，當你結合了「無知」與「借來的錢」這兩個條件時，就會得到有趣的結果。

在委婉地提到寶僑公司（P&G）在衍生性金融商品方面所遭遇的尷尬失敗後，巴菲特說從賣肥皂的轉行到債券操作這一行上，確實是一個很大的躍進。[1] 在被問到是否有想要補充的內容時，蒙格以他一慣合群而友好的態度回應，「沒有。」

巴菲特打趣道：「要想打斷他的發言還真難。」

2. 產業觀察：保險業低估了超級災難

在保險業中，「重災」保險的狀況非常混亂。

1　編注：為了避險及降低融資成本，寶僑公司在 1993 年與信孚銀行訂定一筆本金 2 億美元、為期五年的利率交換合約，以及一筆選擇權交易，最終因寶僑誤判美國利率走勢，致使這筆交易損失慘重。

巴菲特認為，保險業對於最糟的情況，仍舊抱持著駝鳥心態。有太多的保險公司在承保時，往往是根據過往經驗而非實際風險去評估，而這個行為本身就是一種錯誤。

　　巴菲特也認為，保險業嚴重低估超級災難可能帶來的嚴重後果。舉例來說，洛杉磯大地震相當嚴重（但還不是史上最大的）。[2] 因此，巴菲特認為預估一場地震可能會造成45億美元的損失，實在太小看災難了。[3] 不過對波克夏來說，只有造成至少高達80億美元損失的超級災難，才會嚴重到需要啟動超級巨災（supercat）政策。儘管如此，波克夏對於最低程度所估計出來的損失數字，已經超過許多公司對「潛在最大損失」的估算。如果超級災難發生了，許多公司將因此被吹垮。

　　同樣的，巴菲特也推測如果有颶風襲捲長島或邁阿密，可能會輕易地造成150億至200億美元的損失，而保險業對於這種事情，尚未做好健全的準備。

3. 產業觀察：「再保險」的機會

　　由於去年多了新的50億美元投入到再保險的領域，因此巴菲特意識到災難再保險產業的競爭，變得更強烈了。

　　就短期而言，這個現象可能會導致價格惡化。但長期方面，巴菲特則保持樂觀，他認為新的競爭者或許會因為出資者而感受到額

2　編注：意指1994年1月17日發生在洛杉磯北嶺區、規模6.7的地震。
3　他們已經將這個數字上修到60億美元。

外的壓力（像是在價格不一定合理的情況下，不得不簽訂保單來爭取生意），但波克夏卻可以穩穩地選出最有利的時機。此外，波克夏作為業界龍頭的力量和聲譽，能為公司帶來一個強而有力的競爭優勢。

他還觀察到，再保險產業的本質，似乎有導致「愚蠢病」集體發作的趨勢。突然間，錢全部消失了。「直到海浪退去，否則你根本無法發現誰沒有穿衣服。」

4. 評論：蒙格與「站不住腳號」

巴菲特抱怨蒙格，對於波克夏的企業專機「站不住腳號」（The Indefensible）[4] 提出質疑。據說節儉的蒙格在搭飛機時，總是會買票價最便宜的座位。

巴菲特承認，「查理說得沒錯」，無論是坐在飛機前端，還是坐在機尾的人，都會在同一時間抵達目的地。巴菲特還表示，「如果我們談的是巴士，那麼查理更是無所不知。」

5. 投資心法：如何評估管理者的績效？

針對評估一家公司管理者的績效方面，巴菲特提出了兩個準則：第一，他們營運的狀況如何？第二，他們對企業主的態度如何？

4　編注：1989年波克夏以670萬美元購入這架飛機，由於巴菲特過去經常抨擊其他企業執行長花錢購買私人飛機的行為，故打趣地將自家飛機命名為「站不住腳號」。

營運的績效應該和對手比較，而比較的內容包括：資本分配決策的審查，以及管理者所面對的情況。巴菲特發現，優秀的管理者總會考慮到企業主，而不出色的管理者卻鮮少關心企業主——找到好的管理者是一件非常困難、且非常重要的任務。

蒙格分享了一個小故事：一名校長對著台下的畢業生說道，「你們之中有5%的人會淪為罪犯。我知道這5%是哪些人，但我不會跟你們說，因為這樣會剝奪你們享受刺激的機會。」

6. 評論：巴菲特的日常工作

巴菲特解釋，他日常工作的其中一個任務，就是找出並留住好的管理者。但棘手的地方在於，這個類型的管理者，多數都擁有經濟自主的能力，因此你必須給他們「想要工作」的動力。

巴菲特的辦法，是試著讓工作維持有趣、新鮮，並依照他們的表現給予適當的薪酬。此外，還要留給他們足夠的空間去施展他們的才能。蒙格則觀察到，以角色對調般的同理心來對待他人，是非常重要的態度。

巴菲特的另一個日常工作則是分配資本。「除此之外，我們頂多打打橋牌。」

7. 評論：葛林斯潘

巴菲特認為，美國聯準會（Fed）主席艾倫・葛林斯潘（Alan Greenspan）的行為相當合情合理，畢竟他的工作職責也包括「沒

收狂歡派對上的酒精飲料」。[5]

巴菲特強調這份工作並不輕鬆。當你依靠著風勢前進時，假如風勢突然改變方向，你勢必會跌得鼻青臉腫。

當巴菲特詢問蒙格，對於葛林斯潘的表現有何評價時，蒙格簡潔地回應，「不錯。」巴菲特於是宣佈：「葛林斯潘，安全上壘！」

8. 投資心法：會發生什麼事與何時發生

巴菲特解釋，身處在併購公司產業裡的波克夏，就跟購買雜貨或汽車的人一樣，總是熱烈歡迎低價。

巴菲特說，他們明白如何評估公司，但他們不知道如何評估市場的波動。「為自己不知道的事物而放棄那些已知的事物，是非常瘋狂的行為。」

蒙格補充說，在宏觀經濟因素面前，他們都是「不可知論者」（agnostic）。相反的，他們將所有的時間用於評估個別公司上。「比起思考何時會發生什麼事，去思考會發生些什麼事，會來得更有效率。」

9. 投資心法：買下整間公司？

在收購方面，巴菲特更傾向於買下整間公司。不幸的是，願意

5　編注：自1993年下半開始，美國經濟成長出現過熱的現象，道瓊指數頻創新高，市場充斥著投機氣氛，時任聯準會主席的葛林斯潘認為該現象為一種「非理性亢進」，於是透過各種調控手段壓抑股市，甚至自1994年2月起，在短短一年的時間內將聯邦基金利率從3%提高到6%，有效達到經濟降溫的目標。

賣出100％股份的賣家，通常會希望得到一個更漂亮的價格。與此同時，那些使用OPM（other people's money，別人的錢）來出價的人，往往會開出更為樂觀（漂亮）的價格。

而多數的企業管理者也會認為，如果自己能對公司作主的範圍越大（像是當買家屬於OPM時），對他們來說會更自由。因此總結來看，OPM對這些管理者來說只有好處，沒有壞處。「在百分之百的收購中，動物本能總會跳出來阻撓。」

也因為如此，在波克夏所持有的公司股票裡，絕大多數都是來自於股票交易市場——那個准許「更醜的」價格存在的地方。

10. 投資心法：威斯科金融的估價

在波克夏帶來的樂趣之中，其中一個遊戲就是計算波克夏的內在價值。巴菲特和蒙格會給予股東們大量的線索，並向我們挑戰，要股東自行估算波克夏的內在價值。

巴菲特表示，對於波克夏的股價在這幾年來總能準確體現其內在價值的現象，他感到非常欣慰。

令人驚訝的是，蒙格打破以往的習慣，在威斯科金融公司（波克夏擁有80％股份）的年度股東會上，公佈了他計算出來的威斯科價值——每股100美元。

蒙格解釋，他認為威斯科股票的買價，稍微有些瘋狂（其最高價為149元，而當前價格為117元），他並不喜歡吸引別人用高價買

下股票。他稱此為「一時的熱潮」。[6]

11. 評論：現代投資組合理論

巴菲特和蒙格把握他們一年一次的機會，批判了現代投資組合理論一番。巴菲特用「導致虧損或受傷的可能性」，來定義風險。

在現代投資組合理論中，貝他值（Beta，也稱貝他係數）被用來測量波動性，也因此意味著投資的風險。然而，巴菲特認為使用貝他值並不合理，斷然表示，「對我們而言，波動性無法衡量風險。」

舉例來說，在特定的年份裡，超級災難保險確實會賠錢，但巴菲特認為十年過去後，最終還是會賺到錢，且賺到的錢會比某些可預測的保單還要多。他認為，華爾街總說一個會上下波動、但可以賺20％到80％的投資，比一個每年都能固定賺進5％的投資來得「冒險」，是非常不合理的觀念。

巴菲特表示，儘管他向來是盡量避開風險，但大家或許會很驚訝對於一個只有十二分之七贏面的機會，他會放多少錢下去。「哪裡的可能性被看好，我們就去那裡。」

蒙格總結，「我們的行為舉止就像是從未聽過現代金融理論一樣。後者真的太讓人厭煩了。」

6　你上一次聽到某個董事稱自己公司的股價過熱應該下修，是什麼時候的事呢？

12. 評論：關於繳稅這件事

巴菲特說，他比較信賴累進稅制，不過他個人比較偏向高的「累進消費稅」而不是高的「累進所得稅」。

蒙格則表示，在某一個點之下，所得稅會帶來適得其反的效果。不過我們（美國）目前還未遭遇那樣的狀況。

巴菲特指出，美國的富人們獲得非常好的待遇。對於那些說自己因為稅金而感到負擔沈重的人，他建議我們將這些人送到孟加拉去，這樣那些有錢人就能意識到與整個社會相比，他們是多麼地富有。

13. 投資心法：獲得資訊的捷徑

在被詢問到對於資訊科技突飛猛進的發展有何看法後，巴菲特表示這四十年來，他獲取投資資訊的管道未曾改變——年報。

他強調，在評估價格與價值方面，「判斷力」才是真正的關鍵。我們需要的是高品質的資訊，而不是即時的資訊。

蒙格總結道，就算信件和報價晚了三個星期才送到他手上，他也覺得沒什麼關係。[7]

14. 投資心法：保持對市場的戒心

長期以來，在波克夏的股東會上，「培養獨立思考」的事經常

7　無獨有偶地，約翰・坦伯頓也告訴我們，在他搬到《華爾街日報》總是會晚三天才送達的巴哈馬後，他的投資績效反而變好了。

被提出來討論。

今年，巴菲特告誡眾人，我們不能讓市場為你打算——依賴風向標無法使人致富。巴菲特表示，對於預測，我們應該保持戒心（不要問理髮師你是否需要理髮），並維持事物的簡單（我情願直接乘以3，也不想乘以π（圓周率數學符號π））。

蒙格則說，許多人相信只要僱用某些人，他們就能辦到更困難的事。但現實告訴我們這是不對的，他認為這個想法是「人類最危險的想法之一」。而他也說了一個關於「男子和他的大樓」的故事：這名男子說自己學到了應該要畏懼三樣事物：建築師、承包商和坡地。

蒙格總結道，「我們並不需要階級式思維。」

Berkshire Hathaway

1995

地點：假日酒店（Holiday Inn）會議中心

出席者：四千三百人

年度摘要：

- 今年的觀眾席裡多了許多外國人，還有來自四十九州的美國民眾們（只有最講求實際的佛蒙特人選擇待在家裡）。

- 為了應付破紀錄的出席人數，波克夏不得不繼續降低它在「文化」方面的堅持：從數年前的喬斯林美術館，到奧芬劇院，又到了假日酒店會議中心。

- 在會議開始前，巨大的螢幕上播放了當年度在邁阿密舉辦的橘盃（Orange Bowl，大學美式足球賽）：由內布拉斯加出戰邁阿密、最終取得勝利的比賽。（很顯然當地人覺得這樣的安排太有品味了。）

- 提問時間長達五個小時。

財富世界五百大排名：第 295 名

股價：20,435 元

- 1964 年投下的 1 美元，在今日約等值於 1,652 美元。

- 波克夏的每股面值從 19.46 元上漲到 14,426 元（年複合成長率為 23.6%）。

- 同時期的標準普爾 500 指數的年複利率為 9.9%。

1995 年的投資備忘錄

1. 關鍵交易案：收購 Helzberg 鑽石公司

　　一般來說，股東會中關於公司營運的部分，總是在短短幾分鐘內就結束了。今年由於股東們通過了一項動議因而使時程拖得比較長。而這項動議，讓波克夏可以發行不超過100萬股的優先股。巴菲特稱優先股是購買公司的「另一種貨幣」。

　　巴菲特表示，無論是收購整間公司或部分公司，波克夏在意願上都是相當樂意的。他也引用知名導演伍迪‧艾倫（Woody Allen）的話說：「作為雙性戀的好處，就是你在禮拜六晚上找到約會對象的機率會提高為兩倍。」

　　最近一間被波克夏買下100%股權的公司，為 Helzberg 鑽石──它是一間總部設在堪薩斯城、在全國擁有150家分店的連鎖珠寶店。巴菲特稱該公司的經營者巴奈特‧赫茲伯格（Barnett Helzberg）正是波克夏所追求的那種為人聰明、品性端正的經營者。

　　巴菲特預測 Helzberg 未來會成為波克夏旗下重要的一員，並提到在明年的股東會上，他或許還會提出一到兩個類似的企業收購報告。

　　在被問到是否有任何事想要補充後，沈默寡言的蒙格突然抖了一下身軀。巴菲特趕忙說，「等一等，我覺得查理剛剛經歷了瀕死的體驗！」

2. 評論：沒有價值的「經濟附加價值」

每一年，巴菲特和蒙格都會潑學術理論一盆冷水。今年的主角是「經濟附加價值」（Economic Value Added），或稱EVA。

蒙格表示，這個理論雖然沒有「資本資產定價模型」（capital asset pricing model）那麼愚蠢，但卻過於逞強地想要得到一個「正確答案」。

巴菲特補充道，推銷這些時髦理論的人，不過證明了我們需要祭司的理由。「如果只靠十誡，會讓宗教推廣變得相當困難。但我們不需要一本三百頁的書來勸自己將『顧客至上』的道理作為經營準則。」

3. 投資心法：關於「預測」這件事

在識破人性弱點方面，蒙格又挑出了一點，他認為預測會讓人們預期「特定的結果」，因此其帶來的缺點遠多於優點。

蒙格引用了馬克‧吐溫（Mark Twain）的話說：「所謂的礦，就是一個騙子和地上的洞所構成。」

巴菲特說，多數關於預測所指出的各種細節，不過是利用一種儀式，讓執行者可以將「自己想做的事」傳達給眾人的辦法。

蒙格總結說，書面檔案才是關鍵。「一間歷史紀錄卑鄙、前途卻一片光明的公司……這絕對是我們想避開的。」

4. 公司治理：所羅門兄弟的麻煩

　　儘管近期出了問題，巴菲特和蒙格對於所羅門兄弟公司還是保有信心，認為這間公司還能生存很久。

　　蒙格觀察到：在該公司更換了一套新的薪資系統後，就立即出現了不好的結果並導致不平順的一年。

　　在這一波離職的管理人潮中，巴菲特發現有些人是自願離職，有些人則不是。而留下來的那些人，多半是擁有更多管理者／企業主意識的員工，而這正是這間公司渴望培養的人才。

　　蒙格也補充道，華爾街是全世界最愛嫉妒的地方，而「嫉妒是唯一一個無法帶給我們樂趣的原罪。」

5. 產業觀察：報紙與電梯

　　巴菲特表示，儘管報業已經不如十五前那般吸引人，但是其營運狀況還是相當不錯的。他甚至表示，如果他只能擁有一間公司，那麼他或許會想擁有一間獨佔鎮上紙媒市場的報社。

　　對於那些擔心印刷用紙價格上漲的報社老闆們，蒙格拿他們疑神疑鬼的心態開玩笑說：「人們根本不在乎電梯現在在哪一層，他們只關心電梯要上去還是下去。」

　　巴菲特補充道，如果比較十五年來報紙廣告收益和印刷用紙的價格差距，就會知道廣告收益的表現要好得太多了。

6. 投資心法：波克夏的內在價值

巴菲特哲思的其中一個中心思想，就是內在商業價值，也就是資訊充分的買家願意花多少錢買下一間公司的價值。

巴菲特表示，波克夏的股東可根據公司年報所提供的數據，計算出波克夏的內在商業價值。而他給了一個提示：在整份報告中，最重要的就屬討論波克夏那30億保險浮存金的地方。

他更說，「與多數股票相比，波克夏的內在商業價值高於股價。」

7. 市場分析：瘋狂的衍生性商品

兩年前，巴菲特就預測衍生性金融商品將釀成災難。自此之後出現了數個案例，從霸菱銀行（Barings PLC）到加州橘郡的破產事件等。

巴菲特認為，當你只需透過一個簽名，就能將數百萬美元以無形的方式進行交易時，這當中自然存在著極大、為非作歹的機會。

他也察覺，衍生性金融商品不僅沒能抵銷或降低風險，反而以極大的比例在創造風險（導致對證券借額的規範形同虛設）。

蒙格也表達對該商品強烈的反對：「如果我可以掌管世界，那麼世界上不可能會存在選擇權交易……這個世界太瘋狂了。」

8. 公司治理：保持簡單

想到波克夏，蒙格表示很少有公司會創造一個僅需要很少人力就能維持的營運體制。他回憶道，在一次收購中，某人要求他們提

交公司員工編制表。「但我們不僅沒有什麼員工編制表，我們根本沒有什麼員工！」

9. 投資心法：股票並不在乎你

在討論到當初波克夏以3億5,800萬美元買下的全美航空（USAir）優先股，現在被減計（write-down）到2億6,800萬的事，巴菲特表示，「我們並不一定要以失去它的方式，去贏回來。」

蒙格說道，那些因為賭博而把錢輸掉的人，他們最應該做的就是轉身離開，然而許多人卻選擇繼續賭，這是最常見的錯誤。

巴菲特也強調了為什麼我們要讓理性凌駕於情感之上的原因，「股票並不知道你買了它，也不知道你付了多少錢、是誰推薦你買的、其他人又是付了多少錢……它根本不在乎。」

10. 投資心法：公司要像城堡

蒙格提出了一個想法，他認為公司就像是一座城堡，有著廣闊、能永久起作用的護城河，還有一位正直的君主。所謂的「護城河」，代表著突出的競爭力，有時也可能是低廉的生產成本、商標、規模或技術。他們認為可口可樂（波克夏擁有1億股）就是最標準的例子。

巴菲特認為區別哪一種產業是你「只需要有時候聰明」、哪一種產業是你「必須一直維持頭腦清醒」，是相當重要的一件事。舉例來說，在零售業，你無時無刻都會遭遇銷售攻擊；但在報業，你

只需要把握發新聞的先機。

　　巴菲特引用了一位來自南方新聞報紙發行人的話。當別人問這位發行人是靠什麼方法來維持報社的成功時，他回應說：「壟斷和裙帶關係。」

11. 產業觀察：世界金融展望

　　握有房地美（Freddie Mac）、富國銀行、所羅門兄弟、PNC Bancorp和美國運通的波克夏，在全世界的金融體系下，也佔有一席之地。

　　儘管金融業並不是一個天生具有吸引力的產業，但巴菲特相信在金融業進行整合的同時，作為精明的大規模經營者，很有機會贏得高於平均的回報率。

　　巴菲特預期未來二十年內，全球金融業會出現重大的改變，像是微軟可能會替當前的系統找到新的出路。

　　同樣的，波克夏也在競爭激烈的巨災保險市場上，打造一套難以被攻破的優勢。波克夏擁有價值130億美元的股票。而他們最大的競爭對手所擁有的股票價值甚至不到10億美元。

12. 投資心法：從會計帳看公司

　　會計，是理解商業的語言。巴菲特和蒙格都非常厭惡濫用這個語言的人。近期，美國財務會計準則委員會（FASB）針對股票選擇權會計方法所提出的提案以失敗收場，為此，巴菲特對於那些抱

持著損人利己、覺得「π的價值停在3就好」的美國商業領袖，表達強烈的失望。

蒙格總結道，「貪腐贏了。」

巴菲特則表示，一般來說，如果一間公司的會計帳讓你看得頭昏腦脹，那麼你最好避開這間公司。因為這種困惑可能是有意為之，而且這也同時揭露了該公司管理階層的特質。

13. 市場分析：關於美國國債

巴菲特表示，如果不去管清償能力，光看國家債務數字是毫無意義的。有鑒於美國政府擁有企業收益的35％（稅）和15％至33％的個人所得稅，因此其償債能力還算相當可靠。

即便美國國債占GDP的60％（與二戰後占GDP125％相比），巴菲特認為我們還是不太需要擔心國債問題。

14. 人生習題：關於「學習」這件事

在愉快的閒聊中，蒙格指出沒有人知道怎麼樣去指導別人是最好的，而他認為所有的方法，其實都不錯。

蒙格懊惱地表示，在溝通方面他一直有很大的困擾，即便是跟自己的孩子溝通也是。「有些人對於學習所抱持的抗拒態度，真的是異常堅決。」

「甚至當學習其實是對自己有好處的時候。」巴菲特補充道。

蒙格引用英國哲學家伯特蘭·羅素（Bertrand Russell）的話作

結：「許多人情願死也不願意思考。而許多人也真的一生如此。」

1996

地點：假日酒店會議中心

出席者：超過五千人

年度摘要：

- 巴菲特在星期六的奧馬哈皇家棒球隊比賽上開球，那是一個過早下墜的伸卡球。

- 在會議開始前的喜劇影片中《NBC 晚間新聞》主持人湯姆·布洛考（Tom Brokaw）、影星蘇珊·露琪（Susan Lucci）和比爾·蓋茲等人紛紛露面。

- 股東會參與者在會議開始前排起長長的隊伍，只為了爭得一個好位置。媒體 CNBC 在會場外頭部署了一個攝影團隊，進行長達一整天的會議報導。

財富世界五百大排名：第 292 名

股價：32,165 元

- 1964 年投下的 1 美元，在今日約等值於 2,600 美元。

- 波克夏的每股面值從 19.46 元上漲到 19,011 元（年複合成長率為 23.8％）。

- 同時期的標準普爾 500 指數的年複利率為 10.7％。

1996 年的投資備忘錄

1. 年度事件：波克夏發行 B 股

　　今年股東會的前七十五分鐘，都用在討論波克夏提交發行 B 股的事情（其價值為 A 股的 1/30，投票權則為 A 股的 1/200）。

　　巴菲特解釋，發行 B 股的目的在於防止由證券商所成立的單位信託基金，替這些基金的持有者購買波克夏的股份。購買此類基金單位的人，需負擔額外的成本支出和稅金；此外，他們對於回報率常常有不切實際的想像。

　　巴菲特指出，B 股能提升股票供給的彈性（1 股 A 股能轉換成 30 股 B 股），並避免因人為操控而出現的購買。事實上，巴菲特還特別強調，他和查理都不認為股票價值被低估了。此外，為了符合市場需求量，承銷商所供應的 B 股數量將會再擴大。[1]

　　巴菲特談到，在許多公司的首次公開發行（IPOs）上，華爾街總是刻意縮緊供給，讓股價能在第一天就出現大漲，創造所謂的「熱門股」。然而創造 IPO 熱潮的行為，僅僅是為了讓華爾街心愛的顧客們（而不是上市公司），獲得巨大的利益。

　　在波克夏，他們試圖進行相反的操作——「該如何讓人們不要買我們的股票？」巴菲特用「倒著唱鄉村歌曲」的概念，來比喻此

---

[1]　B 股最初的發行量為 115,000 股，實際發行量則為 517,000 股（每股 1,110 美元）。

一思維過程⋯⋯「於是你贏回房子，你的老婆也回來了。」

根據蒙格的說法，發行B股只是一場「小事件」，畢竟僅有1%的波克夏股份是流通的。當巴菲特詢問蒙格是否還有什麼話想要補充時，蒙格說，「沒有。」

巴菲特補了一句：「蒙格沒有收到應得的發言費。」

2. 評論：來自微軟的朋友

微軟公司的創辦人比爾・蓋茲和巴菲特，兩人成為了好友。

在股東會開始前的短片中，甚至拿兩人近期到中國進行商務之旅的事情大開玩笑，影片中報導了一名電腦宅男和來自奧馬哈的地毯商人，是如何危及到中美關係。

對於蓋茲的管理才能和經營重點，巴菲特讚不絕口。但是根據自身的原則，巴菲特表示科技業「剛好不是」他們想要涉足的產業。

3. 關鍵交易案：收購蓋可保險

自1976年開始，波克夏開始買進蓋可的股票，該公司以直接行銷（direct marketing）的方式來銷售汽車保險，並因此替公司帶來巨大的成本優勢。

在這段期間，蓋可持續成長，成為美國第七大的汽車保險公司。截至1995年底，波克夏所投資的4,570萬美元，已經成長到24億。在1995年，波克夏同意以23億的代價，購買剩餘的蓋可股份。

巴菲特認為此舉能為波克夏帶來極大的益處，他並補充說，蓋

可是一間非常出色的公司，擁有一套低成本的行銷方法，並以降低成本的方式來維持自己的高競爭力。在美國汽車保險市場佔有2.5%的蓋可，有極大的成長空間。

在波克夏併購蓋可後，巴菲特認為蓋可或許能發展得更好一些。「五年之內，我們就會對擁有蓋可這件事，感到非常滿意。」

4. 投資心法：如何評估波克夏的價值？

每一年，都會有人詢問巴菲特對波克夏內在價值的看法。而每一年，他也都會回答：計算這個答案所需的資訊都寫在公司的年報裡。他指出，僅看一個企業的「拆解價值」（break-up value）是錯誤的。因為這個做法會漏掉波克夏所有子公司間的利益關聯。因此，比較好的作法是計算波克夏所產出的現金流量，並將其折成現值。

作為例子，他指出如果僅依賴拆解價值的方法來分析二十九年前波克夏付給林沃特（Jack Ringwalt）870萬美元買下國家賠償的事，就會完全忽略該公司在生產浮存金方面的超高能力（其總金額目前已達到70億美元）。巴菲特承認，這筆收購所獲得的利益，已經遠超過他當時的想像。

將這70億的浮存金和波克夏50億的遞延所得稅（deferred taxes）加在一起，就會得到拆解價值估算法錯過的120億「資產」。

5. 投資心法：回購股票的意義

在相關的話題中，巴菲特表示企業「回購股票」的行為，只有

在以低於內在商業價值的價格進行購買時，才能提升股東的利益；如果付的價格高於內在價值，則會損害股東的利益。

儘管如此，對於那些非常理想的產業，他也說他所給予的內在價值往往比許多人都還要來得高。

作為例子，他指出波克夏一開始擁有可口可樂7％的股份，而透過回購股票的方式，波克夏手中現在又多了1％的股份（因此整體為8％）。

更誇張的例子就屬蓋可。擁有蓋可33％股份的波克夏，透過股票回購的方式，在二十年間將自己持有蓋可的股份提升到50％。而事實證明了，回購確實是非常睿智的決定（即便當蓋可的股價上漲到其帳面價值的兩倍時）。

巴菲特總結道，「對於具有稀缺性且體質強健的公司而言，資本的縮減有助於鞏固所有權。」

6. 投資心法：保險浮存金的意義

針對浮存金，巴菲特用「銀行存款」來比喻，給眾人一個漂亮的解釋。銀行存款讓銀行擁有進行投資的資金。而這些資金的成本非常清楚：付給存款人的利息和營運成本。

同樣的，當投保人預先支付保險費以換取未來遭遇災難時所獲得的補償時，保險公司就能獲得投資的資金（亦即浮存金）。

然而，與銀行存款不同的地方在於，唯有當保險過期或理賠解決後，浮存金的成本才能確定。

對波克夏來說，浮存金的平均成本為零。此外，其金額更從1967年的700萬美元，巨幅成長為今日的70億。

巴菲特也提醒說，普通的人壽保險並不是一門簡單的生意，而浮存金本身當然不是天上掉下來的禮物。為了確保業務能順利運作，保險公司必須正確地使用它。理想上，該公司最好具有競爭優勢，且擁有將浮存金最大化的能力。如果你能以極低的成本取得浮存金，隨著浮存金的總額不斷上升，它將成為公司極重要的資產──其重要性甚至超過巴菲特於1967年時的想像。

蒙格總結道，巴菲特其中一個過人之處，在於他總是不斷學習。

7. 公司治理：如果巴菲特被車撞？

每一年，都會有人問巴菲特那種「如果你被車撞了怎麼辦」的問題。蒙格修辭性地發問，「可口可樂會因為華倫不在所以不賣可樂嗎？吉列會因為華倫不在所以不賣刮鬍刀嗎？」

蒙格指出，波克夏的所有業務都經過精心部署，因此不太需要總部持續地費心。他總結說，「如果你擔心的地方在於波克夏可能會失去華倫那傑出的資本配置能力，那我也只能告訴你，如果華倫被車撞，那真是太糟糕了。」

巴菲特開玩笑道：「查理真有同情心啊。」

8. 投資心法：資訊的取得與運用

巴菲特表示，他比較想要那種就像是「另一半在告訴你究竟發

生了什麼事」的年報。不幸的是，這點實在沒辦法強求。

　　儘管如此，「外部」資訊仍然能給予我們了不起的幫助，他說道，我們可以得到各式各樣的資訊，但更重要的是你必須親自篩選它們。他宣稱在過去四十年裡，他從來就沒有依賴華爾街的報告以得到好點子。

9. 評論：「多元化投資」等於廢話

　　巴菲特和蒙格又進行了每年一次對「現代投資組合理論」（MPT）的嘲弄，而這次他們的目標對準了近來大受歡迎的「多元化」概念。

　　巴菲特表示自己很喜歡在喜愛的事物上，投注大量的金錢。對於那些知道自己在做什麼的人而言，多元化是一件莫名其妙的事。「對我們而言，用一樣的錢去買自己清單上的第一名和第三十七名，那簡直是瘋了。多元化是對無知的一種保護，也是你承認自己對公司營運其實一竅不通的自白。」

　　巴菲特聲稱，一生僅需要三間完美的公司就夠了，而這三間公司絕對能帶給你高於一百間平均水平公司的滿足。

　　蒙格也強硬地說道，「多數我們在企業金融課堂上所聽到的話，都是廢話。」巴菲特接著說，MPT一點用也沒有。該理論利用大量瑣碎的希臘文字，讓你誤以為自己就像身處在大聯盟中。

　　說話總是相當保守的蒙格則說，作為一位有痴呆症的學生，他認為MPT已經超出他個人能力範圍了。

巴菲特總結道，他的基金只擁有一檔股票，而他對此很滿意。

10. 評論：波仙珠寶

巴菲特宣布，在去年專門為波克夏股東舉辦的星期天銷售會中，波仙珠寶創下單日銷售額新高的紀錄。而今年出席的人數擊敗了這個紀錄，為該紀錄的一點六倍。

蒙格欣慰地提到，有一名股東在波仙珠寶消費了價值5萬4,000美元的珠寶，最後還請蒙格在帳單上簽名留念。

蒙格開心地嚷著，「這才是我們喜歡留簽名的地方！你們這些傢伙都快去，去學一下人家。」巴菲特插嘴，向眾人保證那個要別人簽名在帳單上的粉絲，真的不是查理的家人。[2]

11. 投資心法：無法超越的「心智佔有率」

在迪士尼（Disney）與大都會美國廣播公司合併後，波克夏成為迪士尼最主要的擁有者。儘管娛樂圈的競爭如此激烈，巴菲特表示他情願從（目前）由麥克・艾斯納（Michael Eisner）領導的迪士尼開始接觸這個領域。

根據巴菲特的說法，關鍵在於「心智佔有率」（share of mind）。也就是在成千上百萬名孩子的心中，迪士尼佔有什麼地位？他指

2　相關故事——當比爾・蓋茲在挑選婚戒時，巴菲特送他到奧馬哈的波仙珠寶，給了他特別待遇。巴菲特說，在他自己結婚時，他用當時存款的6％買了婚戒。因此他建議蓋茲也如法炮製。

出，儘管如可口可樂那般普及的品牌知名度很難超越，但迪士尼在這方面也不遑多讓。

此外，每七至八年就可以重新推出「白雪公主」，也挺不錯的。巴菲特比喻這就像是一個巨大的油田，你可以抽取並販售原油，而過一陣子後，地下又會滲出新的油，因此你又可以繼續販賣。

12. 投資心法：何謂「完美企業」？

蒙格表示波克夏的投資組合，是基於他們「薄弱的能力」所誕生的產物。巴菲特補充道，對於「未來」會出現哪些趨勢，他們的預測能力非常薄弱，因此對於那些改變不會那麼大的商品，例如軟性飲料、糖果、刮鬍刀、口香糖等，他們覺得自己能把握得更好。「畢竟在嚼口香糖這門藝術中，實在不太需要什麼科技。」

他表示，擁有「完美企業」此一概念所帶來的成果，遠比他二十年前預計得豐碩。

13. 公司治理：我們都愛專注

巴菲特強調，他們喜歡「專注的管理」。可口可樂和吉列都曾經在發展過程中失去專注力。但在他們重新找回自己的專注後，他們為股東們帶來數十億美元的收益；蓋可公司也曾在1970年代初期失去專注，還差點因此失敗。

目前，可口可樂和吉列的海外收益，分別佔其總收益的80%和70%，而巴菲特表示，他非常欣賞他們專注於提升公司在全球

市場佔有率的精神。

14. 產業觀察：企業縮編的影響

「當汽車開始普及時，作為鎮上的鐵匠，日子想必不太好過」。
但巴菲特認為基於整體社會的利益，讓每一分付出獲得最大的回
報，才是最好的做法。產業應該變得更有效率，而不是走回頭路。
在1900年以後，農業效率的提升，解放了大量的務農人力，讓他
們能投入到其他產業活動上。

他鼓勵大家閱讀近期刊登在《富比士》雜誌上的一篇文章。該
文章的內容探討了過去一百年間，人們工作內容的變化。他認為與
十年前相比，流離失所者減少了（不過基於社會的福祉，我們仍然
應該要考量到他們）。

蒙格則認為，我們應該要反過來思考這個問題。儘管他實在想
不出來有哪間公司是因為縮編而倒閉，但他倒是可以列出不少公司
因過份膨脹而倒閉。於他總結道，「尸位素餐的情況並不符合社會
效益。」

15. 公司治理：管理層的獎勵方法

長期以來，巴菲特一直很反對在董事會上發放股票選擇權。他
認為公司在完全不考慮資本的情況下，以這種方式來獎勵管理階
層，是非常糟糕的做法。

舉例來說，為期十年的固定價格選擇權，基本上等同於無息貸

款。更合適的選擇權計畫，應該是將履約價定在不低於合理的內在價值，再根據資本成本進行年度的調整。管理階層依舊能得到好處，而這麼做至少能將「擁有成本」放到整體的考量中。

蒙格說道，他更喜歡老方法——讓經營者到市場上買股票。

巴菲特總結，其實有一種方法可以讓你更容易想像自己作為股東的感受——就是成為股東。

1997

地點：AK-SAR-BEN 體育館

出席者：七千七百人

年度摘要：

- 在過去幾年，我們曾私底下抱怨波克夏海瑟威大學，變成了一所派對學校。今年，巴菲特也承認了這個狀況，他稱此活動為「資本家的胡士托音樂節」。
- 有如此多的人湧入奧馬哈，只為了聆聽巴菲特和蒙格的發言，這也讓這項活動成為一種時代的象徵。參與者來自美國各州，也有來自數十個不同國家的朋友。

財富世界五百大排名：第 132 名

波克夏股價：34,159 元

- 1964 年所投下的 1 美元，在今日約等值於 2,761 美元。
- 波克夏的每股面值從 19.46 元上漲到 25,488 元（年複合成長率為 24.1%）。
- 同時期的標準普爾 500 指數的年複利率為 11.1%。

1997 年的投資備忘錄

1. 關鍵交易案：入主麥當勞

在今年的年報裡，巴菲特稱可口可樂和吉列是「大勢所趨」，因為這兩家公司分別擁有極高的市佔率。

一般而言，巴菲特不會討論到最新的收購案，但這次他提起了麥當勞（截至年底，波克夏以12億6,500萬美元的成本，買下麥當勞的3,000萬股）。

他解釋，在「食物」這個產業裡，你無法確保一間公司能像可口可樂或吉列那樣主宰市場。人潮會隨著餐廳四處移動，並在口味上尋求改變。而便利性是一個非常大的因素——他們會停在「看得到」的餐廳面前。

巴菲特也宣稱，相反的，你永遠不可能碰到另一間如此龐大的軟性飲料公司——可口可樂在基礎建設這方面，也另人嘖嘖稱奇。

蒙格表示，在經營連鎖餐廳方面，許多人都失敗了，例如豪生酒店（Howard Johnson's）。餐飲產業遠比刮鬍刀產業來得艱險。在食物方面，人們往往會因為價格而改變選擇。然而，吉列的顧客很少會為了省幾塊錢而捨棄他們家的刮鬍刀。吉列的Sensor系列獲得空前的成功。

2. 市場分析：蔓延中的「非理性繁榮」

在年報中，巴菲特再次提出警告：既便是一家很完美的企業，依舊有定價過高的風險。而當前價格過高的風險確實很高。

蒙格語氣堅定地強調，就長期來看，根據通膨調整而得到的實際投報率，一定會下降。巴菲特說道，如果未來十年內股票的平均投報率只有4％，他也不會太過驚訝。[1]他進一步解釋說，在過去十年內出現的利息下降、所得增加的現象，導致了美股估值過高的情況。而這些因素所造成的影響，最近也獲得廣泛的討論。

巴菲特認為不出多久，人們就會被上漲的價格所迷惑，泡沫化成長的條件幾乎已經到齊了。

3. 市場分析：股東權益報酬率

在提到相關的議題時，巴菲特承認，他從未想過一間公司的平均股東權益報酬率可以高達22％。他補充道，長期來說要維持住7％的利息加上高儲蓄率，是不太可能的。在驅使報酬率下降的部分，競爭力應該會發揮影響。蒙格點出兩個影響因素：

1. 回購股票的作法在公司間變得越來越受歡迎。
2. 在收購競爭對手方面，反壟斷原則變得較為寬鬆。

1　與此相反，哈里斯民調公司（Louis Harris & Associates）受自由金融公司（Liberty Financial）委託所進行的研究指出，多數共同基金投資者都預期兩位數的投報率會繼續下去。

蒙格表示，情況不可能永遠如此。與經濟情況相比，股票每年高達15%的報酬率遠遠超過經濟成長。或遲或緩，有些事註定會發生。巴菲特則提到，如果每年的實質GDP成長率為3%，而美國產業的資本化價值以每年10%的速度成長，這之中的不合理性遲早會爆發。我們還沒準備好面對7兆的GDP和7兆的市場資本，如果硬是漲上去，一切就會脫軌。

他承認，如果當前的ROE是可維持的，且利率也沒有任何改變，那麼我們可以證明道瓊指數上攻到7,000點是合理的。然而，如果利率上升或ROE下降，那麼市場價格就會被拉下來。

4. 關鍵交易案：收購飛安國際公司

去年，波克夏收購了飛安國際公司（Flightsafety Internationl）。蒙格開玩笑道，基於反啟示的原因，他們想要將波克夏企業飛機的名稱從「站不住腳號」改成「不可或缺號」（The Indispensable）。

巴菲特表示，飛安國際的飛行模擬器做得實在太好，因此每位機師都願意報名那長達五週的飛行培訓課程。此外，該公司和波音公司（Boeing）合資的活動，則可帶給飛安國際進軍全球的機會。

5. 投資心法：商業風險

擁有一檔股票，也意味著擁有部分的公司。因此，巴菲特指出有幾個非常重要的商業風險：

風險1	涉及資本結構。背負著沈重負債的公司,是取消贖回權(foreclosure)[2]的可能候選者。
風險2	涉及商業本質和資本需求。例如對於航空業來說,需要預先注入巨額的資金,且競爭非常激烈。
風險3	會發生在商品製造業上,除非是低成本的商品製造商,否則這些都不是購買的好對象。

整體來說,波克夏的目標是找出擁有長期競爭優勢,且資本結構穩健的低風險公司。

6. 投資心法:市場風險

即便一間公司很穩固,「出價過高」的風險依舊存在著。此處的風險在於時間對上本金的損失。如果你出價太高,那麼你就必須花時間等待,直到公司價值追上你所付出的金錢。

市場的存在應該是為了服務你,而不是決定你的方向。對真正的投資者來說,波動率能帶來極大的好處。

7. 評論:英特爾與科技股

巴菲特表示,他的其中一個投資準則,就是必須理解這個產業,並理解該產業在未來十年內可能的發展。這個準則會排除掉極

2　編注:意指貸款者未能履行對抵押承擔的義務時,貸款者贖回抵押物的權利將被取消的法律規定。

多的投資方向，包括可可豆和俄羅斯盧布等等。也因此，科技產業即便是英特爾（Intel）或微軟，也鮮少成為波克夏的投資對象。

在愉快的題外話中，巴菲特說了自己曾在1960年代，擔任格林內爾學院（Grinnell College）捐贈基金委員會的一員，而當時格林內爾在一項私募中出了10%的資金，而這筆基金成為英特爾創立的契機。

儘管巴菲特認識英特爾的主席，對方也曾充份地向他解釋公司是如何運作的，但他說自己實在是個壞學生。幾年後，投資委員會就把格林內爾握有的英特爾股份賣掉了。[3]

8. 公司治理：蓋可公司

巴菲特稱讚蓋可，表示在波克夏買下它時，他並沒有預料到該公司會營運得如此出色。在1996年，它的自願汽車保險業務成長了10%，這一年也是二十年來的高峰。但蓋可在1997年頭四個月的表現更亮眼，保險費的成長逼近20%。

有鑒於增加的浮存金和高續保率，巴菲特認為蓋可內在價值的成長，遠高於報告中的收益成長。作為美國第七大汽車保險公司，且擁有2.7%的市場佔有率，蓋可未來十年應該會有不容小覷的成長。

3　不用為格林內爾感到傷心——他們是愛荷華州最棒的私立文理學院。

9. 評論：卵巢樂透

　　在被問到什麼樣才是理想的資本利得稅率時，蒙格想起古希臘哲學家亞里斯多德曾經發現，「被認定為公平的系統，往往能運作得較好」。

　　巴菲特提出一個非常值得深思的想法，他稱之為「卵巢樂透」。試想：你即將在二十四個小時內出生。你必須為你即將出生的世界撰寫規則。然而，你不知道自己生下來會是個聰明人或傻瓜、黑人或白人、男人或女人、富有或窮困、健全或不健全。那麼，你該如何制定規則呢？

　　巴菲特表示，對這個人的命運而言，他以「何種條件被誕生下來」遠比其他事情都來得重要。他和蒙格何其幸運，生為美國人（如果生在阿富汗，我們根本就一文不值）、生為男人（在一個女性多數僅能擔任護士和老師的年代）、生為白人（在一個不給弱勢族群太多機會的年代）、且擅長價值事業（在一個願意給擅長此道之人大量回報的體制內）。

　　巴菲特表示，對於卵巢樂透的「非贏家們」給予援助，是非常重要的事。因此，才有類似於「稅制」的制度出現。有鑒於在當前體制下很少會有富人或有才能者被自由企業制排擠，因此巴菲特認為28％的資本利得稅率還算可以接受。

10. 投資心法：波克夏的篩選機制

　　在波克夏的報告中，巴菲特提到自己能在五分鐘之內，回答出

關於那些可能發生的併購案。

　　他之所以能做到，首先是因為對於那些規模大到足以列入波克夏考慮清單的公司，他都已經瞭若指掌。其次，是因為波克夏的「篩選機制」簡化了整個過程。蒙格表示，人們經常低估少數幾個大問題的重要性。篩選機制之所以能發揮如此卓越的效果，是基於它非常單純的性質。在會議上，他們提出了非常多的篩選機制。其中幾個為下：

1. 機會成本	蒙格表示，任何一檔股票的替代品，就是債券。你必須選擇你最懂的那個機會。他總結道，「人生就是一連串的機會成本選擇。」
2. 高品質的人才	巴菲特說，他尋找的是那種打擊率高達四成、且樂在其中的管理人才。蒙格說，業界充斥著非常多理想的人，也有非常多糟糕的人。你要做的是避開那些糟糕的人，堅守那些信守承諾的人。
3. 好的公司	追隨那些你能理解、且擁有邊緣優勢的人。比起游泳技術，選擇游泳的池子絕對更重要。

11. 公司治理：經理人的薪酬

　　今年，巴菲特和蒙格將自己的砲口，對準近來非常盛行的經理人股票選擇權。巴菲特主張，此類選擇權應該要能讓行使價（exercise price）上升。否則，只是變相成為使用公司保留盈餘的權利金而已。此外，巴菲特也認為這類的選擇權，應該要能反映公司的內在價值，而不是市場價格。

蒙格則表示，「選擇權的會計方式過於薄弱、腐敗且令人不齒。」

巴菲特插話，「除此之外，我們還尚未決定。」

就蒙格的觀點來看，經理人的選擇權給付已經過度氾濫。除了濫用外，巴菲特認為最大的問題在於平庸的管理，這才是真正會讓股東血本無歸的問題。如果是優秀的管理人才，「薪資過高」的問題根本不會存在。

舉例來說，過去可口可樂的市場價值（market value）為40億美元，當羅伯特·古茲維塔（Roberto Goizueta）於1981年接管該公司時，其市價正處於停滯不動的狀態。現在，可口可樂的市價已經高達1,500億美元。

優秀的經理人能產生無人能及的巨大影響力。只要找到聰明、有活力、正直的人，你就能擁有全世界。

12. 產業觀察：保險業的巨大商機

在超級巨災的保單上，波克夏承擔了非常大的風險（高達10億美元）。巴菲特解釋道，儘管這個風險是一筆很大的數目，但波克夏知道自己在做什麼。

蒙格指出，即便是10億美元的損失，也只佔當前波克夏流動資產的2.5%。真正的超級巨災風險在於，「保險公司不知不覺地承擔了未能設想到的事件」，而這些事件嚴重到可能導致公司倒閉。

巴菲特回憶起因為北嶺地震（Northridge Earthquake）[4]而倒閉的保險公司「二十世紀產業」（Twentieth Century Industries），他沈重地說，「意外對保險業帶來的影響並不屬於未知。因為它們只會造成壞的影響。」

相對的，蓋可擁有70億美元的浮存金，以及應付超級巨災的龐大資金，巴菲特總結道，「對我們來說，保險將是一個非常棒且龐大的商機。」

13. 評論：小波克夏

過去幾年，巴菲特和蒙格總是一再重申，「威斯科金融公司並不是波克夏的微型縮影」。然而，今年巴菲特在說到該買哪一家公司時，這個評估過程就像是「擲銅板」。他承認在小型收購方面，威斯科是一個理想的平台（除非是波克夏已經涉足的企業）。[5]

14. 人生習題：如何有效地學習

蒙格說，巴菲特是他見過最理性的人，而巴菲特的學習能力是帶領波克夏走向成功的關鍵。

舉例來說，「只購買自己能理解、可預測的公司」此一觀念，是出自於曾經購買評鑑第三級百貨公司、製作幫浦與風車的工廠，

4　編注：1994年發生在美國加州洛杉磯北嶺區的地震，造成57人死亡、超過8,700人受傷。
5　威斯科在去年確實買了堪薩斯金融擔保公司（Kansas Bankers Surety），而巴菲特也表示未來有可能會繼續購買其他公司。或許是因為自從上次股東會後，威斯科有了25％的成長，所以才有現在這樣的改變。

所帶來的慘痛經驗所致。

蒙格稱時思糖果讓他們學到經銷型企業的優點。見到時思在市場上的亮眼表現後，也讓他們於1988年大膽地買下可口可樂。巴菲特也特別強調，「如果沒有時思，我們也不會買下可口可樂。」

蒙格對於別人稱他們為「高齡化的執行長」一事，感到不滿，他宣稱：「我可沒有認識任何人不是朝這個方向邁進的！」但拋開年紀不談，學習才是真正的核心。他認為懂得從他人和自己的錯誤中學習，絕對是非常重要的事。

他引用巴頓將軍（George Patton）的話說：「為國犧牲是一種榮耀。要確保讓別人得到這份榮耀。」

對於僅有少數人願意去研究成功的企業——從蓋可、州立農業保險公司（State Farm）[6]到波克夏本身，蒙格和巴菲特為此感到非常奇怪。巴菲特引用職棒名人尤吉・貝拉（Yogi Berra）的話作結：「透過觀看，你就能觀察到許多事。」

6　該公司在1920年代還不成氣候，現在卻成為自用汽車保險市佔率高達25％的保險公司。

1998

地點：AK-SAR-BEN 體育館

出席者：一萬人

年度摘要：

- 在今年的活動期間，波克夏商場共賣出了：3,700 磅的時思糖果、4,000 枝帝力（Dilly Bars）雪糕、1,635 雙德斯特（Dexter）鞋。

- 為了慶祝取得 NCAA 橄欖球賽冠軍，今年的年報特別以紅、白色進行印刷。

- 今年是打破常規的一年。只有 1998 年，我們沒有針對股東會發行新聞報。但我們在這一年的七月和八月，分別寄出了兩份關於波克夏的文章。

財富世界五百大排名：第 150 名

波克夏股價：46,080 元

- 1964 年投下的 1 美元，在今日約等值於 3,725 元。

- 波克夏的每股面值從 19.46 元上漲到 37,801 元（年複合成長率為 24.7%）。

- 同時期的標準普爾 500 指數的年複利率為 11.7%。

1998 年的投資備忘錄

1. 關鍵交易案：通用再保險

內布拉斯加奧馬哈和康乃狄克州的斯坦福——美國商業資訊（Business Wire）——1998 年 6 月 19 日訊——波克夏海瑟威和通用再保險公司於今日宣佈，針對合併一事雙方已達成最終協議。

根據這份協議，通用再保險的股東可以選擇接受波克夏的 A 股 0.0035，或 B 股 0.105。如果是通用再保險的股東，這筆交易將不再課稅。根據星期四的成交價，通用再保險股東所收得的對價約為每股 276.5 美元。而交易總額則可能逼近 220 億。在此項合併案中，波克夏被視為收購方。

就交易形式上來說，波克夏的 GAAP（一般公認會計準則）淨值將高達 560 億，成為全美第一（截至 1998 年 3 月 31 日），而當日的市值則約等於 1,200 億美元。

如同上述，本章就從一篇內容可謂驚天動地的新聞稿開始了。以往巴菲特經常拿 CEO 們的「動物本能」和「不顧一切想要合併」的衝動來開玩笑。這是一個帝國（與自我）擴張發展得最淋漓盡致

的年代。現在，巴菲特憑藉著他此生最大的一筆交易，加入這場戰局。

儘管目前我們對此交易的詳細數據還研究得不夠透徹，但我們認為，和通用再保險的合併在許多層面上，為波克夏帶來不容小覷的優勢。

2. 評論：缺乏鎂光燈的交易

是的，當代最偉大的投資家做出了人生中最大一筆交易，然而卻只有《華爾街日報》針對此事，發表了兩篇報導。這樣的沈默簡直是震耳欲聾般。

過去，巴菲特花了7億美元購買銀礦的事，被媒體瘋狂報導了好幾週。然而，此刻他進行了一筆金額高達30倍的交易，媒體卻一片寂靜。

3. 評論：史上最大交易規模

這並不僅僅是巴菲特人生中最大筆的交易——這筆交易額是他過往最高紀錄的十倍（幾乎）。而220億美元的交易額，也高達波克夏股東權益的60％，也就是348億（截至1998年3月31日）。這真的是一筆「賭上公司」的交易。

4. 評論：波克夏對保險業的影響

波克夏於1967年買下國家賠償保險公司。自此之後，保險業

就成為波克夏的核心業務。作為保險業界最聰明的人，巴菲特現在又買下了全世界第三大的再保險公司。這樁交易對整個保險業將帶來非常深遠的影響。

5. 投資心法：全股票交易

在波克夏，發行股票是一件非常神聖的事。長久以來，巴菲特總是表示，除非能收得不錯的回報，否則他不會發行股票。

在1997年的年報中，巴菲特甚至向股東「懺悔」，表示「每當我發行股票的時候，就意味著我又讓你們花錢了」，並以此總結：「你們可以放心，查理和我並沒有太大的意願去發行股票。」

波克夏／通用再保險是一筆全股票交易。要不是波克夏的股票被過分高估，就是這筆交易非常特殊——也許兩者皆是。

6. 投資心法：股債比例

波克夏擁有36％的資本利得稅和超過300億美元的未實現資本利得，而這也意味著，如果波克夏想要賣股票，就必須付出極大的代價。在相當大的程度上，波克夏處於「不得不繼續持有」的狀況。

只有在極端的情況下，巴菲特才會賣股票。然而在1997年的股東會上，巴菲特承認自己為了「回應我們在每個市場上所觀察到的相對價值，針對股債比進行了溫和的調控」，這意味著巴菲特賣出股票。「1998年仍會繼續調整。」顯然，巴菲是股票賣家。

如下表，和通用再保險的合併，明顯改變了波克夏的股債比。

	投資總資產	股票資產	股債比%
波克夏 - 交易前 （1998年3月31日）	500億	400億	80%
通用再保險 - 交易前 （1997年12月31日）	240億	50億	21%
兩者合併後	740億	450億	61%

單位：美元

　　就百分比來看，波克夏的股債比一瞬間就從80%，減少到61%。就影響層面來看，透過股票上的合併，波克夏等於以「不用被課稅」的方式，將手中18%的可口可樂、美國運通、吉列等股票脫手——套用一句我孩子經常說的話：「這真是酷斃了！」

7. 投資心法：浮存金的變化

　　在波克夏過去的年報中，巴菲特討論過波克夏旗下保險公司那誘人的浮存金生產能力。自1967年以後，波克夏的平均浮存金從1,700萬美元，成長到70億。

　　巴菲特主張，如果這些浮存金能在不發生核保損失的情況下獲得，就意味著1塊錢的浮存金（至少）等於1塊錢的股票，即便浮存金在資產損益表上會顯示為負債（一般會標示為「損失準備和損失費用調整準備」）；如果浮存金是在「核保獲利」（profit）的情況下獲得，那麼它的價值當然更超越股票。

過去五年裡，波克夏每一年都處於核保獲利的狀況。至於通用再保險公司，在過去五十年間，其核保紀錄平均而言，更是呈現極端優異的損益兩平狀態（100.4的綜合比率）。

透過我們的計算，通用再保能帶來超過150億的浮存金。在交易完成後，波克夏將擁有超過220億的浮存金——為當前的三倍。

此外，波克夏甚至還能透過提高通用再保險的客戶留存率，來獲得更多的浮存金。媒體報導中也提到這一點：「通用再保險將能漸漸地減少依賴分保再保險市場的需求，從而獲得更多可用於投資的資金。」

8. 投資心法：遞延稅項的變化

如同前文所提及的，波克夏擁有超過300億美元的未實現資本利得。因此，波克夏在帳面上承擔了110億美元的債務（在資產負債表上標示為「遞延所得稅」），以反映波克夏如果一次性實現資本利得後所必須給付的稅金。然而，波克夏不太可能會一次性賣出。因此，此項負債的實際金額就落在110億（立即賣出）至零元（不賣）之間。

有鑒於波克夏合併後的股債比，「永遠不賣」的機率顯著地升高了。因此，我們或許可以主張，在這價值110億的負債中，多數都會重新回到資產淨值中。

9. 投資心法：股東權益的調整

將浮存金和遞延稅項等所有因素納入考量後，以下的表格是我們針對「新波克夏」股東權益所進行的「調整」（即指定的股權加上浮存金加上遞延稅項）後的結果。

	股東權益	浮存金	遞延稅項	總計
舊波克夏 （1998年3月31日）	350	70	110	500
舊通用再保險 （1997年12月31日）	80	150	NM	390
善意收購	130			
新波克夏	560	220	110	890

單位：億／美元

在「善意收購」這一欄，反映了波克夏付給通用再保險超過帳面價值的溢價。由於交易後會有150萬股釋出，以及股東權益調整後多出來的890億，因此，新波克夏每股「調整後的帳面價值」約為5萬9,300元。

10. 投資心法：估值的調整

就資產角度來看，波克夏的A股每股售價約落在7萬8,000美元上下，也就是我們所預估的「調整後股東權益」的1.3倍。就資產而言，一個槓桿平衡基金的股價為1.3倍，並不是特別便宜。

至於收益方面，波克夏的19億3,000萬透視盈餘和預估的10%
成長率，加上通用再保險的9億9,500萬收入，意味著交易後的波
克夏將能產生將近32億的透視盈餘（交易後每股約為2,145元）。

因此A股的售價約為收益的三十六倍。在利潤方面，本益比
（PE，股價除以每股獲利）為36相當高，但比較起來，由傑出的資
本配置者所篩選出來的一系列優秀公司，絕對比許多投資選擇更
好。

更重要的是，跟網際網路有關的類股現在都是以高於其營業額
一百倍的價格在交易！本年度我們在波克夏股東會上聽到的金句
是——有人問巴菲特，「如果他是老師，會如何去教商學院的學
生？」巴菲特回答：「在期末考的時候，我會列出一家網路公司，
然後問你『這間公司有多少價值』，任何一位給出我答案的學生，
我都會算他不及格。」

小提示——如果投資者以最近的價格（約每股258美元）來購
買通用再保險，就可以用相對於波克夏現值約6%的折扣，買進波
克夏（假設這宗併購案繼續完成的話）。

11. 評論：巴菲特的人脈紅利

再一次，巴菲特的聲譽和人脈為波克夏的股東們帶來益處。我
們可以合理推論，這筆交易的成功，是奠基於巴菲特能讓人相信的
人格。而雙方都建立了良好的信賴關係，通用再保險的CEO朗‧
費格森（Ron Ferguson）也將加入波克夏的董事會。

12. 投資心法：巴菲特賣股票

在近期我們對波克夏和通用再保險合併的分析（波克夏的巨型合併）中，我們指出巴菲特至少透過兩種方式在賣股票。

第一種，他透過發行220億美元的波克夏股票來進行與通用再保險的收購案；第二種，我們推測透過結合以股票為重的波克夏投資組合，和以債券為重的通用再保險，波克夏將得以按比例「稀釋」（賣出）它對可口可樂、吉列、美國運通等公司的持股。這也是自1969年以來，波克夏最大宗的股票賣出。

巴菲特賣出股票的這件事，只有引起我們顧客很小的反應。顯然是因為我們一向都保持著警覺，因此他們對於聽到這件事早有心理準備。然而，我們希望客戶們明瞭這件事已經引起媒體的興趣。1998年7月31日，《格蘭特利率觀察家》（*Grant's Interest Rate Observer*）將「巴菲特賣出股票」一事作為頭條。格蘭特先生也很親切地表示我們的文章「對此一重大交易事件有非常詳盡的分析」。

而《格蘭特》的閱讀群，多為較資深的投資人（本週我們也接到一些來自這些讀者的電話）。請準備好在各大媒體版面上，看到「巴菲特正在賣股票」的新聞內容吧！

13. 投資心法：巴菲特賣債券

巴菲特在波克夏1997年的年報中表示，他認為利率會下跌，因此他購買了價值46億美元的零息債券。在本週公佈的第二季結果中，波克夏宣佈已經將手中所有的零息債券脫手，換得實質利

益。顯然巴菲特認為之後的利率並不會比現在低上太多。

14. 投資心法：現金才是王道

當代最了不起的投資者正在賣股票和長期債券，提高現金持有率。此刻或許是十五年來公共養老基金、和四十年來私人養老基金流動性最低的時刻。股票型共同基金的現金部位為4.6%，也處於二十二年來的新低。

這意味著什麼呢？在最低限度上，這意味著巴菲特認為無論是股票或債券，都無法提供充分的安全邊際或超越國庫券5%利率的預期回報[1]。因此最好持有現金，隨時做好準備，以迎接更好的風險／獲利機會。

若再進一步推測，這可能預示著大量拋售即將出現。當前所有投資者心頭最大的恐懼，就是錯過價格飆漲的市場。高預期和高股票評價，只留給價格錯誤一絲絲的餘地。如果市場出現嚴重下跌，也沒有人會感到驚訝。事實上，《華爾街日報》最近的報導也指出，拋售的行為已經出現了。

1　編注：國庫券（Treasury bill）為美國政府發行的短天期債券。

1999

地點：假日酒店會議中心

出席者：一萬五千人

年度摘要：

除了販售時思糖果、德斯特鞋和 Quikut 小刀外，今年的波克夏購物中心開始販售波克夏服飾系列。

財富世界五百大排名：第 112 名

波克夏股價：70,134 元

- 1964 年投下的 1 美元，在今日約等值於 5,670 元。
- 波克夏的每股面值從 19.46 元上漲到 37,987 元（年複合成長率為 24％）。
- 同時期的標準普爾 500 指數的年複利率為 12.2％。

1999 年的投資備忘錄

1. 市場分析：滿手現金並非壞事

和過去幾年一樣，有人問巴菲特對當前的股市看法為何。而他的回答就和往年一樣，「我們不去猜測。」

他的目標，總是放在找出「好公司」上。當他找到一間擁有優秀管理者、營運狀況出色且價格合理的公司時，他會試著買下部分（透過股票市場）或整間（收購）公司。

目前，巴菲特沒有看到價格誘人的大型股。當他找不到標的物時，現金開始堆積；當他找到目標時，他開始囤積。

蒙格表示這十幾年來，波克夏總是握有等同於帳面淨值的有價證券和公司。儘管今日在新公司的投資上或許有些停滯不前，但坐擁大筆現金真的不算是什麼「問題」。他總結道，「沒什麼好沮喪的。」

2. 市場分析：對未來投報率的看法

如同他們去年所指出的，美國股市的長期實質報酬率應該會下降。巴菲特認為投資者應該大幅降低預期。在4%至5%的GDP成長率和1%的通貨膨脹率下，企業利潤成長率超過5%至6%的機率實在不高。否則就意味著利潤會超越GDP！

巴菲特打趣地說道：「這就像紐約的律師比普通人還多一樣。」

如果利潤的成長無法超越5%，股票的成長率又怎麼可能達到15%呢？他換了一種解釋方法：請想像一座價值10兆5,000億美元、可以生產3,340億利潤的農場（名列財富五百強）。如果你用10兆5,000億買下這座農場，投資報酬率並不高。

3. 投資心法：在能力範圍內做投資

與過去幾年一樣，巴菲特承認他並未涉足的兩大產業，分別是科技業和製藥業。然而他也再次強調，他願意為了「確定性」而放棄高額的回報。挑選一間相對強勢的公司（例如可口可樂），遠比預測哪一間公司會稱霸軟體界來得容易。

巴菲特重申，在自己能力範圍內進行投資的重要性。在過去二十至三十年間，噴射機技術的發展相當穩定，因此他預測NetJets公司的發展也會變得較為容易；在未來十年內，帝力雪糕的發展性也會比許多軟體公司來得容易推測。

巴菲特也換了另一個角度來解釋。他指出當前美國境內大約有四百間公司的稅後利潤超越2億美元。在五年內，這個數字或許會成長到四百五十至四百七十五間公司。這其中或許會有二十間公司在此之前，根本默默無聞。然而，當前有非常多小公司的價格反映了他們的企圖。但許多公司最終還是會讓他們的股東失望。同樣的，五年前的生技股可謂風靡一時，但如今又有多少生技公司能一年賺進2億元？

在這樣的資本主義社會裡，你的一舉一動都會受到評斷。競爭

如此激烈。市值30億的公司並不常見。他總結道,「你應該好好推敲這其中的數字。」

4. 產業觀察:通用再保險

對於波克夏史上最大的收購案(去年以220億美元併購通用再保險)居然沒有獲得太多關注,我們依舊感到非常吃驚。

波克夏「財富累積製造機」最重要的其中一個元素,就是它旗下保險子公司所生產的低成本浮存金。有了通用再保險後,波克夏的浮存金總額高達240億(與1967年的1,700萬相比有了驚人的成長)。

巴菲特認為,短期內由於再保險市場的疲軟,因此通用再保險的浮存金成長率不會有太大的空間;蓋可帶來的浮存金或許會擁有較可觀的成長率。此外,由於當前的投資前景有限,浮存金的投資報酬率在短期內不會有太亮眼的表現。

而長期來說,巴菲特和蒙格對於通用再保險管理階層的才幹與品質非常驚豔,對於它作為世界一流保險公司的可能性非常期待。

5. 產業觀察:蓋可公司

對於波克夏最大的子公司蓋可,巴菲特對它的前景依舊抱持著相當大的熱情。他預期在今年年底,汽車保險的直接承保能擁有四百五十萬名投保人(此數字為1995年──即波克夏收購蓋可前一年的兩倍)。

巴菲特相信，當前佔汽車保險市場4%的蓋可，在未來十年內一定會有大幅的成長。基於這個預期，他認為「網路」也能對該公司產生助益。蓋可具競爭力的低價和在國內享有的聲譽，已經打開了網路銷售的通路。同時他也認為，蓋可的直接銷售模式應該會隨著時間變得愈來愈強大。

6. 產業觀察：零售業和網路

　　巴菲特認為網路將對零售業產生巨大的影響。在某些領域方面，網路已經產生了巨大的威脅（例如寄送賀卡），因此他傾向於徹底避開這些領域。然而，在某些領域上，網路就無法產生如此顯著的影響。舉例來說，巴菲特認為網路對於波克夏旗下的家具店，無法造成太大的威脅。

　　此外，品牌名稱將變得更為重要。巴菲特認為人們不太會透過網路來購買不知名品牌的產品。舉例來說，巴菲特認為珠寶的線上營業額，應該會聚集到人們熟悉的品牌之下，例如蒂芙尼（Tifffany's）或波仙珠寶（期待 Borsheims.com 上線）。

　　巴菲特也表示，以經營零售店為主的不動產，也會受到衝擊。作為網路零售業者，不會有承租店面方面的開銷——數位不動產是免費的。

7. 產業觀察：科技難以預測

　　透過有趣的歷史故事，蒙格闡述了預測科技發展是多麼困難的

一件事：有軌電車（streetcar）的發明，帶動了百貨公司的崛起。由於電車的軌道是無法移動的，因此過去人們認為百貨公司擁有不可動搖的地位——提供信用卡消費且廣泛的商品選擇，讓百貨公司稱霸一時。然而隨著時間的過去，火車依然存在，但有軌電車卻消失了。人們開始移往郊區，而這也帶動購物中心的崛起，百貨公司因此失去獨霸的地位。

如今，購物中心和百貨公司又同時受到網路電商的威脅。

8. 產業觀察：企業的護城河

巴菲特說道，來自「網路公司」所賺得的每一塊錢，就跟來自「馬蹄鐵公司」賺得的一塊錢一樣。

真正重要的地方在於一間公司的「護城河」。護城河的面積越大，也意味著一間公司的發展性與能產生的現金流就越多。真正的危險，來自於市佔率的改變、單位需求的改變和管理層的資本分配技巧。

護城河的面積越大，對傑出管理的需求就越低。如同彼得·林區（Peter Lynch）曾說的，「找到一間連白癡都能管理的公司，反正終有一天很有可能會淪落至此。」

巴菲特認為美國劍牌公司（Wrigley's）和可口可樂，就屬於護城河很廣闊的公司。他表示，全世界六十億人口對於可口可樂的認識程度非常驚人，就連可樂的容器都具有識別度。

9. 產業觀察：對投資電信業的看法

巴菲特同意，對於那些理解電信業的人來說，電信業能為他們賺得大筆財富。儘管同為波克夏董事會成員且身兼 Level 3 通信公司董事的華特‧史考特（Walter Scott）試著向巴菲特解釋這些改變，但巴菲特依舊認為自己對於電信產業實在不太了解。

然而，巴菲特也說，在懂得找出成長中的產業和賺大錢之間，有著極大的不同。他指出，多年來 AT&T 的股本回報率就相當差。改變帶給該公司的傷害，遠多過於助益。同樣的，他也舉了航空業和汽車業作為例子，表示這兩個產業近年來都有顯著的成長，但僅有極少數公司成為此波成長下的贏家。

蒙格此時突然開口，說這讓他再次想到二次世界大戰中的空軍軍官——當指揮官問他平常都在做些什麼時，瓊斯中尉回答，「什麼也沒做，長官」。第二個人回答，「我負責幫忙瓊斯中尉，長官。」

蒙格總結道，「這就是我對電信投資方面的貢獻。」

10. 評論：有錢人的生活

巴菲特主張，他的生活標準就跟普通大學生沒什麼區別。吃的是同樣的食物，在服裝、汽車和電視等日常用品的使用上，也沒有什麼區別。（然而，巴菲特還是忍不住打了個廣告，提到由於 EJA 公司，所以他能享有更好的旅遊品質。）

在你擁有充足的日常生活後，真正重要的事物，莫過於健康和你所愛的人；工作也是如此，真正重要的是能讓你享受的事物，以

及共事的人。蒙格幽默地總結道,「你問健康有什麼用?你不能用健康來換錢。」

11. 評論:會計原則的濫用

巴菲特指出,在利潤與開銷的會計帳上,出現越來越多的花招。[1]根據蒙格的看法,最嚴重的濫用或許該屬「巨額沖銷」(big bath)[2]的會計手法,加上將隨後釋出的準備金列入盈餘項目的做法。

巴菲特認為審計員應該要糾正這些問題,但現在或許只能依靠美國證交會(SEC),以及證交會主席亞瑟·萊維特(Arthur Levitt,巴菲特極為推崇的人之一)了。

對此蒙格也提出警告,過去十年間日本的經濟之所以崩潰,和會計體系的腐敗有極大的關係。這也告誡了我們絕對不能讓體制遭受污染的重要性。

12. 關鍵交易案:收購私人飛行公司 NetJets

巴菲特對於波克夏去年以7億5,000萬美元收購的Executive Jet Aviation公司(EJA,2002年更名為NetJets)前景,抱持非常大的信心。透過其NetJet計畫,EJA將飛機的產權拆開來銷售,並為許多擁有者經營機隊。如同巴菲特最喜歡的比喻,EJA讓搭乘私人飛

---

1 在波克夏1998年的年報中,有數頁都是關於這個議題的探討。
2 編注:亦稱為「洗大澡」或「利潤清洗」,意指公司透過可操縱的應計項目,把以前年度應確認而未確認的損失,或未來有可能產生的損失集中在某個會計期間內確認,使利潤轉移而達到調節利潤的目的。

機就像是打電話叫計程車一樣容易。

　　他並稱讚EJA的執行長理查‧桑圖利（Richard Santulli）具有勇氣和遠見，能將私人飛機產權共有的點子，發展成主要業務。巴菲特認為，在EJA成為波克夏的一部分後，它具有的支配地位和成長速度將會進一步得到提升。他期待在十年至十五年間，EJA將蛻變成大型國際企業。

13. 產業觀察：超級巨災保險

　　儘管當前的保險費率不佳，巴菲特認為波克夏在超級巨災再保險市場中所佔有的超群絕倫地位，比以往都來得穩固。對於波克夏所能提供的高額保險，僅有極少競爭對手能做到。對此他也預測，在經歷下一次的超級巨災之後，波克夏的堅實「堡壘」絕對能一戰成名。

14. 評論：波克夏與標普 500 指數

　　目前，美國的投資基金（investment funds）中僅有6％至7％被列入標普指數中。波克夏並沒有被列入標準普爾500指數中，儘管波克夏在所有面向上都符合條件，除了一點：流動性。

　　巴菲特舉了澳洲所使用的十二個月逐步引進的過程來說明。隨著指數不斷成長，不僅僅是波克夏，整個市場都會受到流動性問題所影響。最終，標準普爾將必須因此進行調整。

　　蒙格總結道，波克夏或遲或緩，都會被列入標準普爾指數中。

15. 產業觀察：一如既往的可口可樂

　　為了消除投資人的擔憂——美元走強對可口可樂在銷售上可能造成衝擊，巴菲特強調，真正重要的是市場佔有率與心智佔有率。

　　可口可樂的市佔率堪稱無人能及，而其心智佔有率更因為它無所不在的好感而具有難以逾越的優勢。分析可口可樂營運狀況的關鍵為：銷售的單位數（越多越好），以及發行的股份數（越少越好）。儘管在過去四個季度，該公司的成長確實趨於緩慢，但巴菲特認為將眼光放到十年來看，這些都只是暫時、且不值得一提的過程。（蒙格也插嘴表示，將眼光放長到十至十五年，就能消除許多不必要的雜訊。）

　　巴菲特總結說，你很難在世界上找到一間比可口可樂更棒的公司。儘管或許我們找得到成長速度比可口可樂更快的公司，但那些公司並沒有被收購的意願。

2000

地點： 奧馬哈市政禮堂

出席者： 超過一萬人

年度摘要：

今年，柯瑞和丹尼爾分配了工作職務。柯瑞參加在奧馬哈舉辦的波克夏股東會，而丹尼爾負責參加在加州帕薩迪納舉辦的威斯科金融公司股東會。

財富世界五百大排名： 第 64 名

波克夏股價： 56,177 元

- 1964 年所投下的 1 美元，在今日約等值於 4,541 元。
- 波克夏的每股面值從 19.46 元上漲到 40,442 元（年複合成長率為 23.6%）。
- 同時期的標準普爾 500 指數的年複利率為 12.4%。

2000 年的投資備忘錄

1. 產業觀察：通用再保險

　　儘管近期通用再保險出現虧損，但長期而言，巴菲特和蒙格對於波克夏的再保險業務依舊信心滿滿地抱持樂觀態度。他們相信在給付能力、給付意願和相對於競爭者而言的定價規範方面，波克夏都具有優勢。

　　巴菲特宣稱，就算他在波克夏進行併購前就知道現在會出現虧損，他還是會進行這筆交易。

2. 產業觀察：心智佔有率

　　巴菲特再次提起他曾經提過無數次的概念，表示「只要能達成心智佔有率，市場自然會追隨你」。

　　他進一步指出，消費產品組織都非常理解此一道理。舉例來說，世界上有75％的人，對於「可口可樂」這個品牌都存在既定印象，而最重要的是「這些往往都是好印象」；同樣的，多數的加州人對於「時思糖果」也有著一定的好印象，而這些年來該品牌又多了一些加州式思維，讓大眾印象有所提升，確保了時思糖果的成長空間。

　　巴菲特用美國運通（American Express）獨特的經歷，來鼓舞股東們。一般大眾對美國運通的金融誠信和全球通用的特質，都懷

抱著相當特別的情懷。

　　1930年代有許多銀行倒閉，而美國運通的旅行支票在某種程度上，成為當時能依靠的經濟活動之一。儘管這些年來，美國運通也出過一些問題，但這個名字已經獲得了極高的價值與認可（在當前的管理下，它甚至還繼續成長著）。

3. 產業觀察：如同恐嚇連鎖信的科技股

　　對於市場的評價，巴菲特和蒙格的批評比去年來得更刺耳，他們宣稱當前股市投機的程度，或許堪稱是美國史上最嚴重的時候。

　　蒙格稱此為現代資本主義底下最極端的活動。為了解釋事情有多麼地失控，巴菲特比喻，這就像一間擁有100億市場資本（market cap）的公司，過去或許連跟銀行借貸1億元的資金都很困難，但現在公司所有者卻可以借到超過此金額非常、非常多的錢。[1]

　　巴菲特用「連鎖信[2]」的概念，來比喻科技產業的發展前期。他表示，早期參與者往往能因為後來加入的追隨著，獲得大量的利益。他稱賭博氣味濃厚且顯著增加的當日沖銷活動，實在是太愚蠢了。「過去幾年內，利用股東的無知來吸金的行為，堪稱到了登峰造極的境界。」巴菲特警告一般投資者應該降低對科技股的預期。

　　對於網路投機，蒙格的言論更為尖銳：「這是在將一個很好的

1　根據報導，有些急欲獲得IPO費用的銀行，准許dot-com公司（譯註：透過網路進行交易與獲利的公司）以dot-com股票作為借款的抵押。

2　編注：意指透過利誘、煽情或恐嚇等內容，要求收信者將信件複製並轉寄給其他人。

概念例如網際網路，和非理性暴行混在一起。但就算你在排泄物上撒些葡萄乾，它依舊只是排泄物。」

4. 投資心法：網路降低企業毛利的效應

在威斯科金融公司的股東會上，蒙格表示網際網路當前取得的最大成就鮮少被人們理解，也就是「買家就是贏家」。而這也意味著：隨著頻寬（bandwidth）增大，企業的毛利率很有可能縮水，而股價也很有可能因此受到負面影響。

蒙格指出，高資本報酬率憑藉的往往是資訊傳播的低效率，而一個高效率的系統將排除此種低效率的情況，讓買家能輕易找出最低價格。他舉出IBM「電腦打孔卡片製造機」的故事來說明：獨佔打孔卡片製造機市場的IBM，過去能賺進25％的利潤，但是當IBM被迫開放此一市場時，許多小公司加入了生產行列，投標變得非常競爭，價格於是崩潰——打孔製造機成為純粹的商品，而這很有可能就是網路帶來的淨效應。

在波克夏的股東會上，巴菲特表示，過去在奧馬哈某些有軌電車交會的地點，曾經是熱門的不動產零售物件。當時的人們往往會想：「怎麼可能有人會拆掉電車的軌道？」他總結道，「有了網路之後，電車軌道每一天都在持續地被弱化著。」

5. 投資心法：比績效更重要的事

在威斯科金融公司的股東會上，蒙格將矛頭對準了那些只追求

績效的人，他指出，投資者其實只需要一個可以「讓財富持續成長」的合理管道（尤其當這些投資者已經很富有時）。如果有些人變有錢了，那又如何呢？永遠都會有人比他們更有錢。

蒙格認為，人們要求一名投資者或一名投資經理人應該要能承擔「打敗所有人」的想法，這是非常不合理的。真正的關鍵在於：知道自己想要避開什麼，然後躲得遠遠的（就像你對不合適的婚姻、早逝等事情的態度）。只要你能做到這些，你自然能活得好好的，他如此建議道。[3]

6. 評論：違反常理的企業薪酬制度

蒙格和巴菲特認為，今日許多企業的整體薪酬制度，已損害了股東的權利。對於「企業大量發行股票選擇權」這個舉動所隱藏的樂透彩心態，巴菲特表達了他的擔憂。他也特別指出，當頂端的人可以獲得大量的金錢時，就會形成金字塔式的組織架構。

蒙格總結道，許多現代企業的薪酬制度所帶來的效果，就猶如一名農夫將一大群老鼠放進自己的農舍一般。

7. 評論：美國訴微軟案

巴菲特認為，美國司法部企圖撕裂微軟的舉動，是相當不智的

3　蒙格就像是在回應金德伯格（Charles Kindleberger）在《瘋狂、恐慌與崩盤》（*Manias, Panics, and Crashes*）這本書中所說的：「沒有任何事比看到自己身邊的朋友發財，更讓人抓狂和失去理智的了。」

行為。[4]「目前我們發展的狀況相當良好。去改變現狀是很不合理的。」他提到二十年前，美國一直對於自己在世界上的地位，有種自卑情結，而美國的產業也因此落後於日本和德國。

但有了當前的軟體發展，「我們幾乎橫掃眾人。我們遙遙領先在其他人之前，距離遠到連第二名的影子也看不到。」他預測，未來「軟體」這個產業將變得更為重要。

8. 市場分析：股市投報率的預期

在波克夏和威斯科金融公司的股東會上，他們推薦股東們去閱讀、或重讀一遍巴菲特發表在《財富》雜誌上的文章。在這篇文章中，巴菲特認為對於未來十七年的股票年投報率，6%的預期是比較合理的。

在波克夏的股東會上，巴菲特表示，「我們不認為在未來十年至十五年間，一般股票持有者會有非常高的獲利。」

在威斯科金融公司的股東會上，蒙格則指出自1930年代之後，美國人對股票發展出一種厭惡的心態。如同當時一位諧星所描述的，「他們跟我說，為了老年時做準備，你可以去買股票。這個建議真是太棒了！因為買進股票後不到六個月，我就覺得自己跟個老人沒兩樣。」

4　編注：意指美國司法部聯合二十個州政府，以反壟斷訴訟對微軟公司起訴，因其在作業系統中強制網綁銷售IE瀏覽器，藉以獨佔瀏覽器市場。這場官司自1998年5月開始至2001年結束，最終兩造以和解收場。

當前的股市異常熱絡，也讓好機會所剩不多。「不要絕望！」蒙格引用米考伯先生的話說：「總會有方法的。」[5] 如同我在近期新聞報中所提到的，波克夏併購整間公司的行為，正在持續增加。去年，波克夏買下了幾間公司，而威斯科金融則買下了 Cort（家具租借公司）。[6]

9. 市場分析：有效的理性

連續好幾年，如同哲學家般的蒙格總是建議所有人應該採用跨領域的方式，來解決人類的困境。

他認為，透過學習各主流領域的重要模式（例如數學的年複利和機率、工程學的斷點和備援系統），並實際運用它們，能夠幫助人們做出更好的決策。此外，還能防止因單一模式被過度濫用而造成的錯誤，「一個手握著槌頭的男子，往往會將所有事情視作釘子來解決。」

作為例子，蒙格提起日本的經濟崩潰。在過去十年間，日本做了所有凱因斯派經濟學家推薦的事，包括降低利率並提高貨幣供應。結果，凱因斯主義者的「槌頭」卻意外地失效，因為經濟學家並沒有將日本人的「心理特質」納入考量。經歷了 1990 年日本股市崩盤而造成的損失後，蒙格指出，人們變得不敢借錢，銀行也變得

5　編注：米考伯（Wilkins Micawber）為狄更斯名著《塊肉餘生記》中的一個虛構角色。

6　根據 10-k 財報，威斯科金融甚至也在網路熱潮中佔到優勢，於二月中以約三千萬美金的價格，賣掉 Cort 擁有的 Homestore.com。

不敢進行貸款（無論利息收益有多好）。

在威斯科金融公司的股東會上，蒙格認為我們應該將「有效理性」作為一生的準則。

Berkshire Hathaway

2001

地點：奧馬哈市政禮堂

出席者：超過一萬人

年度摘要：

儘管今年丹尼爾缺席，但柯瑞嚴謹的筆記讓我們得以發布下列
這些寶貴的資訊。

財富世界五百大排名：第 40 名

波克夏股價：71,120 元

- 1964 年所投下的 1 美元，在今日約等值於 5,749 元。
- 波克夏的每股面值從 19.46 元上漲到 37,920 元（年複合成
  長率為 22.6%）。
- 同時期的標準普爾 500 指數的年複利率為 11.8%。

2001 年的投資備忘錄

1. 投資心法：浮存金的祕密

前文曾提及，鮮少有投資者能理解波克夏「財富累積製造機」中，最了不起的祕密：浮存金。保險公司在收取保費後，保費的絕大部分都會進入預備金之中，以因應未來可能出現的理賠需求。而正是這些浮存金為波克夏賺進大量財富，提高它的資本回報率。

低成本的浮存金大幅加快波克夏的獲利速度。此外，巴菲特也努力地讓浮存金總量從1967年的1,700萬美元，成長到270億（截至2000年年底）。在2001年，巴菲特的目標是提高波克夏浮存金的成長率並降低浮存金成本，為波克夏塑造雙重優勢。

與此同時，他希望浮存金能成長到300億（約佔美國整體保險浮存金的10％）。另外，在沒有巨災發生的情況下，巴菲特期許浮存金的年成本可以降到3％以下（去年浮存金的成本為6％），並在未來幾年內逐漸改善。

如同蒙格所言：「我們就像是知道一件大事的刺蝟。我們發現，如果能用成本為3％的浮存金，去購買每年能獲利13％的公司，那這不是一個極為理想的投資方式嗎。」

2. 市場分析：降低股票獲利預期

巴菲特在一篇於1999年發表在《財富》雜誌上的文章中提到，

美國企業的利潤要高於6％是非常不可能的。根據過往的紀錄，這個數值約落在4％至6％間，而近期來到了6％。

巴菲特說，如果企業的利潤在很大程度上已經都被資本化了，那麼我們就能明白，未來美國的企業將會以約等同於GDP成長率的速度成長。而這個成長率基本來看，一年約為5％，再加上百分之零點幾的通膨率。

巴菲特總結說，在未來十五至二十年間，股票每年大約可以帶來6％至7％的回報。但如果有人期待一年能賺到15％，那就是痴心妄想。

3. 市場分析：地震帶上的退休基金

巴菲特表示，在過去1970年代當股市前景一片看好時，退休基金卻採用了6％左右的投報率假設，這是一個特別有趣的現象；反觀現在，股市前景的預期較差，但多數退休基金卻預設了9％、或甚至更高的投報率。

他提到，他實在不知道退休基金要如何達成9％以上的回報，但如果降低預設，將會大幅減少公司帳面的收入。「沒有人想見到這樣的結果。」巴菲特說，「看未來幾年內，因退休金赤字持續升高而不得不快速調降預期，將會是一件很有意思的事。」

蒙格認為，在目睹此種不合理的預期後，他認為退休基金的會計手段已經淪為一樁「醜聞」。他將這個情況比喻為「住在地震斷層上」：儘管地殼內部的壓力不斷累積，你卻以為越久沒有爆發地

震，發生地震的機率就越低。此時去承保地震險是相當愚蠢的，就跟退休基金投資一樣。

4. 產業觀察：加州公共事業危機

蒙格發現，發電是一門既龐大且不可或缺的基礎事業。然而加州公共事業的混亂暴露了我們教育體制的缺陷：無論是公營事業的執行長、州長或記者等，這些聰明人都沒能察覺到對一個發電系統而言，最重要的就是擁有「剩餘生產力」。

大家都知道，蓋橋的時候一定要蓋一座承載能力超過上限許多的橋樑；電力系統也需要同樣的安全邊際。然而，就蒙格的觀察來看，這些超級聰明的人卻忽略了這件極為重要且再明顯不過的需求。巴菲特也表示，就社會的角度來看，電力系統或許有三個不可或缺的元素：第一，是效率；第二，是創造一個合理卻又不至於過分的資本回報率，以吸引到可應用在未來需求上的資金；第三，你會想要有一個如蒙格所言的安全邊際——充分的供給。

在舊有的體制規範下，經營者的目標是提供高於需求曲線15％至20％的電力。然而，舊有的規範並沒有要求經營者展現出一定程度的效率，因而怠惰的情況很有可能發生。不過即便如此，巴菲特還是認為與生產力不足的問題相比，那些懶散的管理問題根本稱不上問題。

隨著加州政府撤銷了管制，公共事業資產的所有權轉移到那些根本不在乎供給必須過剩的經營者手中。事實上，這些經營者甚至

希望出現電力短缺的情況，因為這麼一來，他們就能獲得更高的資產回報率。巴菲特指出，在這樣的情況下，營運者的利益和大眾的利益背道而馳。如果我們將一座以X價格完工的工廠，用3X的價格賣給企業，自然很難盼到電價下跌的那一天。他認為這是一個非常基本的錯誤。

儘管如此，巴菲特認為未來美國還會需要更多的電力。隨著電力產業的成長，需要的資金自然也會更多，波克夏或許能找到一個可獲得合理資本回報率的參與方式。[1]

5. 投資心法：損失機會成本是最大的錯誤

蒙格認為，在波克夏一路走來的過程中，犯下的最大錯誤就是在「機會成本」這方面。儘管一般的管理階層不太會去檢討這一點，但巴菲特認為那些失之交臂的機會，導致波克夏的股東們蒙受「成千上百億美元」的損失。

蒙格解釋了為什麼損失會如此龐大——在複利的運作下，失去的機會可能會累積成一筆非常可觀的金額。

在蒙格還年輕的時候，他有機會可以買進300股的貝里奇石油（Belrich Oil）。根據他的分析，買這檔股票只會有賺錢的可能，不會有輸錢的可能。在買進的三天後，又有人要賣給他額外的1,500股，但由於他當時手邊沒有足夠的現金（必須賣掉其他資產來籌

1　波克夏的公共事業子公司——中美能源公司（MidAmerican Energy）於近期宣布，計畫在愛荷華州建造兩座新的發電廠。

措），因此他只能忍痛拒絕。他說，根據今天的結果來看，這個錯誤讓他損失了2億美元。

巴菲特認為，所謂的「犯錯」，是指發生在個人能力範圍內的事。錯過利用可可豆期貨賺錢的機會，並不算是一種錯誤，因為他們對可可豆並不了解。所謂的「錯誤」，是指那些他們懂、卻沒能來得及做出反應的事物。

蒙格優雅地說，這就像是「吸手指」般[2]。

6. 評論：如同樂透彩的「產品責任裁決」

巴菲特非常關心急遽增加的「產品責任」裁決案件。石綿訴訟案的混亂，只是一個例子。[3]巴菲特認為除非透過立法規範，否則他認為我們只會浪費越來越多的GDP到責任裁決上。

他指出，律師只需要花一點時間作為賭注，就有機會贏得成千上百億的回報。借用巴菲特的律師友人林肯（Lincoln）曾經說過的話，「我只需要找到十二名可以任意擺佈的陪審員。」

蒙格認為，法律界權力不斷擴張的情況，相當糟糕。州立最高法院的法官只有在得罪某些利益團體的時候，其職位才可能受到威脅。他進一步指出，「正是因為我們對垃圾科學、垃圾證詞（只為謀取私利）和垃圾律師的過度容忍，才導致今日的局面。」然而目

2　譯注：意指在本該採取行動的時候，卻只是枯坐著苦思冥想，白白浪費光陰。

3　編注：1970年代之後，在工業製程中被大量使用的石棉，被列為第一類致癌物質，各種因石綿而罹病致死的工安及消費問題層出不窮，而石棉訴訟亦是美國史上最長、最昂貴的大規模侵權行為。

前，他並未感受到事情有正在改善的跡象。

巴菲特對此的結論是，負債的趨勢可能會繼續加速，他建議投資者最好為此預留安全邊際。

7. 評論：糖業的產品責任

巴菲特認為，與商品涉及的責任相比，食品公司的風險相對較小。就糖業的狀況來看，他指出人類一年會吃下五百五十磅（乾重，dry weight）左右的食物，而其中有一百二十五磅（超過20%）的成分包含了糖。然而，美國人的平均壽命卻依舊持續上升。

巴菲特總結道，他並不擔心可口可樂、時思糖果或冰雪皇后（Dairy Queen）的產品責任。

8. 產業觀察：網路是一場大騙局

「認為我們可以將任何公司，透過網路轉換成一筆財富」，這是一個非常不可靠的想法。巴菲特向股東們報告，網路對波克夏旗下家具業和珠寶業所造成的威脅，已經大幅減少。因為在這兩個領域中，那些佔有領導地位、且被外界預估市值高達上億元的網路公司們，已在極短的時間內消失了。

巴菲特宣稱，網路真正的貢獻，在於給予公司創辦人將上百萬名投資者的希望或貪婪，透過創業基金市場，轉化成資金的機會。大筆金錢從易受騙者的手中，移轉到創業者身上。然而，在這場美夢之中，僅有少數人能真的獲利。他總結道，「網際網路就像是一

場大騙局。」

蒙格此時插話，提起他和巴菲特曾經涉足過日常用品的外送服務，「這門生意太可怕了。」但蒙格發現，有人覺得這是一門很棒的生意，並透過網路來實踐此一概念。

巴菲特指出，蒙格口中那間「惡名昭彰」的雜貨店就是Buffett and Son，一間僅能支撐此家族約一世紀的店鋪。[4]巴菲特開玩笑道，唯一能成功的辦法，就是雇用一位像蒙格這樣的人來當苦力。

在他們那個還在用鉛筆（而不是鍵盤）接訂單、再忙著將貨物堆送到卡車上的年代，就遇到了和食品生鮮電商Webvan同樣的損失困境。[5]

9. 產業觀察：品牌與零售商

巴菲特解釋說，品牌和零售商永遠都處於競爭的狀態。零售商總是希望自己的名字就是一種品牌，並在某種程度上，人們能將自己對品牌的信賴感，從商品本身轉移到零售商如好市多或沃爾瑪身上。

蒙格觀察到，許多品牌如家樂氏（Kellogg's），已經見證到這

---

4 編注：巴菲特十三歲的時候，曾於祖父在奧馬哈經營的雜貨店工作過四個月，這段經歷啟發了他日後在經營企業上的諸多想法。

5 編注：創立於1996年的Webvan，主攻線上銷售、線下送貨、三十分鐘內完成商品配送的O2O模式，可謂現今網路電商的鼻祖，當時吸引超過8億美元的資金投入。最終因基礎建設擴張太快，導致無法負荷巨額成本，公司在2001年宣告破產。

股勢頭是如何朝著雜貨連鎖供應商如沃爾瑪和好市多移動。[6]他表示，山姆會員商店（Sam's Club）和好市多的能力已經越來越強大。他噓道，曾有一名女子向他道謝，因為她聽了蒙格的意見，在好市多購買了緊身褲（Costco 和 Hanes 共同推出的聯名品牌）。

巴菲特開玩笑道：「居然會問你關於緊身褲的問題，她想必是已經走投無路了。」

10. 評論：令人厭惡的投機現象

蒙格再次提起巴菲特於1999年秋天發表在《財富》雜誌上的文章，呼籲美國的股東們應該要大幅降低預期。蒙格用他慣常保守的態度表示，「我們鑑往知來的能力實在太弱了。不僅弱，根本稱得上是超級愚蠢。」

巴菲特表示，任何預期投報率能高達15％的公司肯定是哪裡出了錯，然而，卻真的有大批公司會如此預期。首先，除非美國的經濟能以每年15％的速度成長，否則我們根本達不到15％。目前，僅有極少數的大公司能達到15％的複合成長率。然而在市場狂熱的泡沫期間，人們會輕易地估算一間公司的市值高達5,000億美元——儘管沒有任何數字可以證明這樣的估算是合理的。

蒙格指出，在某種程度上，賣股票就像是在賣林布蘭（Rembrandt）的畫。拍賣畫作的時候，人們並不是根據他人願意用

6　蒙格也是好市多董事會的成員。

多少錢來換取觀賞畫作的價值而出價，而是根據「林布蘭的畫一直在漲價」此一事實來估價。如果我們用林布蘭的畫來取代美國國內的每一筆退休金，林布蘭的畫將會永無止盡地漲上去。

巴菲特認為，近年來讓華爾街賺到最多錢的辦法，其根據的並不是亮眼的表現，而是大肆的宣傳；蒙格則指稱，當前的景象令人「厭惡」，市場上充斥著大量具誤導性質的宣傳素材，電視上更不斷談論著投機。

11. 人生習題：理財的起步要趁早

巴菲特鼓勵年輕的聽眾，要趁早開始儲蓄。他明白自己是非常幸運的，父親替他負擔了學費。因此，他才能在二十一歲的時候，就擁有1萬美元的儲蓄——充沛的起步基金。

他指出，青少年時期或許是儲蓄的最佳時機，因為此時父母一肩擔起你的所有經濟開銷。他推測當時存下的每一塊錢，約等於現在的20塊。

他同時也建議，加強自己對商業的理解，也能獲得類似的複合成長效果。他建議我們先學習當地的商業知識——哪些產業很好？為什麼？哪些倒閉了等等。當我們這麼做時，就能在腦中建立一個隨時間累積、價值也會不斷累積的資料庫。

12. 人生習題：一生最棒的投資

巴菲特表示，我們一生中能做的最棒投資，就是投資自己。

過去他在和學生談話時，巴菲特總會對他們說：「你們最寶貴的財富，就是自己。」巴菲特願意用5萬美元的代價，去換取一名聰明學生餘生所能賺到財富的10%。

這也意味著每一位學生的財富價值，約等同於50萬美元。要善用這50萬元的資產，去開發自己的心智與才能。

13. 投資心法：理想公司的成本結構

年復一年的，巴菲特和蒙格總是不斷告訴股東們，他們尋找的是具有長期競爭優勢的公司。今年，他們帶領聽眾進行了一場更深入的討論，提出理想公司的另一個關鍵要素——成本結構（cost structure）。一個具有長期競爭優勢的公司，必然會有一個同等出色的成本結構。

對飛行訓練公司飛安國際來說，其核心關鍵為高品質的模擬器，因此波克夏每年會投資2億美元到飛行模擬器上；至於NetJets，一流的飛行員是它最重要的關鍵，因此該公司的成本支出，多會用於聘請人才。

巴菲特繼續提到，地毯產業的人事成本僅占總成本的15%，最大的支出多用於材料、纖維之上；而在保險產業，最大的成本支出為未來的理賠金，由於理賠可能發生在五年、十年或甚至是二十年以後，因此牽涉到更繁雜的計算。至於零售業，開銷最大的地方為租金，人力則為次要但同樣龐大的開銷。

巴菲特總結道，根據不同的產業，其最大支出的項目也會有顯

著的不同。他表示，自己其實並不在乎波克夏買進的是原料密集產業，還是人力密集或資本密集產業。關鍵在於理解一間公司的主要開銷為何，以及為何該公司和競爭者相比，具有更長遠的競爭優勢。

14. 產業觀察：航空業最大的挑戰

接下來的這個討論，對航空產業做出了精彩絕倫的分析。巴菲特指出，航空公司面對的最大問題並不是總收益，而是與競爭者相比，你的平均成本是否能更為出色。由於航空服務就跟商品生意非常相似，因此關鍵就在於支出上。而這個產業最大的成本支出，莫過於人力。

然而，蒙格表示飛行員的公會非常強大，因為他們理解沒有任何公司，可以承受長時間罷工所引起的飛行航線混亂等問題。因此航空公司唯一能改變的開銷，就是單一有效座位里程成本，以及單一佔用座位里程成本。

舉例來說，在巴菲特和蒙格短暫擔任全美航空董事的時候，每一個有效座位的里程成本為12美分。原本這個數字還算漂亮，但緊接著西南航空（Southwest Airlines）以每個座位里程成本僅為8美分的價格，加入戰局。

和許多處在資本主義社會下的產業一樣，航空業遲早會向低成本靠攏。但巴菲特也表示，他認為「共享飛機」的事業剛好相反，它並不屬於商品生意——NetJet的客戶更在意的是服務品質與安全性。他開玩笑的說，如果你打算買一頂降落傘，你可能不會想買價

格最低的商品。

如果NetJet能維持並擴大其優秀的飛行員服務，在未來的日子裡，勢必能發展得有聲有色。

15. 評論：《水牛城新聞報》罷工事件

當天其中一個最棒的故事，是關於巴菲特在剛買下《水牛城新聞報》時，如何應付隨之而來的罷工活動。

作為熱衷於將博弈理論應用到現實生活中的研究者，巴菲特知道有些時候表現得越軟弱，你獲得的討價還價空間越多。（巴菲特開玩笑的說，買下《水牛城新聞報》是蒙格的點子：在一場暴風雪中，蒙格被困在水牛城，於是他打了通電話給巴菲特，詢問自己能做些什麼事？巴菲特於是叫他出門買份報紙。）

在1980年代初期，《水牛城新聞報》和《Courier-Express新聞報》正處於危急存亡之秋。因此，和工會的交涉就成為一項試膽大會——如果報社真的收掉了，所有人都會因此失去工作。

《水牛城新聞報》的工會在某個星期一舉辦了罷工活動。巴菲特回憶，當時某些工會領袖甚至眼眶噙著淚水，因為他們明白這麼做是冒著讓報社倒閉的風險。

巴菲特向工會表明自己的立場，「如果所有人能在一天後回來工作，那麼就表示報社還保有競爭力；但如果大家在一年後才回來工作，那麼報社就不用活了。如果你們夠聰明，知道該走哪一步才不會導致公司倒閉、也不至於讓所有人丟了工作，那麼你們就比我

還厲害，這部分的問題就交給你們去思考了。」

到了星期四，所有人都回來工作了，而《水牛城新聞報》也撐過此次難關。[7]巴菲特明白，這件事並非他所能掌握。如果工會決定長久罷工下去，那麼他的這筆投資將血本無歸，而員工們也將失去工作。在《水牛城新聞報》事件中的不利地位，成為他討價還價的機會。

16. 公司治理：波克夏的優勢

儘管巴菲特感嘆波克夏的規模已經變成妨礙其成長的阻礙，但他依舊列出了幾點波克夏的優勢。其中一項便是「財務乾淨」。

巴菲特指出，許多公司之所以願意接受波克夏的併購，是因為他們知道這筆交易不會遇上任何財務上的困難。[8]舉例來說，波克夏之所以能用每股13美元的價格買下約翰曼菲爾公司（Johns Manville），是因為前一個開出願意用每股15元來收購的出價者，遇上了財務困難。此外，賣家也明白波克夏的股權結構非常穩定，所以他們能像以前那樣，繼續經營公司。

巴菲特預期在未來二十年內，波克夏或許能以每年兩間公司的速度，買下四十間公司。儘管投資界就像是一個競爭異常激烈的競技場，但巴菲特保證在未來二十年內，總會有那麼一個時期，人們會在證券市場上犯下異常愚蠢的錯誤。波克夏唯一需要面對的問

7　但它的對手《Courier-Express新聞報》卻沒能撐過去。
8　目前波克夏擁有300億美元的現金。

題，就是當時機來臨時，「我們是否已經準備好善用這個優勢」，他強調，這之中沒有所謂的「必勝祕笈」。他們唯一能做的，就是繼續理性地分配資金。

蒙格則保證，在未來二十年內，波克夏的每一股都會更強大、更有價值。但他同時也提到，波克夏的年度成長比率與過去相比，將會呈現下降趨勢。

2002

地點：奧馬哈市政禮堂

出席者：一萬四千人

年度摘要：

在「波克夏週末」期間，內布拉斯加家具商城的營業額為 1,420 萬美元，大幅超越 1997 年因首度推出特別活動價，而締造 530 萬元的紀錄。

財富世界五百大排名：第 39 名

波克夏股價：75,743 元

- 1964 年所投下的 1 美元，在今日約等值於 6,123 元。
- 波克夏的每股面值從 19.46 元上漲到 41,727 元（年複合成長率為 22.2%）。
- 同時期的標準普爾 500 指數的年複利率為 11%。

2002 年的投資備忘錄

1. 市場分析：降低投報預期

　　蒙格宣稱，「降低預期」是我們當前所能做的最好準備。巴菲特則指出，如果你預期能賺到6%或7%，那是很合理的數字。

　　通貨膨脹率是如此的低，資本又能獲得多少回報？蒙格稱波克夏持有大量債券的情況，是基於他們對當前股市失去興趣的「默認選擇」。在這個情況下，巴菲特和蒙格比較喜歡波克夏做這樣的配置。只要擁有低成本的浮存金、優秀的獲利能力和偶爾進行的好交易，波克夏就不會遇到什麼問題。

2. 公司治理：浮存金的高成長

　　憑著從1967年買下國家賠償保險公司後，所帶來的1,200萬美元浮存金，到今日的370億，波克夏的浮存金正在以不可思議的速度成長著。巴菲特深信，在估計約4,000億浮存金的市場總值中，大約有9%是來自於財產和意外傷害保險。

3. 公司治理：零利息的核保獲利

　　今年的「波克夏大學」開始了數位教學的課程——它播放了一些投影片。當巴菲特向台下聽眾展示，波克夏旗下保險集團在第一季的核保收益投影片、顯示今年的情況與去年成本為13%的浮存

金有著極大不同時，看得出來他對這個改變充滿了興奮之情。此外，投影片也顯示了波克夏的浮存金在該季內，成長了18億美元。

如果波克夏能繼續維持核保獲利，那麼這370億的浮存金就等同於可提高波克夏收益、且利息為零的借款。[1]

巴菲特稱讚通用再保險的新任CEO喬‧布蘭登（Joe Brandon），表示布蘭登在重塑公司文化方面，做出極大的貢獻。他也預期，通用再保險將成為波克夏旗下第一名的資產。

4. 公司治理：浮存金與油井

巴菲特將浮存金比喻成油井：每一天，都會冒一些石油出來。當我們將石油抽出來的同時，我們也必須尋找替代品。巴菲特指出，波克夏的浮存金與其他公司相比，自然流失的量較少，因為多數都屬於「長尾」（long tail）生意——如同一座壽命很長的油井。此外，巴菲特認為波克夏似乎具有吸引大量特殊交易的本能。

蒙格總結道：「用極低、或根本為零的成本來生產浮存金幾乎是不可能的。但我們就打算這麼做。」

5. 公司治理：蓋可公司

作為美國國內最大的汽車保險直接承保商，蓋可的保單數量不斷成長，保守估計已成長到了480萬份。巴菲特指出，對波克夏而

---

1 如果將這筆資金簡單投資在十年期的美國國庫券，將能帶來每年19億美元的稅前收入。

言，蓋可的每一位投保人至少約價值1,000美元。

在蓋可理賠率逐年下降的同時，理賠申請率的下降和顧客留存率的提高，暗示了蓋可能繼續獲得零成本浮存金的可能性（如果持續處於核保獲利的情況下）。

6. 人生習題：最珍貴的資產

隨著畢業季的接近，巴菲特給予眾人一些終身受用的建議。請想像：一個精靈出現在一名十七歲的年輕人面前，表示他可以送給這名年輕人任何一輛他想要的車。然而，在這件美事的背後有一個但書——無論這名年輕人選中哪一輛車，他必須確保自己能使用這輛車一輩子。

那麼，我們可以想像這名年輕人肯定會反反覆覆地研究車子的使用說明書、遵照換油保養的建議等，以確保這輛車子的壽命至少能長達五十年。

同樣的，巴菲特繼續說，我們這一生中也只會獲得一副身軀和腦袋。即便到了六十歲，我們也無法更換。因此，我們必須懂得保養它們——我們最珍貴的資產，就是自己。

趁著年輕時，我們應該要注重心智的發展，培養良好的健康習慣，而這些習慣能讓我們的生活品質更好。如果不能做到這些，那麼等到七十歲的時候，我們或許就只能等著報廢。

7. 評論：石綿訴訟案的災難

對於圍繞著石綿訴訟案，猶如滾雪球般、不斷擴大的責任歸屬問題，巴菲特和蒙格提出了相當嚴肅的預測。

巴菲特認為，除非國會跳出來設下賠償的最高上限，否則他認為情況可能會越來越糟糕；蒙格則認為當前的石綿訴訟案已經淪為一種詐欺手段，導致許多根本沒有資格提起告訴者（和其律師代表）獲得鉅額賠償，而真正需要賠償者卻無人聞問。

巴菲特再次說道，對於美國企業而言，這是一個相當嚴重的問題，如同「經濟的毒瘤」。總能在災難的斷壁殘垣中看見希望的他也提到，對波克夏來說，石綿災難或許是一種轉機，讓波克夏得以收購不受石綿影響的企業，如同他們近期收購的約翰曼菲爾公司。

8. 評論：九一一事件

巴菲特認為，人類之中總是存在著一定比例的瘋子、自大狂和宗教狂熱份子。然而，過去或許只能朝著別人丟石頭的極端份子，卻在當代科技的幫助下，強化其可能帶來的惡果。他話鋒一轉的提到，「不幸的是，人類在和平共處這方面的進步速度，也沒能跟上科技的腳步。」

蒙格則務實的指出，九一一事件的發生，在某種程度上能讓我們更堅強，擺脫愚昧和懶散。儘管我們對於已發生的事情充滿悔恨，但對於防範而投入更多情報工作方面，我們不應該留下遺憾。他認為，當前我們（美國）所增加的維安步驟，其實在多年以前就

應該要予以執行。

巴菲特也表示，自己長久以來一直擔心著恐怖份子會動用核子武器，而九一一事件加深了他的憂慮。世界上或許還有成千上萬名憎恨著美國的人，因此巴菲特認為未來總有一天，相似的事件或許會再次發生。

9. 產業觀察：恐怖主義和保險

儘管長期以來，保險業一直意識到少數極端份子可能帶來的潛在危機，但這件事一直沒有被列在保單合約中。巴菲特認為這是一個天大的錯誤，就如同1940年代英格蘭保險業所犯的錯——直到戰後，保險公司才想到要將「戰爭」這個風險，從保險合同中摘除。

在波克夏的新保險政策中，剔除了NCB（核子、化學與生化武器）三樣，以及因核子事件所引發的火災。如果不排除這幾項，巴菲特保證，只要一場或兩場核子事件，就能毀掉整個保險產業。

長久以來，保險業總是試著避免大自然的不利條件，像是限制位於海岸線的房屋投保等。[2]而現在，巴菲特認為，保險公司也應該開始思考「人為災害」的風險。舉例來說，許多人認為紐約世貿中心的那場恐攻災難，主要涉及到的是財產／人員的傷亡，但巴菲特認為整起事件，也很有可能成為史上最大宗的勞工賠償保險。

儘管巴菲特沒有明確點出，但他認為，一場生化恐怖攻擊造成

2　儘管如此，此種錯誤卻經常發生。1994年北嶺地震發生後，由於保險公司「二十世紀工業」（Twentieth Century Industries）大量承保許多位在斷層帶上的住宅，差一點為此倒閉。

的員工意外傷害賠償，其規模很有可能會讓所有人大吃一驚。

10. 評論：市場上的詐欺事件

蒙格指出，有非常多聰明人被捲入詐欺事件中，「文化」導致他們淪落至此。他建議，對詐欺的最好回應方式，就是躲得遠遠的，且避開整個領域。

巴菲特向股東保證，「我們不會被騙的。我的員工就已經夠像詐欺犯了——他們總是告訴你，美得根本不像真實的事。他們就跟騙子沒什麼兩樣。」

蒙格表示，有些時候事情已經再明顯不過。舉例來說，英國鼎鼎有名的出版大亨羅伯特‧馬克斯維爾（Robert Maxwell），其綽號就叫「空頭支票」。蒙格諷刺的說，作為諷刺故事的主角，有些事情已經極端到讓人根本笑不出來。然而，所羅門兄弟依舊積極地和馬克斯維爾做生意。

巴菲特說，他們或許有保留關於馬克斯維爾在世界各地紀錄的習慣，但他也指出，華爾街沒有任何過濾的機制——他們很享受自己的投資融資費用。

巴菲特說，儘管自己和蒙格都在所羅門兄弟的董事會，也努力指出 First Normandy 這間公司的紀錄完全是一派胡言、有問題的，但所羅門兄弟還是負責了該公司股票的公開發行。然而，就在公開

發行後的一天，首次公開募股就被撤回了。[3] 所羅門兄弟對這起尷尬事件的唯一解釋，就是將責任推到承銷委員會「已經批准」的事實上。

蒙格表示，在此事件爆發後，他並沒有見到承銷委員會做出什麼改變。

11. 評論：EBIDTA 的謬論

在類似的討論中，蒙格指出，那些經常將「EBIDTA 利潤率」掛在嘴邊的人，其犯下詐欺行為的比例會較高。[4]

巴菲特指出，那些超級成功的公司如沃爾瑪、奇異（GE）和微軟等，從來不會提起 EBIDTA。而那些老是把這個名詞掛在嘴邊的人，要不是想哄騙你，就是想哄騙自己（或者兩者皆是）。

巴菲特也舉了一個例子，提起那些總是將「到手的每一分錢都花光」的電信公司，責備他們不該以「現金流」當作擋箭牌。這根本不是什麼現金流，這只是花錢如流水。

巴菲特教授也繼續說道，這個名詞中的「D」（折舊）反映的不僅僅是實際支出，也是最糟糕的一種支出。折舊背後的意思，就是先把錢花掉，然後晚一點再發生折價。而波克夏喜歡的公司，則是那種能預先獲得現金的，例如保險業。

3　編注：First Normandy 的股票於 1995 年 8 月 15 日開始在市場上交易，僅過了一天，該公司便撤回發行並取消所有交易。

4　EBIDTA 的全名為 Earnings Before Interest, Taxes, Depreciation and Amortization，意指企業稅前息前折舊攤銷前的利潤。

同樣的,「T」(稅)也是一筆實際支出,但EBIDTA的倡議者卻假裝它是不存在的支出般。對於「EBIDTA」這個詞彙能如此廣泛地被使用著,巴菲特表示自己非常驚訝。

12. 評論:骯髒的衍生性商品

波克夏停止了通用再保險的衍生性金融商品交易。巴菲特將這類商品比喻成地獄:「要進去很簡單,要脫身卻很難。」他也指出,安隆公司(Enron)衍生性金融商品合約的解除,揭露了他們其實在賠錢的事實。[5]

蒙格用了一句話總結:「如果說衍生性金融商品的會計手腳就如同美國的下水道,這對污水來說簡直是一種侮辱。」而這句話非常有可能成為一種預言——尤其是當衍生性金融商品的問題在「別處」得到解決時。

13. 評論:企業濫發股票選擇權

對於美國企業明目張膽地濫發股票選擇權的現象,巴菲特和蒙格紛紛表達了自己的厭惡。

蒙格假設性地問道:如果你發給一名六十歲、在梅奧醫院(Mayo Clinic)[6]工作的外科醫師一堆股票選擇權,此舉會提昇他的

5　編注:安隆曾是全球最大的電力、天然氣及電訊公司之一,2001年因能源價格大幅崩跌,導致該公司在衍生性金融商品的交易出現巨大虧損,並隨即爆發系統性的財務造假醜聞。

6　編注:全球最知名的醫療機構之一,位在美國明尼蘇達州羅徹斯特(Rochester),為美國評比最佳醫院。

工作表現嗎？

　　蒙格總結道，美國企業固定發放價值數億美元的股票選擇權給CEO的行為，是「既瘋狂且不道德的」。巴菲特也補充說，股票選擇權本身並不是件壞事。他認為將「資本成本」因素納入考量、且只有在高於或等於公司內在價值的情況下發放股票選擇權，才是最合理的做法。而當前的情況並非如此。此外，對於那些不斷遊說人們「不要將選擇權視作一項支出」的CEO們，巴菲特則強烈譴責他們所抱持的無恥且自私自利的心態。

　　蒙格認為，這整起事件就像是「瘋帽子（Mad Hatter）[7]的茶會般，唯一貫穿整個茶會的主題，就是令人反感。」

14. 評論：關於「創造性會計」

　　蒙格指出，世界上最偉大的發明之一，就是由義大利僧侶所發明的「複式簿記」（double-entry bookkeeping）。而違反此一原則的會計，不過是用來愚弄、欺騙和傷害社會的。

　　他認為，安隆公司的破產事件或許是最讓人反感的、企業文化走偏的例子之一。儘管如此，他也認為在某種程度上，讓大家注意到這件事或許也是一個優點。他總結道，「創造性會計是對文明的詛咒。」[8]

7　編注：瘋帽子（Mad Hatter）出自《愛麗絲夢遊仙境》中的虛構角色。

8　編注：創造性會計(Creative Accounting)的概念最早由美國會計學家格里夫斯提出，意指在不違背會計準則和法規的前提下，為達到某種目的而有意識地去選擇制度漏洞的會計方法。

15. 市場分析：指數型基金和本益比

對於那些深信美國企業會越來越好的人，巴菲特認為，從平均成本法（dollar cost averaging，又名定時定額投資法）轉換到廣基指數（broad based index，即股價指數），是相當合理的投資作法。

對於「本益比25」是否太高的討論，巴菲特強調，沒有那一個比率是絕對完美的。事情沒有這麼單純。

蒙格也警告，當價格走得太高時，指數型基金或許會因此變得沒那麼理想。舉例來說，日經平均指數（Nikkei Index）在過去十三年內，其投報率一直是負的。此外，日本更徹底執行凱恩斯學派的建議，降低利息並大幅刺激財政，然而卻沒有任何效果——過去的模式對未來失效。認為「發生在日本和阿根廷身上的事情，絕對不會發生在自己（美國）身上」，這是相當奇怪的態度。[9]

16. 關鍵交易案：收購水果牌服飾

種瓜得瓜，種豆得豆。又一次，巴菲特參與了收購水果牌服飾（Fruit of the Loom）的行動。巴菲特對曾經在葛拉漢紐曼公司工作、現在則是他朋友的米奇·紐曼（Mickey Newman）協助波克夏收購陷入破產的水果牌，表達了感激之情。

巴菲特認為，負債累累和不佳的管理，是拖累水果牌並導致它陷入破產危機的元兇。因此，讓已退休的CEO約翰·霍蘭德（John

---

9 又一次，波克夏以實際行動表達自己的反對立場——波克夏當前投資在美國股市上的資金部位，是自1970年代早期以來，最低的時刻。

Holland）回來經營公司，是波克夏出價收購水果牌的附加條件。
霍蘭德同意了，交易順利進行。巴菲特指出，霍蘭德和「水果牌」
這個名字，是該公司非常重要的資產。

這並非巴菲特第一次參與收購水果牌。他回憶起在1950年代，
當時由葛拉漢紐曼公司控制的子公司P&R（Philadelphia and Reading
Coal and Iron），用1,500萬美元的價格，從傑克・戈德法布（Jack
Goldfarb）手中買下了Union Underwear。緊接著，Union註冊了「水
果牌」這個名字，並和P&R一起併入西北工業（Northwest
Industries）之下。水果牌每年的稅前收益總是能達到2億元。[10]

17. 產業觀察：合理的風險代價

巴菲特沈思道，保險業的成功，完全仰賴承擔「代價合理」的
風險，並避免過量的累積。因此，「拒絕」是相當重要的的能力。

他指出，在1941年創辦國家賠償保險公司的傑克・林沃特
（Jack Ringwalt），並非保險業出身的人，但憑藉著老一輩的常識，
他將哈特福（美國保險業大本營）那些傢伙打得落花流水。

巴菲特表示，他希望波克夏的保險部門能透過訓練嚴謹的員工
們，盡可能將商業觸角伸向世界各處。

蒙格則總結道，無論是在面對投資或保險，如果你能將大量曝

---

10 無獨有偶的，巴菲特大學時代的論文主題是關於蓋可公司，而這就像是預告了波克夏於
1970年代中期大量買進蓋可股票、最終於1996年買下整間蓋可公司的行動。至於可口
可樂，相傳當巴菲特還是個小男孩的時候，就會待在汽水販賣機前數著空瓶，看看哪個
牌子賣得最好。五十年後，他買下可口可樂公司2億美元的股份。

險敞口和高遞減率結合，一定能收得不錯的成果。

18. 投資心法：等待全壘打的機會

　　同樣的，巴菲特也經常使用「等待全壘打的機會」這句棒球術語，來描述波克夏的資產配置態度。在有趣的閒談中，他指出，鮮少有企業會這樣做，而這也是為什麼美國企業的總體資本配置紀錄看起來會這麼差的緣故。

　　他回憶起表現非常優秀的蓋可公司，在過去三十年內也曾經三度覺得自己應該要執行某些併購。然而這些行動，最後都以失敗告終；在全球刮鬍刀市場擁有高達71％市佔率的吉列公司，也曾覺得自己應該要為了併購金頂電池（Duracell）而發行股票，因此大量售出優秀的公司股票，以換取次級公司的股票。

　　巴菲特表示，他知道某間在五年內進行了十筆交易的公司，在截至2001年為止，該公司的十筆交易中，沒有一筆是成功的。事實上，巴菲特對這十筆收購交易所帶來的總收益預測為投出金額的四分之一。

　　蒙格指出，許多企業擁有龐大的M&A部門（Mergers and Acquisitions，合併與收購），它們耗費大量時間進行海量的投資風險評估，然而，卻有至少三分之二的併購案，會以失敗作結。相反的，波克夏卻總是用很短的時間，進行多筆非常理想的收購交易。他們總是等待最理想的時機到來，然後奮力一擊打出全壘打。

19. 人生習題：朋友與夥伴

巴菲特和蒙格於1959年結識，自此之後，兩人成為莫逆之交。巴菲特建議眾人，將你在朋友身上看到、並想要擁有的特質列成一張清單，接著，讓自己漸漸朝著這些特質發展。他強調，這是出於我們的選擇，而不是生來註定的事，任何一個人都可以培育出良好的品格與終身受用的好習慣。

蒙格插嘴說，他們認識一位非常成功卻沒有任何知心朋友的商人……「然而，這樣是沒有辦法活下去的。」他如此作結。

20. 投資心法：不隨波逐流的勇氣

巴菲特認為，成功的投資並不複雜。記住：每一張股票代表的是一間公司的所有權，這就是投資的「羅塞塔石碑」（Rosetta Stone）。這條原則將成為理性投資的墊腳石。

當巴菲特還是內布拉斯加大學的學生時，他在1949那一年，讀到了班傑明‧葛拉漢的《證券分析》，自此之後他再也沒讀過能超越葛拉漢作品的書。他補充說，「性格，是非常重要的，尤其是不隨波逐流的勇氣。」

他也建議，在找出個人能力的方面，請著眼於現實的範圍內，並確保自己不要超出這個範圍。他還說，讓自己獨立於「大眾思維」之外，是非常有幫助的一件事。讓自己靜下來好好思考，這樣會更好。[11]

11　如同約翰‧坦伯頓搬到巴哈馬群島，或如同巴菲特留在奧馬哈小鎮。

21. 人生習題：懂得問「為什麼」

　　蒙格和眾人分享，對一切事物背後的成因抱持熱切的興趣，是非常有用的習慣。他認為長久下來，維持這樣的思維能訓練我們「面對現實」的能力。那些從來不懂得問「為什麼」的人，即便擁有再高的智商，也註定會走向失敗。

　　巴菲特也藉此話題提醒眾人，有非常多高智商的人們，在經濟方面卻是一塌糊塗。

2003

地點：奧馬哈市政禮堂

出席者：一萬九千人

年度摘要：

在會場大廳中，曾兩度榮獲美國西洋棋冠軍的派崔克·沃爾夫（Patrick Wolff），接受了所有人的挑戰——而且是蒙著雙眼。橋牌、雙陸旗和拼字遊戲的冠軍，也在此接受所有股東們的挑戰。

財富世界五百大排名：第 28 名

波克夏股價：72,865 元

- 1964 年所投下的 1 美元，在今日約等值於 5,890 元。
- 波克夏的每股面值從 19.46 元上漲到 50,498 元（年複合成長率為 22.2%）。
- 同時期的標準普爾 500 指數的年複利率為 10%。

2003 年的投資備忘錄

1. 公司治理：出色的第一季

　　巴菲特在一開場，帶領眾人回顧了波克夏第一季的成績，而該成績也是有史以來最出色的一次——波克夏獲得 17 億美元的收益，並取得 13 億的浮存金，因此總共產生了 30 億的現金（等於是一天賺 1 億美元）。

　　儘管非保險業的子公司，受到經濟不景氣的影響而表現平緩，但波克夏的保險子公司卻可謂火力全開。巴菲特預估，浮存金成長了 13%，來到 425 億美元，然而，對於還剩下多少的成長空間，他則持保留態度。

　　美國產險業的總浮存金，其金額約為 5,000 億美元，而波克夏佔了其中的 8% 左右。更重要的是，波克夏公布了核保利潤，這也意味著這些浮存金的成本為零。巴菲特指出，這些「免費」的浮存金，不但具有股票的實質效用，還不需要承擔因發行股票而面臨股票被稀釋的問題。

　　波克夏的浮存金金額，從 1967 年國家賠償保險公司生成的 1,200 萬美元，成長到今日如此可觀的數字，並成為波克夏淨值成長的一大推力。巴菲特認為，波克夏的財富累積能力，就如同一個從山坡上滾下來的雪球般。他指出，波克夏這顆雪球的大小剛好，還能沾附更多的雪，而眼前或許還有數不盡的山丘和數不盡的雪供

它積累。

2. 關鍵交易案：克萊頓公寓與麥可萊恩

波克夏就像是一個不斷搜集優良企業的收藏家。而巴菲特最喜歡的活動，就是增加波克夏的收藏。他討論到波克夏最新的併購行動。舉例來說，波克夏開出17億美元的價格，買下國內經營得最出色的移動式房屋營建商——克萊頓公寓（Clayton Homes）。

由於該產業正處於不景氣的狀況，因而導致克萊頓很難從憂心忡忡的金主手中借到資金。[1]但在賣給波克夏後，該公司就能獲得資金和波克夏的AAA評鑑等級。巴菲特對於克萊頓家族的管理紀錄表達了高度肯定，並進一步表示，波克夏將會接手克萊頓原有的抵押貸款業務。[2]

巴菲特同時也討論到，波克夏以15億美元收購沃爾瑪旗下子公司麥可萊恩（McLane）的併購行動——麥可萊恩是一個涵蓋便利商店、速食餐廳和其他零售商的食品經銷商。[3]對於那些不太喜歡和沃爾瑪打交道的潛在客戶來說，麥可萊恩是一個更討人喜歡的經銷管道。

1　從康薩可公司（Conseco）在2002年破產的事件中，最能看出該產業面臨的困境。康薩可是美國最大的營建抵押貸款保險公司，而波克夏與萊卡迪亞控股公司（Leucadia National）所合資的Berkadia公司雖然有對其開價，但未收購成功。

2　我們視此為波克夏的最大優勢——利用其AAA等級的資產負債表和大量的資金，以減少融資成本、維持獲利，而這是之前那些資本不足的公司所無法做到的事。

3　麥可萊恩的收益為220億美元，根據我們計算，其中有70億是來自沃爾瑪。

3. 產業觀察：私人航空業的展望

由於經濟不景氣的緣故，「被持有過」（pre-owned）[4]飛機的價格也大幅下滑。儘管這意味著波克夏旗下的私人航空公司NetJets會在近期內出現損失，但巴菲特也提醒大家，NetJets的市佔率高達75％，換句話說，是市場上另外三家最大競爭對手加起來的三倍之多。除此之外，另外三家主要競爭對手目前都呈現虧損狀態。

巴菲特預期該產業將經歷一波洗牌，但他要股東們放心，因為NetJets「絕對不會出局」；他也預測，長期來看，飛機產權共有制度絕對會帶來可觀的全球生意，而採用此飛行方式的人數也可望增長至十倍之多。

4. 人生習題：學習會計

在被詢問到是否推薦任何會計相關書籍時，巴菲特強烈建議大家，要盡可能地多接觸會計事務，尤其是當你自身也有在經營公司時——你可以閱讀各式各樣的公司年報、閱讀高品質的商業文章以學習會計，尤其不要錯過那些跟會計醜聞有關的報導。試著去釐清那些數字是如何得出來的。

當你發現自己似乎無法理解數字構成的由來時，這或許意味著管理階層有某些「不想讓你知道」的事情——他們經常會出自於某些原因而想要混淆視聽。

4　編注：航空業界對「二手」一詞採用的替代術語。

蒙格相當肯定巴菲特給出的建議，並誇獎：「你們也可以問問他，有沒有推薦任何關於如何呼吸的書。」他總結道，有時候或許要花上數年的時間，才能將自己對會計的理解和現實結合在一起。

5. 評論：以「選擇權」作為薪酬的會計方式

自從1993年關於選擇權的會計方式出現改變後，巴菲特和蒙格經常對此發表嚴厲的批判。[5]巴菲特的話題從「所有選擇權都具有其價值」的觀點上開始。他認為不這麼想的人就太傻了。

他指出，將發送選擇權作為「薪酬」的行為，只有在兩個前提下，才屬合理：第一，與發送選擇權相關的資本成本一同考量；第二，該發送行為與員工的表現績效有直接關聯。不幸的是，絕大多數發送選擇權的行為，都違背了這兩項原則。相反的，發送選擇權演變成更像是一種需要耗費一些等待變現時間的樂透彩或特許費。

在1990年代，它們是將大筆財富從股東身上轉移到員工身上的主要管道。董事會發送選擇權的心態就像在發糖果般；顧問們鼓吹選擇權的發行態度就好像選擇權只是遊戲代幣般；希望報酬越多越好的CEO們，只要選擇權不被當作費用，就會欣然接受。而員工們則樂於得到免費的樂透彩券。

整個體制中根本沒有人會跳出來維護股東的權益。該體制缺乏了巴菲特所謂的「利害關係的平等」。

5　我們還記得在1993年參加波克夏股東會時，不理解為什麼他們要大肆批評FASB。直到泡沫經濟時期，選擇權的發送演變成猶如發送糖果般輕率時，我們才恍然大悟。

6. 評論：會計蟑螂不只一隻

在巴菲特和蒙格開始熱烈討論起上述的議題後，巴菲特又提出了自己對於使用「註解」來隱藏「支出」的會計行為的反對見解：「那何不乾脆將所有東西都放到註解裡，然後報告中只擺兩行字——獲利和收入？」

巴菲特也警告投資者，拒絕將選擇權納入成本，或擁有不尋常退休金預設的管理階層，在面對其他事情時，也很有可能會採取較不正直的手段。他說道，「廚房裡常常不會只有一隻蟑螂。」

他同時也譴責EBITDA（稅前、息前、折舊前、攤銷前收益）的使用，這個方法「假裝」折舊不是一筆真正的開銷般。「這些不僅僅是費用，還是那種一開始就把錢都花光光、屬於最糟的一種費用。」巴菲特強調。

蒙格教了眾人一招，引來了哄堂大笑：「當你在某個財務分析表上看到『EBITDA』的字樣，你只消在它旁邊加上『唬爛收益』的註解就可以了。」

7. 市場分析：通膨與投報率

巴菲特指出，通貨膨脹是所有投資者的敵人。舉例來說，如果我們的實際GDP成長為3％，通貨膨漲為2％，那麼名義上的GDP成長將會是5％。如果加上1％至2％的股息（較少的摩擦成本），那麼股票投資者預期自己的投報率為6％或7％，是相當合理的。這在低通膨的時候，或許是種不錯的投資。

對於一個擁有一億名工作者、GDP為10兆的國家來說，股東擁有6%至7%的投報率，是完全可以接受的水平。

8. 評論：GDP 的品質

巴菲特發表了我們過去未曾聽聞的有趣言論。他指出，GDP經常都是以總量的方式來呈現。但他強調，「人均GDP」其實更具意義。他也指出，「GDP品質」是一個值得去理解的額外因素——能提升生活水平的GDP是一回事，因為「雇用更多保全人員」而增加的GDP，則又是另一回事（前者的GDP品質較佳）。

9. 評論：公平的社會體制

蒙格很喜歡說，所有偉大文明的失敗率，都是100％。然而，他也指出一個社會能否成功，對於「公平」的感知是非常重要的。全美最富裕家族的更替，有助於孕育出社會對公平的感知。如果同一個家族數十年來都一直處於財富榜的第一名，很有可能會引起大眾的怨妒。在美國，很少會發生這種事——如同杜邦（DuPont）公司的繼承人們，已經將財富榜上的位置讓給廚具直銷商Pampered Chef那些辛苦工作的管理者了。[6]

正因為如此，人們視美國為一個較公平的體制。

6　Pampered Chef的創辦人桃樂絲・克里斯多夫（Doris Christopher）原本是一位經濟學家庭教師，1980年她從自家地下室開始創業，現在Pampered Chef的年營業額在二十二年內，從5萬美元成長到7億美元。

10. 評論：不公平的稅收

（承上）稅收也是一樣，對於小布希總統計畫取消針對股息重複課稅的行為，巴菲特表示他並不認同。如果這個法案通過了，巴菲特就可以分配上百億美元的股息給自己，將他需要繳納的稅金大幅降到低於1％。與此同時，他的祕書卻依然需要繳納30％的稅金。這樣的差異，只會引發民怨。[7]

11. 產業觀察：保險業的風險

巴菲特和蒙格指出，在保險這個領域內，往往只需要一張紙就能動用大筆金錢，而這很可能會誘使人們做出傻事。只需要出幾場大錯，數年來累積的心血就能在一夕間消失。

作為例子，他們重新計算了 Mutual of Omaha（位於奧馬哈市的保險及金融服務公司）是如何踏入產物再保險這塊領域，並如何在短時間內，賠掉公司耗費數十年才累積起來的大半淨值。

另一個讓人不敢置信的例子，則為蓋可公司。在1981至1983年間，蓋可因為傘護式商業責任險和產品責任險共獲得7萬2,000美元的淨保費，而這「小小的一口蘋果」，居然帶來了令人震驚的9,400萬美元損失，是其淨保費的130,000％。其中多數的損失，肇因於賴帳的保險公司無法回收的應收款項。

根據巴菲特的看法，保險這門產業之所以危險，是因為如果你

7　巴菲特近期在《華盛頓郵報》上發表一篇社論文章，充分解釋他為何反對小布希的計畫。

企圖做出任何蠢事，其他人就會立刻找上門。他設定了一個活靈活現的情境：假設你現在坐在一條漂在大西洋中央的小船上，悄聲地說了一個很蠢的保險價格，那些保險仲介絕對會立刻跳進海裡，不辭千里的從岸邊朝你游來……你可以看見那可怕的鯊魚鰭正在向你逼近。

12. 產業觀察：牽一髮動全身的風險

巴菲特繼續說道，當事情出現問題時，會有很多連帶牽涉到的情況，是你不曾預料到的。他認為這是非常致命的。如果你不能事先察覺事情背後的相關性，就意味著你面臨了「未能被察覺」的集中風險。舉例來說，當電信業被債務壓垮時，人們才突然驚覺每件事情都是牽一髮而動全身。[8]

蒙格也對此提出警告，「衍生性金融產品也有類似的風險，而針對此類產品的會計方式也加劇了問題的嚴重性。[9]」

13. 投資心法：聽取建設性批判的能力

蒙格指出，他認為他的摯友華倫所擁有的最了不起特質，就是能隨著年紀的增長越變越棒，並且持續學習。

蒙格回憶起在他們為了收購時思糖果而進行協商時，他和華倫

8　根據第三級通訊公司（Level 3）執行長金・克羅（Jim Crowe）的說法，截至目前為止，電信業泡沫已經導致一百八十間公司破產。

9　在去年的股東會上，蒙格說他情願拿衍生性商品的會計和下水道相比，但這麼做對污水而言是一種侮辱。

都認為，如果賣家獅子大開口說要「再加價10萬美元」，他們一定會掉頭就走。但艾拉·馬歇爾（Ira Marshall）跟他們說，如果真的這麼做就太傻了。他們應該要懂得投資在「品質」這件事上。

而馬歇爾是對的，自從他們於1971年以2,300萬美元的代價，買下時思糖果後，該公司已經為波克夏帶來超過10億美元的稅前收益。如果計較區區的10萬元，反而會失去更大的財富。

蒙格認為，他們能聽取建設性批判的能力，是帶領波克夏邁向成功的不可或缺要素，「波克夏是建立在批判之上的」。

巴菲特也說，班傑明·葛拉漢的量化投資法很容易懂。相反的，蒙格則強調了「品質」的重要性。透過經驗，他們發現價格合理的優良企業，比起價格漂亮、表現中規中矩的企業，更能為他們帶來財富。儘管洞察一間企業的品質絕非易事，但也證明了「品質」確實更有價值。

在投資的學習方面，巴菲特建議眾人打造屬於自己的資料庫，讓自己的知識能隨著時間不斷增加、積累。他們認為《華爾街日報》和《財富》雜誌是非常理想的資訊來源，還有一般的企業公開資訊也是。巴菲特說，他唯一不會去閱讀的東西，就是分析師的報告。「如果我真的讀了，也是因為正巧沒有其他有趣東西可看的緣故。」他打趣道。

14. 投資心法：機會成本與替代性回報

巴菲特和蒙格都表示，他們犯下最大的錯誤，往往不是做了什

麼，而是「沒做什麼」。

儘管他們從時思糖果身上學到許多，但巴菲特坦承，當股價開始上漲時，他購買某間優良企業的腳步很可能就會因此打住。他提到自己曾經一度停止買進沃爾瑪的股票，而他的頑固讓股東損失了80億美元。[10]

蒙格表示，他和巴菲特是學習得很慢的人。在波克夏總部手中被斷送的財富，其機會成本的總量「非常可觀」。對此，華倫也表示同意。

在輪番攻擊了顧問、會計師、政客和分析師後，蒙格開始展開對CEO們與M&A部門的攻擊。蒙格認為所有聰明的人，都是基於「機會成本」來做決定。無論你決定進行哪一筆投資，都應該要把可得的「替代性回報」納入考量。這是非常基本的經濟學。此外，蒙格又說道，「全世界欲罷不能地使用那些瘋狂又曲折離奇的模型，來權衡資本成本，或者透過公式來影響政策決定，導致徹底且驚人的神智失常狀態⋯⋯。」

巴菲特打趣道：「還有誰是沒被我們罵到的嗎？」

15. 投資心法：何時是完美時機？

巴菲特勸告所有的股東會參與者，要記得「我們應該善用市場，而不是被市場所用。」

---

10 在過去幾年，巴菲特曾提過自己在房利美公司上犯了相似的錯誤。而此次是我們第一次在相關話題中，聽到他提起沃爾瑪。

蒙格建議我們，應該培養出在擁有證券時也不會提心弔膽的性情。如果你只專注於價格，就意味著你認為市場了解得比你還多；如果你在意的是一間公司的價值而不是價格，那麼你晚上就能睡得安安穩穩。就算今天市場打算關閉五年，艾克美磚瓦（Acme Brick）還是會繼續生產磚瓦，冰雪皇后還是會繼續賣帝力冰棒。

他們認為，投資更像是「同注分彩」的賭博，只要平時不要輸太多錢，那麼你只需要「賭對幾次」就行了。蒙格指出，許多金融機構是反其道而行，透過龐大的研究部門，想努力掌握住標普500指數中那五百間公司的營運狀況。

相反的，巴菲特表示自己一年只需要找到一、兩個好點子。透過這種態度，巴菲特就像是在仿效大聯盟打擊王泰德・威廉斯（Ted Williams）的精神——懂得等待「完美時機」的到來。

16. 產業觀察：能源產業的大好機會

巴菲特向股東們表示，對波克夏而言，中美能源公司蘊藏了非常大的商機，但如果當前過時的法律能有所改變，那麼它還有可能帶來更龐大的商機。能源產業蘊藏著數十億美元的好機會，「我們談的可不是蠅頭小利。」他強調。

此外，巴菲特對於中美能源的經營者大衛・索科爾（David Sokol）和克雷格・阿貝爾（Gregory Abel，譯註：本書經常以Greg Abel、Craig Abel稱之）的管理非常有信心。他指出，波克夏的加入，替公共事業領域帶來了一些改變。事實上，波克夏也曾於

2002年買下數間能源公司的能源輸送管線，使其免於破產。

17. 評論：對衍生性商品的警告

　　這幾年來，巴菲特和蒙格不斷地提醒眾人──衍生性金融商品的危險性。有鑑於社會並未採納他們的諫言，巴菲特准許《財富》雜誌，再次刊登他在〈給股東信中〉針對衍生性商品所提出的看法。在那封信裡，他以「帶來巨型毀滅的金融武器」來指該商品。

　　在能源領域上，美國國內所有的公共事業幾乎都因為參與安隆公司所主導的衍生性金融商品投資，而面臨營運危機。1998年，長期資本管理公司（LTCM）的危機在衍生性金融商品的加持下被放大數倍，幾乎癱瘓了整個金融體系。[11]

　　蒙格抱怨道，一講到工程，大家都很在乎安不安全，但一講到衍生性金融商品，大家就將安全問題拋諸腦後。

　　此外，在典型的衍生性商品交易中，由於雙方都會將之記錄為從交易中直接獲利的項目──此類不實的會計，也導致了數字的膨脹。巴菲特更說，儘管許多參與者宣稱衍生性商品可以分散分險，但他認為此舉反而會「強化」風險，因為僅有少數幾名大型玩家真正有顧及自己的本業。[12]

11　編注：LTCM為90年代著名的投機性避險基金，運用複雜的數學模型進行高槓桿的套利
　　交易。1998年LTCM受到亞洲系統性的金融風暴影響，短短四個月內就令其虧損46億
　　美元，同時波及其他金融機構。

12　首鷹基金（First Eagle Global Fund）的經理人金·馬西·艾維拉德在過去幾封新聞信中，
　　也提出了相同的看法。

巴菲特提醒眾人，儘管有來自過去幾場悲劇的警告，但美國的體制並沒有經歷過「交易對手的風險」（counter-party risk）；[13] 蒙格也表示，如果未來五年內都沒有出現任何顯著的崩潰，他應該會非常意外。

18. 公司治理：收購國家賠償是最棒的彩蛋

聽到巴菲特與蒙格兩人年輕時候的故事，往往是親臨波克夏股東會最棒的收穫。今年，巴菲特告訴我們在 1967 年的時候，波克夏是如何從傑克・林沃特的手中，買下國家賠償保險公司。

巴菲特說，他注意到每一年林沃特都會有那麼十五分鐘的時間，陷入鬧脾氣的狀態，嚷著要把國家賠償賣掉。因此，巴菲特安排了他們的共同朋友查理・海德爾（Charlie Heider），要他一等到林沃特鬧脾氣時立刻通知自己，這樣巴菲特就能買下這間公司。

果不其然，海德爾沒過多久就打來電話說：「傑克準備好了！」巴菲特於是便趕忙在這十五分鐘內，完成這筆交易（儘管他隱約感覺到林沃特有打退堂鼓的念頭）。過程中，林沃特曾試圖取消這筆交易，他問巴菲特說：「我猜你應該會需要看一下審計過的財務報表？」在察覺到林沃特想要藉故拖延交易的企圖後，巴菲特毫不在乎的回答：「我對那些報表根本沒興趣。」

在付了 700 萬美元後，國家賠償從此就屬於波克夏了。巴菲特

---

13 編注：意指交易合約的其中一方不履約的風險。

補充道，在兩人會面的時候，林沃特遲到了十分鐘——他在停車時為了要找還剩下一點時間的停車計時器（譯註：美國有些地方的停車收費方式，是預先在計時器內投錢，少投罰錢，多投不退）。

巴菲特笑道：「那個時候，我就知道他跟我是同類。」

19. 評論：同卵雙胞胎的命運

巴菲特提出了一個新的哲學問題：假設你身在一個子宮裡，旁邊是你的同卵雙胞胎手足。你們兩個從頭到腳都長得一模一樣的。此時，一個精靈蹦了出來，給了你們一個挑戰：「你們將在接下來的二十四小時內出生。其中一個將誕生在奧馬哈，另一個將誕生在孟加拉。你們兩個自己決定。現在你們可以開始比賽，看誰願意將更多的資產回饋給社會。」

巴菲特表示，自己將毫不猶豫地拿出100％的資產，因為他知道如果生在孟加拉，他很有可能在頭幾年內就死於營養不良。

就這個挑戰來看，巴菲特誕生在美國的機率是五十分之一。他說自己非常幸運，能在這裡出生。

20. 人生習題：成功的生活

巴菲特認為，如果你期望某個人愛你、而對方也確實愛你，那麼你就是相當成功的——他和蒙格都認為，賺再多錢也無法換得友誼或快樂。巴菲特說，他們認識某些有著大樓以他們為名、卻沒有人愛他們的人。像這樣孤獨的活著非常痛苦。

蒙格用一個笑話來作結：一名牧師主持了一場僅有少數人出席的喪禮，於是他請大家用短短幾句讚美之詞，來悼念亡者。在一陣尷尬的沈默後，牧師問道：「有沒有人可以發表幾句讚美之詞呢？」

　　此時後方傳來一個聲音：「呃……至少他比他哥哥好吧。」

2004

地點：奎斯特中心（Qwest Center）

出席者：近兩萬人

年度摘要：

奎斯特中心為波克夏的子公司們，提供了一個廣達十九萬四千平方英尺的展覽空間。今年大幅擴張的波克夏商場裡，出現一幢一萬六千平方英尺的克萊頓公寓樣品屋。

財富世界五百大排名：第 80 名

波克夏股價：84,378 元

- 1964 年所投下的 1 美元，在今日約等值於 6,821 元。
- 波克夏的每股面值從 19.46 元上漲到 55,824 元（年複合成長率為 21.9%）。
- 同時期的標準普爾 500 指數的年複利率為 10.4%。

2004 年的投資備忘錄

1. 市場分析：對抗通膨之道

以下或許是該場股東會中，巴菲特最重要的發言——他認為美國的通貨膨脹正在加劇。而這也解釋了波克夏（的策略）為什麼從債券轉移到現金的原因。

針對如何對抗通貨膨脹的問題，巴菲特建議，第一條防線應該是提升自己的獲利能力。舉例來說，如果你是鎮上「最棒的」外科醫師或水管工，那麼你的薪資很有可能超越通貨膨脹的影響力。

至於第二道防線，巴菲特建議眾人轉而持有價格經得起通貨膨脹考驗、且僅需要低成本就能維持業務的公司。他以「時思糖果」為例指出，無論世界如何改變，時思都能保有自己的價值。

在通膨的環境下，那種需要大量資金以維持營運、且無法給予投資者實際回報的公司，是你最差的選擇。[1]「通膨絕非投資者的朋友。」蒙格指出，肯定會有很多人在扣除稅金和通膨後，僅剩下一點點的回報。蒙格也建議我們，應該免除「生活中許多不必要的支出」，作為另一條防線。對此，巴菲特驚呼道：「查理，別忘了我們還在現場的其他房間裡賣東西呢！在家裡說這些沒關係，但別在這裡說。」

1　這幾乎包括了所有科技公司。

蒙格答道：「我在家裡確實是這麼說的啊，但似乎沒什麼用。」[2]

2. 評論：誰才是「公正客觀」的董事？

在近期許多抨擊各公司董事長們行為懶散的怒火中，巴菲特也稍微受到了一些波及。最近，加州公務員退休基金（Calpers）對巴菲特身兼可口可樂董事會成員、是否會影響其公正性的事情，提出質疑。

作為反駁，巴菲特說沒有任何事情能抑制猜測。沒有所謂的「神奇清單」能告訴你：在哪些情況下，一名董事是絕對公正客觀的。

他指出，你可以從排隊領取救濟金的隊伍中挑出一名男子，付給他10萬美元的董事費，而且他絕對能通過所謂「公正客觀」的篩選條件。但是我們必須明白，這名男子的全部收入，都仰賴這筆董事費！然而，根據同一個標準，儘管波克夏握有可口可樂價值100億美元的股票，巴菲特卻依然被認為不夠「公正客觀」。關鍵是，在這兩個人之中，究竟是誰更關心公司的決策是否能讓股東獲得最大利益呢？

巴菲特引用數學與哲學家伯特蘭・羅素的話總結：「許多人情願死，也不願意思考。而許多人也真的一生如此。」

2　如同我祖母過去曾說的，「減少慾望就能讓你致富。」

3. 公司治理：良好的薪酬

巴菲特允許波克夏的管理者可以獲得很高的薪酬，但所有獎金都必須和其表現相關。他建議，為了擬定良好的薪酬協議，你必須理解營運的關鍵，並保持事情的簡單。

在另一番值得留意的題外話中，巴菲特和股東們分享：他知道中美能源的管理者（大衛・索科爾和克雷格・阿貝爾）非常優秀，但他該如何決定怎樣程度的薪酬協議，才是合理的呢？他花了三分鐘草擬一份提案，拿給華特・史考特（Walter Scott，波克夏的董事之一）看過後，接著和索科爾及阿貝爾面談，再進行小小的更動，然後就大功告成了。

巴菲特還指出，他們於1972年和時思糖果的管理者查克・哈金斯（Chuck Huggins）做出的協議，至今依舊使用著；同樣的，波克夏和水果牌服飾的經營者約翰・霍蘭德之間的協議，也不過短短幾段文字。而在蓋可公司，分紅是根據兩個變數而定。[3]

4. 公司治理：不好的薪酬

相反的，在過去十幾年間，美國企業的執行長薪酬出現異常的暴增。巴菲特指出，經營者的薪酬之所以失去控制，是因為「不均等的利益強度」。儘管董事會視此為籌碼，但CEO卻視此為自己養家糊口的來源。因此，CEO往往有尋找「個性較順從」的董事會成

3　根據過去幾年的年報，我們認為這兩個變數為投保人的增長（單位）和綜合比率（獲利能力）。

員的動機。

巴菲特開玩笑地說，「他們要的不是杜賓犬。他們要的是安安靜靜的吉娃娃。」在討論到CEO的薪酬時，薪酬顧問的話題也一同被提起。對此，蒙格淡淡地說道，「我情願讓毒蛇掛在我的脖子上，也不願意雇用薪酬顧問。」

5. 評論：那些行為不良的傢伙們

巴菲特和蒙格一如以往地，繼續批判著律師與侵權法改革的必要性，還有會計師和他們如何利用那些具欺騙性的會計手段跟精心設計的避稅手腳，來出賣美國。當然，也沒有放過共同基金醜聞與那些知情卻不報的人們。

與其在此處一一重述所有關於道德界線的論述，我們引用蒙格對於舊時代強盜貴族的描述來作結：「當他們說話時，他們往往在撒謊；當他們不說話時，他們往往在偷東西。」

6. 市場分析：一觸即發的市場

蒙格指出，在年底的時候，波克夏手中有310億美元的現金，因為他們沒有找到理想的投資標的。

巴菲特對於機會依舊充滿期待，因為「在證券市場中，價格有時候會出現神奇的改變」。他指出，在2002年秋季時，垃圾債券的到期收益率（YTM）暴跌到35％至40％左右。然而在短短的十八個月內，在這些債券中有些標的的殖利率卻僅剩6％，出現了令人

驚訝的轉變。

7. 市場分析：彼得堡悖論與公司估值

巴菲特表示，對於成長率有過高預期的傾向，已經讓投資者賠上不知道多少錢。「新經濟」泡沫正是因為此類行徑而發生的。[4]

為了進一步闡述，巴菲特推薦一篇三十年前由大衛・杜蘭德（David Durand）針對「彼得堡悖論」（St. Petersburg Paradox）所撰寫的文章。如同巴菲特經常說的，一個資產的內在價值，視其未來所能產生的「總現金流折現後的價值」而定。儘管如此，如果你預估成長率會高於折現率，那麼你就會得到無窮大的價值。

蒙格指出，在此情況下，我們顯然需要回到更實際的數字上。儘管許多分析師和公司都堅持更高的15％成長率預測，巴菲特卻發現在今年剛好製作五十週年回顧的「財富五百強」系列報導中，僅有很少數的公司在這段期間內，能達到超越10％的成長率。

8. 市場分析：再次警告──衍生性商品

去年，巴菲特警告衍生性金融商品或許會成為帶來大規模毀滅的金融武器。自此之後，這個武器的規模變得更龐大了。

他解釋道，儘管衍生性商品最初的目的是分散風險，但現在少數機構的運用方式，反而增強了它的風險。「由於衍生性商品的存

4　FPA資產管理公司的知名基金經理人鮑伯・羅德里奎茲（Bob Rodriguez）也曾表達過類似的觀點，並提及拋物曲線。

在，整個系統內的風險變得更高了！」他如此說到。

　　巴菲特以房地美公司為例，指出儘管有上百名的分析師、國會監督委員會、優秀的董事長、審計員等……來監督房地美的財務狀況，其收入依舊出現60億美元的錯誤，其中很大的部分都與衍生性商品有關。此外，這個數字也很有可能甚至會翻倍成120億。

　　巴菲特警告，衍生性商品的規模已經來到我們前所未見的龐大，然而許多企業的執行長對於此現象依舊不聞不問。他也坦言，自己對於通用再保險的衍生性商品並不甚理解，而波克夏現在正在處理這些爛攤子。[5]

　　巴菲特更提起了另一則自己和衍生性商品交手的故事，而這起事件與所羅門兄弟公司的政府債券交易醜聞案相關。擁有價值高達1兆2,000億美元衍生性商品的所羅門兄弟，差一點就要宣布破產。由於該公司在日本、英國、美國都有許多合約在身，因此如果真的要處理破產事宜，破產法官所面對的將是極為混亂的局面。

　　蒙格指出，許多時候人們會犯下的錯誤，就是沒有考量到結果可能造成的下場。[6]巴菲特則反思道，人們對於許多事情之間所存在的關聯性，並沒有做好心理準備。

　　「這整件事就像是瘋帽子的茶會，而會計師已經叛逃了。」蒙格說

5　波克夏此時已併購通用再保險公司六年了。

6　美國生態學家加勒特・哈丁（Garrett Hardin）在其著作《過濾愚蠢》（*Filters Against Folly*）中提出了「生態過濾器」的概念，亦即反問自己：「會帶來怎麼樣的後果？」

9. 人生習題：投資者的人格特質

在一段愉快的談話中，眾人討論起投資時應具有的人格特質。儘管巴菲特和蒙格皆肯定，聰明才智確實能為投資者帶來不少幫助，但他們認為更關鍵的，還是適當的人格特質。

巴菲特提到，我們必須花大量時間來研究公司，打造頭腦中的資料庫，以及對商業世界的理解。蒙格則認為，大量閱讀確實能增長一個人的智慧，但他同時發現，在熱愛大量閱讀的人之中，鮮少有人具備適宜的性格，這一點讓他感到困惑——很多人反而會因為大量的資訊，而被搞得暈頭轉向。

巴菲特強調，投資成功需要的不僅僅是無與倫比的智慧，還需要無與倫比的紀律——很少人能做到第二點。事實上，他若有所思的說：「我們從歷史中學到的教訓，就是人們往往無法記取歷史的教訓。」作為證明，他指出歷史上數一數二的聰明人牛頓，就曾浪費大量的時間研究如何點石成金，並在南海泡沫中輸掉鉅額的財產。[7]

10. 公司治理：數學與公司經營

蒙格大膽地說道：「就好像上帝是故意將這個世界，打造成只有『數學』能理解其箇中之道般。」他認為，如果一個人對公司的

7　編注：意指英國南海公司於1720年因舞弊而發生的股價崩潰事件，致使眾多投資人血本無歸，物理學家牛頓亦是其中之一。詳情請參閱《偉大的食婪：金融強權華爾街崛起的大歷史》一書，大牌出版。

數字一竅不通，那麼就跟個傻瓜沒兩樣。但是，經營公司並不需要高深的數學，有時候太精通高等數學，反而只會成為經營的絆腳石。

巴菲特笑著作結：「當我母親對我唱著複利的歌曲時，我們就別再深究歌詞了。」

11. 評論：價值百億的疏忽

巴菲特指出，對股東而言，沒能最大效度地將自己的好點子付諸實踐所造成的損失，遠比因為他個人疏忽而造成的損失還大。儘管財務報表中並不會列出「疏失」這樣的項目，但蒙格說，他們兩人依舊對此耿耿於懷。

巴菲特表示，沒能買下沃爾瑪的失敗，讓波克夏的股東們至今為止損失了100億美元。在他向查理提起了這個點子後，查理回答道，「這個點子還不是你想過最糟的一個。」根據查理本人的說法，巴菲特稱這個回答是一個「不夠虔誠的讚美」。

但在當時，他將沃爾瑪的目標價設定在23元。因此當價格開始上漲後，他就停止了購買它的計劃。

12. 投資心法：「自己」是最可怕的敵人

蒙格發現，綜觀古往今來的歷史，人們經常為了想要預知未來而陷入瘋狂。古時候的國王，會依賴可「解讀」羊內臟的預言師，來決定國家大事。而現在的人們就和那時候的國王一樣瘋狂，尋找那些假裝自己可以預知未來的人，給予華爾街鼓勵，讓他們賣出自

己的靈丹妙藥。

將表現不佳的中等共同基金，和大眾喜愛頻繁地挪動基金（配置）的習慣結合在一起，一般大眾透過「專家們」所進行的操作，往往會得到更差的表現。

巴菲特聲稱，他的潛在預設為：美國的公司都會表現得不錯。儘管有時候會出現一些負面因素導致憂心的投資者們急欲脫手，但回顧歷史上的任一時間點，「負面因素往往一直都在」，記住這點是非常重要的。儘管有戰爭、大蕭條、傳染病等事件的影響，道瓊指數在二十世紀中，還是一路從66點成長到1萬點。

他總結道：「美國不會扼殺投資者。只有投資者自己才會。」

13. 投資心法：思考預料之外的事

巴菲特提到，自己會花非常多的時間，去思考哪些事情可能會以預料之外的方式發生。他認為，同樣是發生率較低的事件，「近期剛發生過」的事件往往會讓人們過度高估它再次發生的機率；而久未發生的事件則會讓人輕忽它。他開玩笑道，「諾亞當時就遇到這個問題。」

舉例來說，假設某一年發生重大核災的機率為10％，那麼在接下來的五十年內，「不發生」重大核災的機率其實只有0.5％。如果能將這個機率提高到1％，將會是非常重大的進步。

14. 投資心法：面對海嘯的準備

巴菲特發現，金融災難發生的頻率比自然災難還高。因此，他建議在未來五十年裡，我們應該要磨練自己，如此即便發生了金融崩潰，我們還是能撐過去。這也是為什麼波克夏的人都不太相信槓桿。畢竟回顧過去，毀滅人們的往往就是槓桿。

對於2002年垃圾債券崩盤，導致眾多想要賺大錢的高IQ投資者被牽累的情況，巴菲特感到非常驚奇。華爾街向來不缺乏金錢和智商，然而證券的價格卻總是出現各種驚濤駭浪。然而，奧馬哈的公寓或麥當勞的分店卻不會遇上這些險事。

蒙格指出，衍生性合約的效果很類似於保證金帳戶（一種槓桿的形式）。如果交易對象的評鑑等級下降，你就必須提供更多抵押品；而為了滿足抵押條件，該交易對象就必須進行賣出以籌措資金，而此舉將會形成一種骨牌效應。

巴菲特警告，只要有那麼一天，你沒能達到保證金追繳（margin call）的要求，事情就垮了。他指出，在九一一事件發生之後，如果通用再保險缺乏籌措資金的能力，很有可能就會陷入立即的危機中。證券市場暴跌、資金縮水……種種情況都很有可能觸發追繳衍生性商品保證金的可能。[8]

關於金融災難，巴菲特做出以下的總結：不要被金融災難淘汰，且隨時做好「利用」這場災難的準備。這就是波克夏對自己的

8　在資金完全重新配置後，通用再保險已再次成為評鑑AAA等級的機構。

定位。他強調，「在大洪水之中，波克夏絕對會是撐到最後的那一個。」

15. 公司治理：最顯而易見的經營之道

當互利系列基金（Mutual Series）的大衛・溫特斯（David Winters）詢問到波克夏的保險核保原則後，本日最精彩的對話也隨之展開。就好像一整天都在等著學生們提出這個問題般，巴菲特教授迅速點開投影片，解釋了國家賠償保險公司過去營運的歷史。

在第一張投影片中，他展示了奉行以「核保利益」（而不是保費總量）為優先的國家賠償，在過去二十年內保險費總量的大幅擺盪。[9]

在這段期間內，波克夏從來沒有開除過員工。在保費總額降到低谷的時候，巴菲特情願忍受「高成本」，也不願意解僱員工，好讓他們理解公司絕對不會因為缺乏保費就捨棄他們——這些也反映在成本比例上：從最低的26％到最高的41％。值得注意的是：1980年的員工數量為三百七十二人，2003年則為三百五十八人。

將質量與原則擺在第一位的國家賠償，也因此能帶來（近乎）年年獲利的成果，而這也是其他公司望塵莫及的好成績。其中的關鍵在於，透過激勵辦法以激發員工的好表現。為了做到這一點，你必須徹底理解公司的運作。

9　作為筆記狂熱者，我記錄下了從低谷到高峰來回擺盪的保費總額，分別是1980年的8,000萬、1986年的3億6,600萬、1998年的5,500萬，和2003年的6億。

「其他人都不這麼做，儘管這是最顯而易見的道路。波克夏多數時候都是如此衡量的。」蒙格為此作了總結。

16. 人生習題：別低估生活習慣

被年輕人詢問到「該如何擁有高品質生活」的時候，巴菲特和蒙格分享了各種心得。巴菲特指出，多數人都低估了好習慣的重要性。蒙格補充道，「避開傻事」是非常重要的，像是跑去賽車、冒著得到AIDS的風險、嘗試古柯鹼或欠下債務等等。他也建議眾人，培養良好的品格和健全的心態，並懂得從經驗中吸取教訓。

在一段發人深省的談話中，巴菲特表示，自己每天都會收到身陷財務危機者的來信，而他經常會建議他們辦理破產，因為他們永遠彌補不來這個缺口。他提醒眾人，「花得比賺得還多」，是一件很難抗拒的誘惑。巴菲特同時還建議我們，多跟比自己傑出的人相處。蒙格補充道，「如果你的同儕對此有意見，那就別管他們。」

最終，巴菲特以一個故事作結：一名剛滿一百零三歲的女子被問道，「妳覺得活到這個歲數的好處是什麼呢？」她想了一會兒答道：「沒有同儕壓力。」

2005

地點：奎斯特中心

出席者：約一萬九千人

年度摘要：

我們的課程中多了一本教材：《窮查理的普通常識》（這是一本對蒙格心目中的英雄班傑明·富蘭克林的致敬之作）。該書精彩地整理了查理·蒙格多年來的投資智慧與遠見。柯瑞也非常興奮自己去年在威斯科金融公司股東會上向蒙格提出的問題，被收錄到該書之中。

財富世界五百大排名：第 12 名

波克夏股價：88,006 元

- 1964 年所投下的 1 美元，在今日約等值於 7,114 元。
- 波克夏的每股面值從 19.46 元上漲到 59,734 元（年複合成長率為 21.5%）。
- 同時期的標準普爾 500 指數的年複利率為 10.4%。

2005 年的投資備忘錄

1. 不要問的主題

在活動一開始，巴菲特就宣布他不會討論下列三個主題：去年的內布拉斯加橄欖球賽季[1]、波克夏正在購買的公司，還有他為美國國際集團（AIG）調查一事在監管機關前作證的內容，因為調查單位希望證人不要公開談論作證內容。

2. 投資心法：價格的力量

巴菲特指出，企業利潤佔 GDP 的比例非常高，但公司稅佔總稅收的比例卻非常低。因此我們可以預期，企業獲利將會出現某種程度的均值回歸現象。[2]

蒙格指出，知道哪些公司能通過成本導致通貨膨脹的考驗，是非常困難、卻非常重要的事；巴菲特則說，「如果你連提高 1 便士的價格都必須先參與禱告會，那麼這實在不是什麼好事業。」

巴菲特喜歡那些價格潛力尚未被開發的公司，時思糖果就是一個很好的例子。1972 年，時思每年可以用一磅 1.95 美元的價格，賣出一千六百萬磅的糖果，並獲得 2,500 萬的利潤；而時思還可以

1　還有，千萬不要問柯瑞這個問題。

2　FPA 的鮑伯‧羅德里奎茲和快船基金（Clipper Fund）的麥克‧桑德勒（Michael Sandler）也預測企業利潤會縮水，且可能對股市造成打壓的效果。

很輕易地將價格調漲10美分。現在,即便是報紙或啤酒公司,都已發現要調漲價格簡直難如登天。

巴菲特總結道,透過觀察價格的變化,我們可以學到許多關於公司營運耐久度的知識。

3. 市場分析:一觸即發的金融市場

巴菲特認為,從過去到現在,從來沒有這麼高比例的金錢,是投注在避險基金、貨幣市場、利差交易等地方——有數十億美元的資金猶如箭在弦上般。

此種「電子遊牧民族」(electronic herd,譯注:意指來自全球的流動資金)非常有可能會因為一些外源性事件(例如1998年長期資本管理公司的破產危機),而四處散逃。

儘管預測事件發生的時間點非常困難,預測「會發生哪些事」則相對簡單。金融世界與擁擠的戲院不同。在戲院裡,你大可以離開自己的座位,跑向逃生口;在金融世界裡,你必須找到其他人來接手你的位子——必須要有人處在交易的另一端。

蒙格總結說,事情的下場不會太好看。[3]

4. 市場分析:軟著陸或硬著陸?

巴菲特宣稱,如果美國當前的交易政策再不改變,將會面臨極

3　波克夏在今年第一季結束後,共握有660億美元的現金與債券,顯然已經做好成為「最後買家」的準備。

為嚴重的後果。他指出,在上一次選舉中,兩名候選人都沒有探討到此議題。[4]

對於那些預見經濟將「軟著陸」的經濟觀察者,巴菲特並不認同。在高達6,180億美元的貿易逆差下,美國該如何「輕柔地」調控這個數字?如果不調控,淨國際投資部位將會成長並加重。

為了支持自己的論點,巴菲特引用了一篇《華盛頓郵報》的社論。在該篇文章中,前聯準會主席保羅・沃克(Paul Volker)分享了自己對於上述這個龐大且可能相當棘手的失衡現象的理解。

對於消費信貸的使用與公共財政的運作,是如此缺乏「美德」的現象,蒙格感到相當反感。幸運的是,蒙格也指出,「偉大的文明承受得起各式各樣的暴行」。

他也進一步推測,此刻我們正處於這個偉大文明的頂峰。

5. 市場分析:過度消費與美元下跌

巴菲特表示,他不覺得未來美元有升值的空間。他用一個非常富裕的家庭來做比喻,該家庭擁有的莊園範圍實在太廣了,大到他們根本看不到邊界。他們呆坐在門廊外,等待農產品被載到面前。他們根本沒意識到自己消耗的數量比生產的數量多了6%。因此,在這個過程中,他們已經不知不覺地賣掉部分的家產。

同樣的,我們消費的產品比自己生產的多了6%,這也意味著

---

4 編注:2004年的美國總統大選,由共和黨的小布希對上民主黨的約翰・凱瑞(John Kerry)。

每一天，美國都會對外送出20億美元。或遲或緩，我們的孩子都將因為我們此刻的過度消費而不得不向外國投資者低頭。

儘管如此，蒙格提出了一個假設來挑戰巴菲特的警告：如果最終外國投資者持有10%的美國（假設），而美國的GDP成長也漸漸來到30%，那麼這還是一件壞事嗎？蒙格認為，偏好有社會主義傾向的歐洲貨幣更勝於美國貨幣，是一件非常奇怪的事。

巴菲特總結道，波克夏擁有價值210億美元的外匯合約。如果是由他來做主，他認為自己會提高這個數字；如果是由查理作主，這個數字就會歸零。

6. 市場分析：看好亞洲表現

巴菲特認為，全球競爭正在升溫，因為大家都留意到波克夏的「最佳實踐」法則，而這對眾人有好處。交易越多越好。全球擁有六十億的人口，我們可以期待未來二十年內，大家都會發展得不錯。

蒙格總結道，未來美國一定會越來越有錢，但也可能會失去在世界上的地位——他認為亞洲或許會表現得不錯。

7. 投資心法：該用黃金避險嗎？

儘管持有黃金能避開貨幣下跌造成的損失，但巴菲特認為，所有的實體資產其實都能發揮此一效果。

舉例來說，假設波克夏賣掉時思糖果，而這筆交易是以貝殼來計價，那麼波克夏就會獲得合理數量的貝殼；同理，我們還可以換

成可口可樂、原油或大片的土地。與此同時，黃金卻沒有太大的實用價值。每年約有三千至四千噸的黃金，從南非運到諾克斯堡，而整個過程中也不會產生什麼效果。

更有趣的是，蒙格指出如果觀察一下波克夏的平均機會，就會知道買進黃金是很傻的投資。巴菲特進一步將蒙格所言的數字量化：1940年，每一盎司的黃金為35美元。六十五年後，每一盎司的價值為400美元（這還不包括持有成本）。[5]

巴菲特總結道：「這不是會讓我感到興奮的投資。」

8. 評論：不動產泡沫

有無數的問題都繞著不動產打轉。[6]巴菲特回憶起二十五年前，發生在內布拉斯加和愛荷華州的農地泡沫。失控的通貨膨脹，讓現金如同廢紙般。而此觀點也加速了農地價格的飆漲。他指出，奧馬哈北邊的農地價格為一英畝2,000美元，而他當初在泡沫破掉之際，是以一英畝600美元的價格從美國聯邦保險存款公司（FDIC）手中買下。

蒙格認為，目前加州和華盛頓特區，與奧馬哈的房地產價格比達到了四比一，已經淪為泡沫化。

巴菲特則提到，他以350萬美元的價格，賣出自己位於加州拉古納海灘的家。他認為房子的部分值50萬，因此意味著那塊面積

5　僅3.8%的年複合成長率。
6　柯瑞和我視這個情況，是泡沫化的最佳證據。

為二十分之一英畝的地，價值是300萬。他認為無論是哪種用地，能賣到一英畝6,000萬實在是很驚人。這也讓蒙格想起他的朋友，以2,700萬的價格賣掉一間屋況還可以且帶有海景的房子。

巴菲特打趣道：「2,700萬？我情願盯著自己的浴缸！」

9. 投資心法：思考關聯性風險

巴菲特警告：當任何一件事發生問題時，每件事都會關聯在一起。因此，在管理災難損失時，我們必須設想到漣漪效應。

舉例來說，過去一百年內，加州發生了二十五次芮氏規模為6.0的地震。如果是在人口稠密的地區發生這樣的震級，將帶來不堪設想的後果。對波克夏而言，地震除了會衝擊到保險業務，還會連帶對時思糖果、蓋可、富國銀行等其他子公司產生影響。

巴菲特指出，美國有史以來最強烈的地震發生在密蘇里的新馬德里，該地過去曾發生三起規模超過8.0的地震。他發現，如果我們以一百年為單位來審視事情，就會發現許多令人驚異的事件。

蒙格則指出，他們甚至曾經思考過高達六十英尺的海嘯襲擊加州的可能性（過去從未發生過）。他懷疑有任何一間保險公司，能用比波克夏更嚴格的眼光來思考風險。

巴菲特補充道：「依我們這裡的思維，每天都像是世界末日。」而他的結論是，正因為波克夏處理事情的方式，讓他每天晚上都能安穩地入睡，無論外頭發生什麼大事。

10. 評論：核武恐怖主義

巴菲特分享了他自己的頭號擔憂，也就是核武恐怖攻擊。他推薦眾人閱讀一本書[7]，另外還提到了一個網站：LastBestChance.org，該網站可觀賞由「核威脅倡議組織」（Nuclear Threat Initiative）贊助所拍攝的免費電影。同樣的，他指出在上一次的大選中，鮮少有人提起這個議題。

就保險業而言，巴菲特表示，所有的業務都已經將NCBs（核子、化學和生化威脅）納入考量，並進行全面的政策改寫。

11. 評論：教育改革

除去NCBs，巴菲特認為美國當前最大的問題就是教育。他認為良好的學校體制就像是童貞般：只能保存，無法恢復。

作為一個平均所得為4萬美元的國家，他認為我們擁有豐沛的資源。眼前的挑戰包括：體制的複雜性、工會及富人的選擇性出走。有錢人都去了私立學校，窮人都去了「武裝校園」，這在某種程度上，造成了機會不均等的雙重體制。

12. 評論：輕鬆貸款與高房價

巴菲特發現，當前貸款的條約越來越寬鬆，而房價卻越來越高。他認為這個現象，完全違背應「謹慎貸款」的原則。

7　這本書為格雷厄姆・艾利森（Graham Allison）的《核子恐怖主義》（*Nuclear Terrorism*）。

蒙格也指出，輕易貸款的結果就是更多房子與更高的房價。最終，當商品市場達到飽和時，價格就會開始下跌。他總結道，這種龐氏效應對社會造成的影響非常嚴重，然而針對這個議題的相關研究卻屈指可數。[8]

13. 公司治理：現代企業的壓迫體制

我們在「波克夏大學」中學到的最寶貴事物之一，就是激勵能如何大幅影響世界上發生的事。

蒙格表示，他對現代企業最不喜歡的一點，就是總部下達收益應該要持續且穩定增長的指令，他認為這就像是「邪惡的化身」。

巴菲特認為，世界無法這樣運作，而這樣的指令也引發了許多不好的後果。狂妄的CEO們用精確的預測數字，哄騙投資者或自己（或兩者兼具）。而這樣的局面，又會反過來形成一種壓迫體制，讓人們基於心理與財務壓力，不得不從事某些自己並不喜歡的事。

他舉例說，如果他在奔上一架NetJet的飛機後，對著機師大喊：「我必須立刻趕到紐約！」那麼他一定是個大傻瓜。催促機師讓他不得不跳過某些安全程序的行為，絕對是最愚蠢的表現。然而，現在的公司卻利用薪酬體制，促使這樣的錯誤行為一而再、再而三地發生。

此外，許多公司的管理者被要求交出預算和每一季的預期。這

---

8 《窮查理的普通常識》一書對此有詳細的論述。

樣的要求導致管理者不得不將眼光放短，並對於單一季度的表現過於關注。不想讓老闆失望的管理者們，可能會因此而謊報數字。在波克夏，管理者不需要呈報預算。

巴菲特也指出，如果是長尾保險，那麼這個數字基本上是你想怎麼定都可以。波克夏450億美元的損失準備金，也可以輕易地調整為447億5,000萬——尤其當他想要多報個2億5,000萬的利潤時。

他認為，當前全球管理階層的傾向是低報準備金。

14. 公司治理：通用汽車的成本包袱

延續會計與責任義務的話題，巴菲特提到通用汽車的執行長理查‧瓦格納（Richard Wagoner）所承接下來的成本結構，是基於許久以前的人事合約而定，這也讓公司在今天失去了競爭力。

據說這些福利義務，大約等同於每輛車需抽出2,000美元來支應。由於此一不利的成本支出，通用在美國的市佔率也從50%下滑到今天的25%。就某種實際層面來看，通用汽車就像是被那些退休人員所擁有般——股東擁有價值140億美元的股票，退休人員卻擁有900億的退休福利義務。

真正的問題或許可以追溯到1960年代。當時的人事合約在制訂時，缺乏對會計後果的設想。因此，公司不需要根據權責發生制來計算應承擔的退休金義務。一直到1980年代後期，公司才開始需要累積醫療福利。因此，早期的管理者願意給予退休員工慷慨的年金和醫療福利，而這也成為當今世界上最大的汽車製造商所必須

承擔的龐大責任。

　　蒙格說，當你從四十二樓掉到二十樓，並發現自己沒事時，不代表你真的沒有大問題。他也表示，如果他是通用汽車的老闆，他必定會立即著手解決這個問題。

15. 評論：房利美、房地美與衍生性商品

　　粗劣的獎勵機制，也是引燃房利美與房地美公司危機的導火線。[9]巴菲特發現，自從他在1958年為了買下自己的房子，父母親讓他去拜訪在「西方儲貸協會」（Occidental Savings and Loan）工作的布朗先生之後，事情已經有了顯著的改變。現在，就地理位置而言，放貸者經常處在遙遠的一方。

　　以二十五個基點（BP）的標準去擔保貸款，貸款的發行者不太需要去擔心個別財產。巴菲特發現，房利美與房地美利用政府借款成本與貸款利率之間所造成的利差，進行了大量的套利交易。然而，假設某人可以在三十秒內立即償還（像是透過再融資等）借款，我們就不應該再和他進行為期三十年的貸款。

　　此外，巴菲特認為它們在會計方面的欺瞞性手腳，也相當令人震驚。有時甚至會出現高達數十億美元的錯誤。對巴菲特而言，整個情況最邪惡之處，在於房利美與房地美「希望增加收益」的貪婪，讓政府成為那1兆5,000億貸款身後的隱藏保證人。

9　編注：關於這兩家次級房貸企業如何掀起全球金融市場的驚天巨浪，可參考《偉大的貪婪：金融強權華爾街崛起的大歷史，1653-2016年》一書，大牌出版。

總而言之，政府給予這兩個試圖「創造」每年15％收益成長的實體兩張空白支票，因而催生出兩個史上規模最大的避險基金。當這兩個實體發現自己無法達到目標時，就決定在會計上面動手腳。

巴菲特認為，如果能給予房利美和房地美一段時間來減少手中的貸款投資組合，那麼當前的體制或許還能吸收掉這個問題。

蒙格則指出，許多問題源自於衍生性金融商品。他認為那些愚蠢且不誠實的會計師們，讓不恰當的會計方法遁入衍生性金融商品的世界，最終導致事態難以收拾。他也提出警告，在衍生性商品的會計方面，隱藏著許多錯誤，而苦果目前還未完全顯現。

巴菲特總結道，「我們離吉米‧史都華的『風雲人物』，還有很長的一段路要走。」[10]

16. 評論：管理者與佈局的重要性

巴菲特認為，我們可以經由過往的紀錄來找出好的管理者——我們很難站在高爾夫球場的發球區，僅憑選手揮竿的幅度，來預測誰是最棒的高爾夫選手。他也引用了不同的運動做比喻，指出最好的打擊者，就是擁有最佳打擊率的人。

巴菲特拿出一份舊的研究，指出優秀管理者之間最大的關聯，就在於年紀——管理者開始他們第一份事業的年紀。巴菲特深信「佈局」的重要性，遠比他三十年前所想得還要顯著。

---

10 編注：意指1946年由影星史都華（Jimmy Stewart）主演的聖誕節電影「風雲人物」（It's a Wonderful Life），敘述一名樂於幫助窮苦大眾的小鎮青年，對抗資本主義財閥的故事。

蒙格則補充，「才智和個性也佔了優秀管理者的一部分」。他提起自己很早的時候，就愛上商業，並且總是試圖在機率的遊戲中取勝。

巴菲特幽默地總結，「由於我父親不准我去賭博，因此我只好改做投資。」[11]

17. 投資心法：與眾人背道而馳

巴菲特再次建議，我們所能做的最好投資，就是投資在自己身上。至於將錢投到波克夏身上，則證明了他們是懂得把握機會的人。

蒙格指出，波克夏做的不是資產配置。他們只是朝著有機會的地方前進（無論是哪個領域）。而基本上，他們的舉動與現代投資理論「完全背道而馳」。

巴菲特提到，在2002年，他們擁有70億美元的垃圾債券，而如果債券的價格可以一直那麼低，他們甚至願意加碼到300億。

在談論到現代資產配置理論時，蒙格做了一個結論：「如果一件事情根本不值得你去做，那麼也不值得你去把它做好。」

18. 評論：如何處理國家未來的赤字？

巴菲特強調，美國的社會安全制度不是一種保險，而是一種「轉帳付款」。他表達了自己的信念，認為一個富裕的國家應該要照

---

11 顯然，蒙格和巴菲特都很懂得佈局。

顧幼者與長者，因此美國不該降低當前社會安全的水準。

他同時也認為，人們對於二十五年後可能出現的赤字感到如此驚恐，這是非常奇怪的事，畢竟當前的赤字就已經高達5,000億美元。目前，4%的GDP會進入社會安全系統，考慮到這麼多年後，這個比例可能會成長到5%或6%，這其實也不是什麼很可怕的事。

巴菲特提出三種補救國家赤字的辦法是：經濟狀況審查、拉高9萬美元的稅高限額門檻，或提高退休年紀。

蒙格承認自己是右翼共和黨黨員，但他認為共和黨一定是「瘋了」才會去碰這個議題。他認為處理未來支出的合理方式，可以從消費稅上面著手。他指出，社會安全制度是政府做過最棒的事。由於「詐死」實在太困難了，因此幾乎不會發生詐欺行為。這是一種對人們認真工作的獎勵，因而非常適合資本主義社會。

蒙格覺得美國的領導者正在浪費時間談論這些議題，「尤其在我們必須處理北韓與伊朗的問題之際。」

19. 評論：十年投報率預估

巴菲特指出，波克夏此刻握有的股票佔其資產淨值的比例，是自1969年之後的最低點。儘管與五年前相比，現在市場上的傻事已經沒那麼多了，但巴菲特認為，當前的股市正處於評估價值的階段，而他不是買家，也不是賣家。

就當前的水準來看，波克夏認為能透過股市獲得6%至7%的長期投報率，是相當合理的期待；在課稅方面，投資者目前獲得的

待遇可謂前所未見的好，但即便如此，如果人們預期獲得10％以上的投報率，是不切實際的念頭。

巴菲特提到，儘管歷史上曾出現幾次極端的估值，例如1969年、1974年和1999年，但多數時候，我們都是處在這些極端值之間。對於未來幾年，他依舊充滿希望，並期待波克夏能有機會做出「極其聰明」的投資。

20. 評論：美國會更富裕

在購買日常雜貨時，我們總是對減價活動非常歡迎。巴菲特說，波克夏也是如此。他們非常樂意見到暫時性的減價，這樣他們就能讓現金發揮作用。

儘管短期內的不平衡與許多一觸即發的緊繃狀態，巴菲特重申自己對於美國經濟的長期預測，依舊是大大的看好。在1790年，美國人口數為四百萬，中國人口數為兩億九千萬，歐洲則為一億。然而，在兩百一十五年後，美國的GDP佔全世界的30％──這絕對是最激勵人心的故事。

2006

地點：奎斯特中心

出席者：約兩萬四千人

年度摘要：

- 今年的會議長度達到現在普遍預期的五至六個小時。

- 根據柯瑞的筆記，1980 年的波克夏股東會共有十三個人出席，因此今年的出席人數也暗示了在過去二十六年內，出席者的年複合成長率為 34%。波克夏股東會的參與者人數，已經超越了當地大學的學生數量（內布拉斯加大學奧馬哈分校共有一萬五千名學生）。

財富世界五百大排名：第 13 名

波克夏股價：88,710 元

- 1964 年所投下的 1 美元，在今日約等值於 7,171 元。

- 波克夏的每股面值從 19.46 元上漲到 70,281 元（年複合成長率為 21.4%）。

- 同時期的標準普爾 500 指數的年複利率為 10.3%。

2006 年的投資備忘錄

1. 關鍵交易案：收購 ISCAR

在會議一開始，巴菲特和蒙格宣布波克夏以40億美元的價格，買下以色列工具製造商ISCAR共80%的股份。總是表現出冷靜的巴菲特和蒙格，對於這場交易卻展現異常的興奮之情。

其中一個關鍵，在於這是波克夏在美國境外進行的第一筆併購案，而這項交易能提升波克夏所賺進的外幣，且該公司的管理也非常理想。巴菲特尤其欣賞ISCAR的執行長埃坦・沃海默（Eitan Wertheimer），以及該公司如大家庭般的企業文化（這也反映在ISCAR並沒有被拍賣的事實之上）。[1]

巴菲特總結道，「我認為五年或十年後當我們回首此刻，會認為這是波克夏歷史上相當重要的一件大事。」

2. 投資心法：減少現金部位

在短期利率非常低的時期內，巴菲特依舊非常有耐心地坐在波克夏大量的現金堆之中。在去年的股東大會上，他提到了「D」（dividend，股息）這個字。今年，他改變了態度，認為在未來三年內，他們非常有可能會減少手中持有的現金。他也提到，波克夏手

---

[1] 我們發現此筆交易的附加利益或許是：未來，波克夏可以分配額外的資本，交予沃海默傑出的團隊來管理。

邊至少必須握有100億美元的準備金，以應付超級巨災的保單。

因此，當前握有400億現金的波克夏，在未來三年內，需要將300億的錢投資出去。不僅如此。波克夏每年都還會重新拿回100億的現金，因此這意味著在未來三年內，波克夏也要將這300億投資出去。[2]

3. 評論：投資的原罪——嫉妒

在所羅門兄弟公司的政府債券醜聞案中，巴菲特坐在該公司薪酬委員會的座位上，並目睹「投資銀行的瘋狂嫉妒心」。如果第一個人收到200萬的獎金、第二個人則收到210萬的獎金，那麼在接下來的一年內，第一個人都會為此悶悶不樂。

因此，他認為在投資銀行客身上最大的原罪，不是貪婪，而是嫉妒——在七宗罪（或稱七原罪）之中，「嫉妒」是最不好玩的一個，因為它只會讓我們陷入悲慘。

「暴食」至少還有些好處——巴菲特開玩笑說自己人生中的美好時光，多是與暴食有關。至於「色慾」……他笑說自己並沒有這方面的煩惱。他認為有趣的是，「嫉妒」是一個非常容易犯下、卻無法帶給我們任何快樂的罪。

蒙格說了一個具諷刺意味的花邊消息，指出美國證券交易委員

2　所以，巴菲特是在暗示未來三年內，波克夏非常有可能進行高達300億至600億美元的投資！這要怎麼辦到呢？我們找到三個最大可能：更多的國際收購、公共企業的收購，以及巴菲特慣用的技巧——在災難中用好價錢進行購買。

會現在要求CEO的薪資必須被公開出來，儘管此舉是希望利用透明度來抑制過於誇張的高薪，但卻產生了反效果——眼紅的CEO們紛紛利用這項公開資訊，作為要求加薪的根據。

4. 接班者計畫：個人化組織性遺產

年復一年，人們總會提出相同的問題：「如果巴菲特走了，那麼事情該怎麼辦？」

巴菲特指出，現在有三名明顯的後繼者，而會由誰繼任則需依賴董事會的決定。他說，沃爾瑪是「個人化組織性遺產」的最佳榜樣，該公司在創辦人將公司傳遞下去後，反而變得更加強大。[3]

在談到蒙格家族的繼承人時，查理則表示：「我們更情願從華倫身上榨乾最後一滴好處。」他狡黠地做出結論：「難道你以為華倫‧巴菲特會搞砸將信念傳遞下去的工作嗎？」

5. 公司治理：挖掘或訓練人才？

在談到好的管理者時，巴菲特和蒙格再一次解釋，自己是如何維持事物的單純。蒙格強調，波克夏做的不是訓練，而是「挖掘」管理人才；巴菲特則提到那封讓他決定收購ISCAR的信。他認為該公司CEO埃坦‧沃海默的人格特質與才華，非常吸引他。

蒙格總結道：「如果像珠穆朗瑪峰一般高的山站了起來，你不

3　與二十年前不同，如今巴菲特擁有大量優秀的管理人才，以及世界一流的董事會，因此我們毋需再為這個問題寢食難安。

需要是個天才，也能猜到這座山確實很高。」

6. 公司治理：理想的企業管理

在談到企業管理後，蒙格預測當前流行的政府規範無法發揮什麼效果；巴菲特認為，對執行董事會而言，真正需要思考的問題為：「管理者該以所有者（owner）的角度，來思考到何種程度？」巴菲特認為關於這點，他在董事會身上見過各種不同的作風。

根據他的觀點，董事會的任務包括：第一，找出對的CEO；第二，確保CEO不要出現踰矩的行為；第三，在收購時發揮客觀判斷的職責。

根據這幾項標準，近年來美國各企業董事會的表現，並不算太好。不過，波克夏卻擁有最頂尖的董事會。巴菲特驕傲的表示，在美國沒有任何一間公司的董事會，其透過公開市場所購買的公司淨值比例能超越波克夏[4]。

7. 投資心法：掌握自己能力範圍

在這場股東會上，我們最喜歡的其中一個蒙格主義，就是聽他解釋波克夏是怎麼處理一個點子的。

首先，他們會決定三個評估事物的類別：進、出、太困難（in/out/too hard）。知道「哪些事情超出自己的能力範圍」是非常重要

4　因此我們的口頭禪為：健康的所有權，能帶來健全的管理。

的，而我們應該做自己擅長的事。蒙格引用 IBM 的 CEO 托馬斯・華生（Tom Watson）的話說：「對於某些事物，我就是很擅長。」

巴菲特指出，如果你跑得很快，你就應該去參加一百公尺賽跑、奪得金牌，而不是參加擲鉛球比賽；蒙格也跟眾人分享，曾經有一名記者對他說，「你看上去沒有聰明到足以超越大家這麼多。」關鍵就在於掌握自己的能力範圍邊界。

8. 產業觀察：替代能源──乙醇

儘管「乙醇」已成為全國最熱門的話題，巴菲特和蒙格看上去仍興致缺缺。巴菲特指出，一般而言，他總是忽略那些熱門的東西。此外，在加上所有政府給予的補貼後，我們目前仍舊無法明確得知五年後，一間乙醇工廠的股本回報率是多少。參考過往歷史，農業加工這一行總是無法獲得太高的資本回報。

對巴菲特而言，關鍵問題在於：「你該如何取得顯著的競爭優勢？」就商品市場來看，「當生產者過多時，回報率就會變差。」而蒙格的態度更掃興，他懷疑在產製乙醇的過程中，其消耗的化石燃料（fossil fuel）比生產的還要多。

說話總是相當「圓滑」的蒙格於是說道：「在解決能源問題方面，乙醇絕對是一個蠢辦法。[5]

5　美國再生燃料協會（Renewable Fuels Association）的報告指出，全美共有一百零一間乙醇工廠，還有三十二間正在建設。根據估計，20%的玉米作物將投入到乙醇生產中。近期，還有三間乙醇製造商即將進行首次公開募股。

9. 評論：投機市場上的南瓜

巴菲特認為，任何曾經出現過大幅擺盪的資產類別，遲早都會成為投機的目標。而這正是當前的銅，與某些商品市場的現況。令人吃驚的是，巴菲特告訴眾人，他在不久前賣掉手中備受矚目的白銀持有部位，並獲得適當的利潤。

蒙格為這段討論貢獻了兩個見解。

由於巴菲特承認自己太早脫手賣出白銀，蒙格於是說道：「大肆宣傳自己的失敗、對於成功則閉口不談，是一個好習慣。」

而在考慮到未來市場上可能發生的投機，蒙格又說：「我們錯過了在史上最大的商品熱潮中，大撈一筆的好機會。在這方面，我想未來我們還是會繼續選擇性的錯過。」

巴菲特強調，投機市場就像是灰姑娘的舞會。當午夜十二點的鐘聲響起，所有的東西都會變回南瓜和老鼠。然而，每個人都貪心地想再喝一杯香檳、再跳一支舞，於是錯過了離開的時機。牆壁上可沒有掛著時鐘。

10. 產業觀察：移動式住宅的思考

幾年前，波克夏併購了克萊頓公寓，並因此成為移動式住宅（Manufactured Housing）[6]產業的龍頭之一。自此之後，波克夏在該產業內進行了幾次擴張行動。在今年的股東會上，他們向股東解釋

6　編注：意指一種在工廠內生產、組裝好，再運送至現場的房屋，也稱為 mobile house。

了這些行為的原因。

每平方英尺成本為45美元的移動式住宅，具有相當高的性價比。該產業去年總共生產了十三萬間移動式住宅，而這僅佔了總房屋建造數的6%；在獲利更好的年份裡，該產業製造的房屋佔總房屋建造數的20%。

在經歷數年的過度擴張後，過去五年裡，該產業被大肆賣空。在狂歡過後的頭痛時期，有許多「愚蠢」的融資行為需要處理，其後果也導致大量公司破產和資本市場的擠壓。巴菲特得意地笑道：「克萊頓實在太棒了，你很難找到第二個跟它一樣棒的公司。」

蒙格認為，基於邏輯性思考，移動式房屋的市佔率遲早會上升，即便可能要花上數年的時間。

巴菲特預測未來該產業的產出，或許可達到（甚至超出）二十萬間，而克萊頓也非常有機會成為美國最大的房屋製造商。

11. 產業觀察：隨意放貸後的投機泡沫

蒙格發現，五年前讓移動式住宅產業崩潰的原罪，在於「原地搭建房屋」（Stick-Built Housing）[7]產業又捲土重來了。巴菲特指出，隨意放貸的情況已經失去控制。他也提到某些被放貸者列為「應計收益利息卻未付」的特殊利息情況。

蒙格總結道，這又是一椿「由腐敗的會計手段所推波助瀾的愚

7　編注：意指全部、或大部分在原地直接搭建而成的木造建築。

蠢放貸」事件。巴菲特則打趣的說:「我們的審計帳單又要漲價了。」

巴菲特進一步指出,在某些靠海的市場中,那些曾經熱衷於網路泡沫的操盤手,現在都成為小套房的操盤手;現在,他深信投機的泡沫已經轉風向了,我們已經進入從頂峰開始下修的過程。

12. 產業觀察:可口可樂的高成本回報

在被問到可口可樂的情況時,巴菲特驚喜地表示,可口可樂每年賣出的產品數量已經達到兩百一十億罐,且數量還在逐年攀升。

1997年,可口可樂的股價為80美元,每股的低品質盈餘為1.5元。現在,股價為44元,配上2.17元的每股較高品質盈餘。

每一年,該公司在全球飲料消費的市佔率都持續成長,並因此獲得可觀的回報。可口可樂有形資產的獲利在稅前就已達到100%。如果可口可樂每年可以多賣出5%的單位,並且全球消費人口以2%的年增長率成長,那麼它勢必可以賣出更多清涼的飲料。而這就是自1886年以來的實際情況。

巴菲特總結道:「可口可樂一直是、且未來也會是非常棒的公司。我們至少還會擁有它十年。」

13. 產業觀察:颶風與保險的風險推算

對於如何看待風險與回報,巴菲特給予眾人一個完美的解釋。他指出波克夏是世界上最大的巨型災難承保者價格因此成長了許多,但是風險有成長更多嗎?哪一個數字更具意義——過去一百年

發生的颶風，還是過去兩年內發生的颶風？水溫已經改變了。沒有人能預知未來。

在這個時間點上，你和我或許會想要選「太困難」這個選項，但巴菲特和蒙格並不這樣想。巴菲特宣布了他的超大型賭注：「我們選擇『進』。如果過去兩年的數據佔上風，那我們就輸了。如果過去一百年的數據佔上風，我們將大賺一筆！」

巴菲特接著又進一步推算：卡崔納颶風造成了600億美元的保險損失，而波克夏的損失為34億。他推論說，美國很有可能發生比卡崔納嚴重四倍、或造成2,500億保險損失的事件。在該事件中，他估計波克夏承擔的風險佔4%，亦即100億。

基於這個原因，巴菲特希望波克夏能至少持有100億的現金。他認為，「我們能下的賭本比任何人都多，而我們也不打算收手。」

或許是感受到聽眾席間對於這些天文數字所表現出來的震驚，蒙格總結道：「當其他人都感到怯步時，我們為何不好好利用自己的資本優勢呢？」[8]

14. 產業觀察：媒體不再誘人了

長期以來，「媒體」一直是巴菲特喜愛的投資領域，而當前媒

8　進一步思考：波克夏擁有480億至490億的浮存金，亦即佔產物保險業的10%。然而，當卡崔納的損失被製作成表格時，我們可以看到波克夏在總額600億的損失中，僅負擔了約5.7%的金額，亦即34億。在巴菲特想像的超級巨災場景中，他估計波克夏需承擔的損失僅佔總損失的4%。但問題來了：巴菲特是如何做到偶爾「全梭」，但承擔的風險卻又可以低於業界其他人呢？實在是太精明了，不是嗎？

體世界出現越來越多的資源，還有許多甚至是免費的資源。與此同時，在人們尋求資訊與娛樂所耗費的時間上，卻沒有出現相對應的擴張現象。因此，隨著競爭越演越烈，媒體的利潤勢必會繼續下滑。和過去相比，報紙、電視與有線電視台的未來已經變得沒那麼誘人了。

15. 市場分析：再次警告——衍生性商品

巴菲特很早就開始警告眾人，大量使用衍生性金融商品可能帶來的隱藏危機。他表示，我們確實很難預測會發生哪些事，但某些奇怪的事確實發生了，像是1998年長期資本管理公司的潰敗。

在一段備受矚目的談話內容中，巴菲特指出1991年，所羅門兄弟公司也曾有那麼三十分鐘籠罩在破產的陰影之下。律師們已經著手草擬破產聲明。然而，當時的美國財政部長尼可拉斯・布雷迪（Nick Brady）了解波克夏的情況，也信任巴菲特。於是在最後一分鐘，財政部改變了自己的態度。

所羅門兄弟手中價值7億美元的衍生性金融商品，本來很有可能會引起一場大災難。當然，對今日而言，這筆數字就像是花生米般微不足道。巴菲特總結說，儘管有更好的抵押標準，但當前的衍生性商品實在過於龐大。

16. 市場分析：弱勢美元硬著陸的必然

對於那些預測經濟出現「軟著陸」的專家，巴菲特抱持相反的

看法。他對於自己預測美元走弱的立場,「前所未見的強硬」。有鑒於當前的政策,他認為美元繼續走弱的機率非常高。

巴菲特指出,葛林斯潘曾於2002年提到,經常帳赤字的情況,必須抑制。當時的赤字額為3,500億美元,而當前的赤字額已經翻倍。美國是全世界的淨債務國,債務總額高達3兆。

巴菲特若有所思地提起,「投資組合保險」(portfolio insurance)[9]如何在一天之內,讓股市跌盪22%(1987年的黑色星期一)。如同二十年前的投資組合保險,他預測在未來的跌幅中,貨幣市場可能扮演某種催化劑的角色。

巴菲特深信,我們最終的報應絕對會是痛苦的,當「大火」燒起來時,貨幣市場將在眾人撤退的過程中產生一定的影響。

17. 市場分析:美元走弱對通膨的影響

巴菲特認為,「消費者物價指數」(CPI)並不是衡量通貨膨脹的好基準。首先,「核心」通貨膨脹排除了食物與能源。「根本沒剩什麼核心!」巴菲特抗議地說道。其次,由於CPI將「租金」視作生活成本的因子,因此沒能反映出住房成本不斷升高的事實——簡而言之,CPI無法充分反映通貨膨脹。

蒙格則指出,通貨膨脹無所不在。身為好市多的董事會成員,

---

9 編注:其基本概念,是將投資組合所面臨的風險,控制於一定的程度內,以鎖定整個投資組合價格下跌的風險,另一方面又不致損失價格上漲的利益。但這在經濟學上是一個矛盾修辭,因為既要根絕風險,又要保護收益。

蒙格報告說，在好市多混合式的物流中，幾乎感受不到任何通貨膨脹。後進先出（LIFO）[10]的調整對於好市多或沃爾瑪來說，簡直是微不足道；然而，對於珠寶業、地毯和鋼鐵業來說，此類調整卻會造成重大的影響。

巴菲特指出，美元走弱的其中一個副作用，很可能就是引發強烈的通膨。對政府而言，降低債務的價值以減輕債務償還壓力，是非常誘人的選擇。

18. 投資心法：機會成本的思考

如往常一般，蒙格以無比精簡的言論，總結一個重要的概念：在衡量機會成本時，用你擁有的最佳選擇去比較其他選擇。將注意力集中在最棒的一、兩個點子上。他用一慣保守的態度說道：「這就是為什麼當代投資組合理論非常愚蠢。」

巴菲特表示，有些時候，最棒的機會就藏在災難之中，重點在於當其他人都無法動作時，你能夠立刻出手。例如1974年的股市崩盤、2002年的垃圾債券暴跌，以及幾年前有無數的韓國公司以其收益三倍的價格出售等。其中的關鍵，在於跟隨理性，而不是感性；專注在重要且自己熟知的事物上，而不是跟隨大眾流行。

「任何你在星期天接到的電話，都是會讓你賺錢的」，這些為數不多的電話，往往是來自那些背負著沈重賣壓的賣家，因此往往是

---

10 編注：意指一種會計上的存貨記帳方式。當發生銷貨、結轉銷貨成本時，採用的存貨成本順序，以較晚買入（即近期買入）的存貨成本先結轉。

你最好的機會。巴菲特總結道，「如果你能在低谷中買進，並謹記『善用市場而不是為市場所用』，那麼你就不可能錯過機會。」

此時，蒙格糾正了他的好夥伴：「但有些人還是會錯過。」

19. 評論：人類的最終挑戰

巴菲特將恐怖主義標示為「人類的最終挑戰」，並指出這也是最嚴重的問題。在全球高達六十億的人口中，總有那麼一小部分的人，老是想著該如何傷害他人。而科技讓這些失常的少數，帶來了前所未見的災難。一千年前，這些人或許只能扔扔石頭、亂射弓箭，現在他們卻可以使用核子、生化或化學武器。

蒙格表示，未來六十年「不發生」任何核子事件的機率，近乎為零；巴菲特則沈重地指出，我們唯一能做到的，就是確保領導者的清醒，以最小化可能的威脅。

20. 評論：波克夏股東的態度

巴菲特拉出了一個表格，內容展示了波克夏股票的年週轉率，而他也想藉此表達某些論點：波克夏的股票週轉率為14%，埃克森美孚為76%，奇異為48%，沃爾瑪為79%。

巴菲特表示，與所有大公司相比，波克夏的股票週轉率是最低的，而這全有賴波克夏股東們所展現的擁有者態度。

2007

地點：奎斯特中心

出席者：兩萬七千人

年度摘要：

由於今年丹尼爾在股東會當天出席其他機構的學習活動（參加兒子在愛荷華州立大學的畢業典禮），因此今年的筆記是由柯瑞所貢獻。

財富世界五百大排名：第 12 名

波克夏股價：110,089 元

- 1964 年所投下的 1 美元，在今日約等值於 8,900 元。
- 波克夏的每股面值從 19.46 元上漲到 78,008 元（年複合成長率為 21.1%）。
- 同時期的標準普爾 500 指數的年複利率為 10.4%。

2007 年的投資備忘錄

1. 公司治理：亮眼的第一季

巴菲特宣布，波克夏第一季的表現相當不錯（淨收益達 26 億美元、A 股每股達 1,682 美元）。

他指出，由於延遲效應的影響，保險收益會出現下滑。在經歷一段沒有重大災難的完美時期後，保險已經計入了巨額的利潤。然而，市場競爭導致保險費率下降，因此保險獲利也會因此下滑。

巴菲特警告，當颶風來襲時，波克夏會出現損失，因此我們應該視去年的獲利為未來損失的抵消項目。此外他認為，多數非保險產業的子公司表現都不錯，唯一的例外或許是與住宅營建相關的產業，例如因房市不景氣而大受打擊的地毯製造商 Shaw 和艾克美磚瓦。他猜測這樣的不景氣，可能還會持續好一段時間。

總體而言，巴菲特相信他的管理者們會繼續維持良好的表現。「比起其他公司，我們擁有最過人的管理者和股東。」他驕傲的說

2. 接班者計畫：七百件申請書

巴菲特在股東會上宣布，自己正在尋找一位投資管理者來接續自己的任務，而此番言論也引起了軒然大波。

他表示，自己希望能找到一位不僅懂得從已發生的事件中學習，對於未發生的事情也能設想周全的人——尤其是在風險方面。

他也分享截至目前為止,他們一共收到七百多件申請,其中還包括一封為自己四歲兒子所撰寫的推薦信。

巴菲特回憶起1969年,當他決定終止巴菲特合夥事業有限公司(Buffett Partnership)時,也經歷了相似的過程,替當時的公司投資者尋找轉移全部資金的良好投資項目。

這一次,他選擇的投資項目是查理‧蒙格、桑迪‧戈特斯曼(Sandy Gottesman)和比爾‧魯安(Bill Ruane)。其中,查理沒有興趣尋找其他夥伴;桑迪採取獨立帳戶,且幫客戶管理得不錯;比爾則成立了獨立的共同基金(Sequoia Fund,紅杉基金),表現也非常不錯。

3. 投資心法:大腦加上謹慎

在稍後的股東會中,有人詢問巴菲特關於管理期貨基金的事情。巴菲特指出,機會並不是存在於投資結構裡,「是大腦創造了機會場域。」此外,在整場會議中,巴菲特數次提到有些非常聰明的人,卻賠了大筆金錢。問題在於,任何東西乘以零,答案都是零。無論過去每一年的紀錄有多麼地完美,只要任一年出現零,遊戲就結束了。

巴菲特說,他和查理看過太多人在一百次選擇中,做了九十九次睿智的決定,卻在那唯一的一次裡,輸掉或近乎賠上一切。[1]

---

1   最近期的例子為貝爾斯登(Bear Stearns)高級結構化信用基金。如同我們在市場動態中所提到的,該基金吹噓它連續獲利達三十個月,但最近卻因為過大的槓桿操作加上流動性差的不動產債券,而面臨巨大損失。

4. 市場分析：衍生性商品與混亂的交易

巴菲特認為，衍生性金融商品在整個體制中引進了看不見的槓桿，並讓一切關於保證金的法律規範形同虛設。「我們或許無法預期何時最危險、何時會精確的結束，但我們認為衍生性商品的情況只會越演越烈，直到某些非常不愉快的事件終於因其而爆發。」

作為強迫售出（forced sales）下可能會發生何種情況的例子，巴菲特回顧了1987年10月19日的事件：在這惡名昭彰的黑色星期一，道瓊指數單日下滑了23%。

該事件的起因之一，在於「投資組合保險」的操作理論，而這個理論就像是一場笑話。它的具體內容，是執行自動化的停損下單（stop/loss orders），此一概念在當時被炒得沸沸揚揚。人們用大筆金錢雇用他人來教自己該如何執行這個策略。當大量機構都採用此方法時，整個體制就陷入了一個「用瓦斯去滅火」的荒謬處境裡。人們創造出一部不斷賣出、再賣出的末日機器。

同樣的事情也很可能發生在今日，因為我們將數十億美元的資金（總計來看，金額更高達上兆），交給依賴同一個刺激來決定方向的操作者們。這是一場擁擠的交易，但眾人卻尚未察覺，且也未受法規管制。大家都因循同一個原因進行賣出。總有一天，市場會出現極端的混亂。

何時、何事會引爆這場混亂？無人知曉。當初又有誰知道槍殺一名大公，居然會引發第一次世界大戰呢？

蒙格認為，大量有缺陷的會計手法也會加重這場危機。如果這

筆「不存在的獲利」能讓你分得大量的獎金，那麼你一定會繼續做下去。這件事之所以很難阻止，是因為大多數的會計師沒有意識到他們的行為有多麼地愚昧。

蒙格談到，曾經有人對他說，現在的會計方式比較好，是因為持有部位能按市值計算，「難道你不想要獲得即時資訊嗎？」蒙格回覆他，如果我們可以按市值計算來呈報獲利，此舉將引發非常可怕的行為。對方回答：「你只是不懂會計。」

巴菲特提到，當他在結算通用再保險公司的衍生性金融商品時，一份由前管理者和審計員「按市值計算」的投資組合，讓波克夏賠了4億美元。「真希望我可以將投資組合賣給那位審計員。」他開玩笑的說。

蒙格總結道，「毫無疑問的，這一定會引發很多問題。這件事或許還可以繼續下去，但遲早會迎來巨大的結局。」

5. 市場分析：看不見的風險——電子游牧民族

另一個提高擁擠交易風險的元素，就是巴菲特口中，「電子游牧民族」的崛起。

巴菲特觀察到，透過一個按鈕就能輕易完成交易的債券比例，不斷地提高。這件事並沒有什麼邪惡之處。但這是一場新的遊戲，且有其結果。如果你希望在每日的交易中打敗其他對手，那麼你按下按鈕的速度就必須越快越好。

巴菲特分享當他和蒙格在所羅門時，他們談論到五或六標準差

（sigma）的事件[2]，但是當我們談論的對象是真實市場或人類行為時，這套策略也無用武之地。看看1998年和2002年發生的事。當人們每天都試圖想打敗市場時，同樣的事遲早會再次上演。

6. 市場分析：信用緊縮的危機

巴菲特觀察到，過去我們經歷過幾次大規模的信用緊縮。一次發生在2002年垃圾債券危機期間，一次發生在1974年的股市上。

巴菲特不認為聯準會踩下煞車，會導致信貸緊縮。他認為較有可能發生的是體制外的事件，回過頭衝擊到整個體制。而該事件可能會導致信用利差（credit spread）大幅擴張和股票貶值。這對握有現金、伺機而動的波克夏來說，將會是一件好事。

巴菲特回想起過去每當信用緊縮時，就沒有什麼現金流通了。他提起三十或四十年前，他曾經企圖買下一間位於芝加哥的銀行，而當時唯一願意借錢給波克夏的人在科威特，而且只願意給他們第納爾幣（dinar）——這才是所謂的信用緊縮！

他也引用喬納森・艾爾特爾（Jonathan Alter）的著作《決定性時刻》（*The Defining Moment*），展示目前的美國有多麼靠近臨界點，而小羅斯福總統當年是如何快速地通過法案。在此情況下，這或許是一件好事，因為如果銀行被迫關門了，人們就只能使用臨時通貨。

儘管巴菲特不覺得聯準會準備收緊信用，但他也指出，1998

2　編注：標準差為一種表示分散程度的統計觀念，經常被用以評估投資的風險程度。

年當長期資本管理公司破產時，癱瘓了全球市場。即便是最安全的工具，也能引起人們的驚懼。

他總結道：「歷史不會重演，但會有相似之處。我們現在就處在相似的情境。」

7. 投資心法：美元下滑的對策

巴菲特認為，除非當前政策出現重大轉折，否則和其他主流貨幣相比，美元只會隨著時間慢慢下滑。

當利差交易讓直接持有外幣的成本飄高時（波克夏曾一度持有超過200億美元的外匯合約），巴菲特將重心轉向購買可以賺進大筆外幣的公司。

波克夏確實透過其投資組合來持有外國企業，在它2007年的年報中，也列出了中國石油（Petro China）、浦項鋼鐵（POSCO）和特易購（Tesco）等公司的持股。

此外，波克夏也擁有許多具備全球業務的美國公司。巴菲特表示，無論可口可樂是美國公司還是荷蘭公司，他都會選擇買下。他承認，波克夏在國外的名聲並不響亮，但自從ISCAR的CEO埃坦·沃海默加入了波克夏的行列後，事情出現了改變。沃海默正在努力，讓波克夏的名聲能散播到美國海外。

巴菲特要股東們放心，全世界都在他的雷達螢幕上，而波克夏也期許自己未來能登上全世界的雷達範圍內。

巴菲特認為，波克夏擁有非常傑出的公司集團，足以面對眼前

的世界。儘管我們無法得知哪些產業會成為未來的超級贏家，但多數公司應該都能經得起時代的考驗。巴菲特說，在他購買公司時，他並沒有去思考世界當前的趨勢，而是思考該公司是否具備海外競爭力、勞力密集，以及可運輸的商品。

他指出，油價從每桶30美元，漲到60美元，而歐元兌美元的價格從0.83美元來到1.35美元。因此，對歐洲人而言，油價僅上漲了25％，但對美國人而言，卻是上漲了100％。

他總結道，我們很容易受自己的貨幣所侷限。他甚至開玩笑說，「等到明年當大家知道波克夏此刻擁有的『唯一貨幣』是什麼時，一定會很驚訝。」

8. 評論：對次貸危機的批判

對於次級房貸的崩潰，我們非常關切。然而，巴菲特不認為當前的現象將成為「經濟的巨大絆腳石」。

巴菲特認為，如果失業率和利率並沒有飆升，那麼這個單一因素就不會對整體經濟造成重大影響。儘管如此，這並不意味著他認為眼下發生的事情，沒什麼不對。

他指出，放貸方提高放貸比例，讓人們在一開始只需要支付一小筆金額，然後坐等未來對方會支付更多，這是非常愚蠢的放貸方法。現在只付得出20％至30％金額的人，未來不一定有能力能償還110％的款項。人們的賭注押在「房價會一直上漲」的預期上。但現在房價停擺，導致整個產業哀鴻遍野，尤其是沿海地帶。

蒙格插話說，「會計師才是整起事件最邪惡與最愚蠢的源頭。他們讓放貸者預先計入獲利，而這是任何一個心智正常之人，絕對不會允許他們這麼做的行為。如果會計師不能做好自己的工作，就會有各式各樣的蠢事發生。」

巴菲特總結道，「或許還需要幾年的時間，不動產才能恢復景氣。那些期待房價能翻轉的人們，遲早會等到翻轉，只不過或許不是以他們期待的方式來到。」

9. 公司治理：錯誤的 CEO 與薪酬

儘管確實出現幾樁管理階層薪水高到令人咋舌的事件，但巴菲特認為，最大的問題在於錯誤的管理者，而不是錯誤的薪酬體制。

維持一間大公司的運作非常不容易，因此最糟的問題，就是聘用不適任的管理者。如同他在前幾年所指出的，造成薪酬失控的最主要原因是嫉妒，而不是貪婪。在聽到其他人拿到210萬之前，那些拿到200萬的人其實一直是心滿意足的。

另外，薪酬顧問知道，自己未來工作的著落需憑現在僱用他們的 CEO 推薦信而定，因此他們對於合適的 CEO 薪酬金額該是多少，根本不在乎。如果董事會不能擺出強硬的態度，那麼就沒有人會為股東的權益挺身而出。

巴菲特總結道，基於這些情況，這是一場不公平的戰鬥。

10. 公司治理：建立無與倫比的董事會

根據巴菲特的看法，董事會最重要的任務，就是挑選適任的
CEO。而第二重要的任務，則是防止CEO的越界行為，這在併購
行為中特別常見。在提出一樁交易之前，CEO經常會偷動手腳。
所有人的注意力都放在「能獲得多少價值」上面，鮮少有人會認真
地考慮我們究竟付出了多少代價。

巴菲特以自己為例，提起自己曾以波克夏2％的股份，去換取
德克斯特（Dexter）鞋業的事。他認為這是一個非常愚蠢的舉動，
尤其在考慮到今日波克夏的股票有多少價值的時候。

巴菲特替波克夏籌組了一個無與倫比的董事會，並鼓勵董事們
以擁有者的態度來處理事情。他指出，波克夏的每一位董事，都持
有很多波克夏的股票。因此，他們的立場就跟股東們一模一樣。他
們沒有董事及高階管理者的責任保險，且他們的股票都是透過公開
市場買進的——這才是真正的業主董事會。[3]

11. 市場分析：保守看後市——增加股票部位

巴菲特於1999年發表在《財富》雜誌上的文章非常正確，表示
在經歷了1980至1990年代，這中間長達十七年高於平均水平的投
報率後，未來的市場投報率勢必會較為保守。

他和股東們分享，如果那篇文章是今年才寫的，他會預期股票

---

3 給監管機關的注意事項：這是一個值得檢驗的企業管理模式。

的表現高於國庫券的4.75％——這並不意味著他對股票的期望很高，只是他認為股票勢必高於債券而已。即便他真的擁有債券，也肯定百分之百是短期債券。[4]

顯然巴菲特也照著自己的說法，改變了波克夏的投資組合——在過去十五個月裡，股票佔的比例從41％，一路上升直直超越51％。蒙格總結道，「1999年的時候，華倫認為持有股票的獲利不會太好，而他說對了。因此我認為這一次，華倫的保守預期也會是對的。」

12. 市場分析：美國企業的美好時光

美國企業正以破紀錄的毛利率創下破紀錄的獲利。對此，巴菲特表示他非常驚訝。在過去七十五年間，企業獲利佔GDP的比例僅有兩、三年是比較高的。根據歷史，當企業獲利佔GDP的比例高達8％左右時，通常會引起一些反應，像是更高額的稅等。

巴菲特指出，透過一個企業債券收益率僅為4％至5％的有形淨值市場，來獲得高達20％的企業利潤，是非常驚人的。他猜測國會應該會透過某些行為來改變這個情況。同時他也認為，美國企業正處於一個美好的時光下，但歷史告訴我們：美夢無法永遠持續下去。

蒙格的看法是，消費信貸的急速擴張也發揮了影響，銀行和投

4　FPA的鮑伯・羅德里奎茲也表示了同樣的看法，他認為「債券市場沒什麼價值」。

資銀行因此獲得大量的利益。許多同樣擁有極端消費信貸擴張情況的國家,例如南韓,都為此嚐到了苦果。因此,他認為現在或許不是全力出擊的好時刻。

巴菲特補充道,韓國的泡沫化將股價推至他未曾見過的低價。

13. 市場分析:私募股權的泡沫

與其他泡沫不一樣,巴菲特認為私募股權的泡沫並不會在近期破滅,但有可能在未來幾年內漸漸縮小。

由於投資人的錢被鎖定五至十年,因此他們不會、且無法因為恐慌而抽身。較有可能的情況是慢慢地消退,尤其是當高收益債券和安全債券的差異拉大時。[5]

另一個推波助瀾的因素,是假設你擁有一檔200億美元的基金,而每年的手續費是2%,這就意味著你一年要繳4億元的費用。但直到你將第一筆基金全部投資出去前,都不能再募第二檔基金,你勢必會急著將所有的錢投資出去,這樣你才能開始募集第二檔。

巴菲特承認,波克夏無法跟這些買家競爭,而且或許還需要一段日子,這些泡泡才會破滅。蒙格總結說,即便在我們徹底厭惡這件事情之後,事情還是需要一段時間才會消散。

巴菲特打趣道:「我們最樂觀的指標發言了。」

5　此刻正在發生。

14. 產業觀察：報業的長線黯淡

對於新聞報業的長期命運，巴菲特找到一套非常好的思想，並解釋給股東聽：假設現在印刷術的發明者約翰尼斯・古騰堡（Johannes Gutenberg）是一名當沖交易員或避險基金管理者，而印刷術也因此從未被發明過。受此影響，網際網路和有線電視也都沒有出現。現在，請想像某個人的腦海中，突然浮現想要將一棵樹砍倒的念頭，甚至還想購買昂貴的印刷設備並組織一支卡車車隊，只為了讓人們可以看到「昨天發生」的事情。

這種事根本不可能發生！一切都是因為「報紙」誕生了，所以才有其後發生的一連串演變。

然而，我們無法扭轉報業衰退的趨勢。巴菲特指出，與尖峰時期的獲利相比，《水牛城新聞報》的收益下滑了40％。同樣的，數位化的普及也正在扼殺「世界百科全書」，導致它的單位銷量從三十萬下滑到兩萬兩千。

15. 評論：賭博的代價 —— 無知稅

巴菲特指出，人們就是愛賭博。隨著越來越多州開放合法賭博，賭博對人們來說也變得越來越容易。

他對台下的觀眾說，他在家裡放了一台吃角子老虎機，而他也用這台機器，替孩子們好好地上了一課。他說平常孩子們可以跟他要任何金額的零用錢，因為到了晚上，他總能收回所有錢。他開玩笑地說到，他這台吃角子老虎機的獲利率簡直高的嚇人。

巴菲特宣稱在某種程度上，賭博就像是一種「無知稅」。當你開放賭博，其結果就是導致一些最沒有經濟條件的人，被課徵了大筆稅金，而不賭博者的稅負則獲得減輕。

他認為，政府沒有為人民服務卻反過來掠奪人民的財富，就社會角度而言，這是非常令人反感的。政府不應該讓人們能輕易地將自己的社會安全金浪費在拉桿上；此外，賭博還會衍生出許多負面的社會現象。

16. 投資心法：收購公司的原理

巴菲特喜愛好公司。而他所謂的好公司，就是那些能在長時間內獲得高資本報酬率，且管理者能正當回報股東的公司。

理想上，巴菲特會以40美分的價格來收購價值1美元的企業，但如果是真的非常出色的公司，他也願意付將近1美元的價格。

蒙格插嘴表示，「安全邊際」意味著獲得比自己付出更多的價值。這牽涉到高中課程中所教的代數。然而，並沒有任何一個簡單的數學公式能告訴我們：內在價值和安全邊際。你必須運用許多模型去估算，因此往往需要耗費許多時間才能熟練此道。要想成為一位出色的投資家，其耗費的時間並不會比成為一位出色的骨癌專家來得短。

他也說道，他沒有一套系統能估算正確的公司價值，事實上，絕大多數的公司都會被歸類到「太困難」的選項下，而他只是篩選出幾個比較簡單的。

巴菲特將這些過程拆解成一個例子：假設你想買一塊農地，而你預期成為農場主人後，每一畝地可以為你賺進70美元。那麼你願意付多少錢來買這塊地？你或許會決定，自己想獲得7%的回報率，因此每一畝地你可以出價1,000美元。

　　假設這塊地以800美元的價格出售，你會願意買；但如果售價為1,200美元，你會拒絕買。你的決定並不會因為電視播放了什麼、或朋友說了什麼，就受到影響。你會自己查資訊、做功課。

　　股票也是一樣。巴菲特強調，產生現金和再投資的能力是非常重要的。他指出，正是因為波克夏所具備的現金生產能力，才塑造了如今波克夏的價值。此外，理解公司的競爭優勢、營運狀況並著眼於未來，也非常關鍵。

　　如果你想要花90萬或130萬美元來加盟麥當勞，那麼你就必須好好思考「人們會不會一直想要吃漢堡」、「麥當勞會不會更改其加盟合約」等問題。

　　在過去幾年裡，巴菲特教導我們對於自己所買的公司，必須至少了解其營運關鍵的一、兩個要素。今年，他提起自己當初買下有效座位里程成本為12美分的全美航空（USAir）時，其市場地位非常穩固。然而，當西南航空（Southwest）以8美分的成本進軍市場時，麻煩就來了。

　　巴菲特也指出，在評估原油和瓦斯的管理效益時，他認為關鍵變項應該是「找出成本」。

　　最後，巴菲特再一次強調我們應做自己有把握之事。他表示，

自己的成功有很大一部分是基於自己明白該如何辨識、並跨過小小的障礙，同時懂得辨識並避開那些「無法順利跨過去」的障礙。

17. 人生習題：成為學習機器

蒙格經常誇獎巴菲特那永無止盡的好學精神，並稱他是「學習機器」。巴菲特承認，自己確實總是忍不住去讀放在眼前的任何東西，他同時建議眾人，作為一位好的投資者，應盡可能地閱讀所有資訊。

以他個人為例，他說在自己十歲的時候，就已經讀完奧馬哈公立圖書館中所有關於投資的書，有些還讀了兩遍！將你的腦袋裝滿各種點子，然後看看哪些對你而言較具意義。

接著，你必須付諸實踐，先用一點點的錢親自操作看看。他開玩笑道，紙上談兵就像是光看愛情小說，而不實際去做點什麼。

蒙格和眾人分享波克夏的董事，同時也是規模龐大的投資公司「第一曼哈頓」（First Manhattan）的經營者桑迪・戈特斯曼（Sandy Gottesman），他總會詢問面試者：「你擁有什麼？而你為什麼會擁有這個？」如果你對自己擁有的東西不夠關心，他就會叫你去做些別的。

巴菲特指出，他和查理透過各式各樣的管道賺進許多錢，而有些方法是他們四十年前根本想不到的。我們需要的不是一張畫好的地圖，而是一座思想的倉庫，以及藉由各種市場、各種證券所累積出來的經驗。

玩家較少的地方，就有好機會。「清償信託公司」（RTC）[6]就是一個很好的例子，它證明當玩家較少時，我們更有機會賺進大筆獲利。在RTC這場遊戲裡，賣家（政府）擁有價值好幾千億美元的房地產，但卻缺乏現金，因此賣家希望快點完成交易，而許多買家偏偏沒錢而無法入場。[7]

十九歲的時候，巴菲特讀到《智慧型股票投資人》一書。而現年七十六歲的他，仍舊和我們分享了這本書，並指出直到今日，他依舊用著十九歲那年從書中學到的思維程序來思考問題。

在一個有趣的時間點上，巴菲特再次提到為了避免輸掉太多錢，我們應該擬定一些程序。他認為自己最棒的點子其實也沒有超越其他人多少，只不過他輸在爛點子上面的錢，並不像別人那麼多而已。

18. 投資心法：如何計算投資風險？

在現代投資組合理論中，用來衡量波動性的貝他係數（Beta）在某種程度上，也被視為衡量風險的辦法。貝他值越高，風險越高。至少，理論是這樣教我們的。

巴菲特對此則持不同意見，他認為波動性「不能」用於衡量風險。具有數學性的貝他係數是很不賴，但這麼做是錯的。

6　編注：該公司於1989年8月成立，為美國政府專責處理不良金融資產的機構。

7　我們其中一個最愛的公司萊卡迪亞控股公司（Leucadia National Corp），就在RTC的過程中獲利許多。

舉例來說，十幾年前，內布拉斯加的農地價格從每一英畝2,000美元，跌到僅剩600元。根據該理論的看法，農地的貝他值大幅提高，因此如果你以每英畝600元的價格去買農地（如同巴菲特所做的），將要承擔極高的風險，況且這個風險遠比每一英畝2,000元的價格還高。

這樣的解釋自然是毫無道理。然而，股票就是這樣交易的，而數學公式就像是電腦般，用於推導出價格起伏的模式。

巴菲特總結道，「對於那些以任教為職的人來說，這些關於波動性的概念非常有用，但對我們而言幾乎一無是處。」他認為，真正的風險應該是源自於商業的某些特定性質，像是商業運作的簡單經濟學，或知不知道自己到底在做什麼。如果你是一個懂經濟學、也明白公司營運原理的人，那麼你其實不會冒什麼風險。

舉例來說，巴菲特指出他願意在單一災難中損失60億美元，因為波克夏的保險業務就長期來看，風險其實不高。只要給予一定的時間量，概率就能發揮作用；同樣的，如果你擁有一個美式俄羅斯輪盤，有時候你可能要賠三十五倍的賭注，但這也無所謂——他很願意做美式俄羅斯輪盤的莊家。

蒙格提出自己的見解：「在教學的理論中，至少有50％是廢話，但這些人可是有著超高的IQ。我們很早就體悟到一件事，非常聰明的人會做出非常蠢的事，而我們必須知道為什麼、以及是哪些人，這樣我們就可以避開他們。」

19. 評論：不明智的替代能源 —— 乙醇

待人處事總是處處圓滑的蒙格，評價了關於「乙醇」的議題。他說道：「我認為依賴玉米作為汽車燃料的點子，是我聽過最愚蠢的點子。面臨巨大壓力的政府，有時候會做出瘋狂的事，而這或許是堪稱最瘋狂的其中一個。提高食物的價格，好讓我們的汽車可以在路上跑？在製作乙醇的過程中，我們還是會製造出一樣多的碳氫化合物，且在其成本方面甚至沒有考量到表土的永久性損失。我打從心底熱愛內布拉斯加，但這麼做真的不是明智之舉。」[8]

20. 評論：分送 300 億的財富

巴菲特和眾人簡短地分享了他如何將自己的 300 億美元（該金額持續增長），贈與給比爾與美琳達・蓋茲基金會（Bill and Melinda Gates Foundation），以及其他由他的孩子所經營的基金會。

巴菲特表示，他總覺得自己能以高於一般人平均速度許多的方式去累積財富，因此將一大筆錢送給別人，其實是非常不智的行為。而他也曾經以為只有妻子才會把錢送走，但現在情況不同了。

「找出有才華的人，並讓他們從事自己擅長之事」，一直是巴菲特長久以來的行為準則。他表示，當他和蘇珊有了第一個孩子時，他們找了一名婦產科醫生——巴菲特可沒有打算親力親為；當他牙痛時，他也沒有找查理幫忙。

8　蒙格並非唯一一個質疑乙醇計劃的人。2007 年 7 月 15 日的《德梅因紀事報》（*Des Moines Register*）在其頭條報導中，亦爭論了政府補助乙醇案的未來。

同樣的，當他決定把錢「理智的」送出去時，他找上了比爾和美琳達‧蓋茲，因為他們非常聰明、精力充沛且充滿熱情。他希望能將錢送給那些在許多事情方面，都會採取和他一樣行為、抱持同樣想法的人。

巴菲特還補充，就他目前所感受到的情況而言，他其實沒有什麼損失。他的生活沒有任何改變。他依然吃得好，睡得飽，因此他並沒有損失任何事物。那些放棄去迪士尼樂園玩並把門票錢捐出去的人，才是真正有所犧牲的人。

21. 人生習題：更多來自查理的智慧

我們經常向朋友及客戶推薦喬治‧克萊森（George Clason）所著的《巴比倫最富有的人》（*The Richest Man in Babylon*）一書。因此，在聽到查理提起這本書時，我們感到非常興奮。

蒙格表示，自己在非常年輕的時候就讀過這本書，而這本書教導他開銷不能超過收入，並將錢投資在能改變生活的事物上。你瞧瞧，他確實這麼做了，而這些原則的效果卓越。而且他突發奇想，覺得自己應該也要累積心智上的財富，因此，他決定自己應該要用一天中最精華的時段，來提升自己的智慧，餘下的時間才用來處理俗世的事務。

「這聽上去或許有些自私，但成效很棒。」他也說道，如果你能變得很可靠且一直保持這樣的狀態，那麼要毀掉一件「你所希望的事」，是不太可能發生的。

2008

地點：奎斯特中心

出席者：三萬一千人

年度摘要：

- 奎斯特中心在波克夏舉辦股東大會的那個週末裡，成為一個兼具會議與玩樂功能的地方。現場有鄉村西部歌手、公牛、快艇、古董車和來自克萊頓公寓的移動式住宅。
- 波克夏的二十五間子公司，從 Justin Boots（靴子）到水果牌服飾、蓋可保險等，都會在展場內販售自己的產品。
- 活動期間，內布拉斯加家具商城創下銷售額紀錄：750 萬美元。

財富世界五百大排名：第 11 名

波克夏股價：141,685 元

- 1964 年所投下的 1 美元，在今日約等值於 14,454 元。
- 波克夏的每股面值從 19.46 元上漲到 70,530 元（年複合成長率為 20.3%）。
- 同時期的標準普爾 500 指數的年複利率為 10.3%。

2008 年的投資備忘錄

1. 投資心法：避免盲目投資

在被問到該如何不要成為盲目的投資者時，巴菲特建議眾人閱讀他長久以來一直推崇的書——班傑明・葛拉漢的《智慧型股票投資人》（尤其是第八章和第二十章），這本書改變了他的一生。

你必須時刻謹記在心：當我們買進一張股票時，也意味著我們買下一間公司的部分所有權。

在祖父的雜貨店工作一陣子之後，巴菲特學到辛勤工作的重要性。然而，他的祖父對於股市抱持著非常負面的態度。在這一點上面，巴菲特跟祖父開始分道揚鑣。[1]

如果讓巴菲特去商學院教書，他的課程內容一定會簡單到令所有人大吃一驚。第一課：如何評估一間公司；第二課：該如何看待市場波動——如何善用市場，而不是被市場所用。就這麼簡單。但商學院裡的教授們卻用各式各樣的公式來填充教學內容。

如同進行《聖經》研究的神職人員們，如果群眾都乖乖地聽從十誡，那他們就沒什麼事情可做了，因此那些教授們也必須另外教點「什麼東西」，好讓學生對他們肅然起敬。

關於股市，巴菲特指出，市場反映的是成千上萬間公司的情

---

[1] 對所有的波克夏股東來說，真是好險。

況。因此，股市短期內會起伏到何處，不應該被看得太重要。即便股市現在宣布閉關數年，他對於手中的持股還是相當有信心。

舉例來說，如果你買下一塊農地，那麼你所在意的應該是農地長期的生產力對上（農地）購買價格。你絕對不會因為短期農作物價格的波動，就緊張兮兮地賣掉農地。

對此，蒙格表示：「我沒有什麼要補充的。」

巴菲特回應：「這句話他練習了好幾個月。」

2. 評論：未來不錯，但沒有驚喜

巴菲特表示，如果他的股票投資組合能獲得10％的總報酬率，他就會非常高興。他（無數次）預測道，「波克夏未來獲得的投報數字與過去相比，將相距甚遠。」

有鑒於波克夏的公司規模，只有那些至少擁有500億美元市場資本的公司才能帶來實質的影響。他總結道：「我們會獲得不錯的結果，而不是令人驚喜的結果。」

蒙格補充道：「對於較低的投報率我們依舊開心地接受，希望你們也是如此。」[2]

2　請注意：波克夏的現金／債券／股票比，正穩定地增長（請見本書附錄II）。此外，波克夏在市中相當活躍，累積了卡夫食品（Kraft Foods）8.6％的股權，並繼續增加伯靈頓北方鐵路（BNSF）、富國銀行、美國合眾銀行、嬌生公司和車美仕（Carmax）的持股。

3. 公司治理：求才偷吃步

巴菲特說，在找出好的管理者方面，他們作了點弊——他總是直接找上那些將手邊的公司管理得有聲有色的人。如果給他看一百名剛畢業的MBA學生，他覺得自己根本無法判斷這些人未來在管理方面的表現孰優孰劣。

他總是單純地找出長達數十年的優異表現之人。然後試著用各種方法，來維持這些人對工作的熱忱。他會試著分辨這些管理者比較喜歡錢？還是喜歡公司？如果答案是公司，那麼他們就很適合波克夏。

簡而言之，巴菲特尋找人才的是打擊率四成，而且是一個能維持此優良成績多年的打擊者。他開玩笑地說，B夫人（內布拉斯加家具商城的創辦者蘿絲・布魯金，Rose Blumkin）離開工作崗位時的年紀為103歲，並於隔年過世。他希望他手下的經理人能效法這樣的精神。

4. 公司治理：信譽與道德倫理

巴菲特表示，對於波克夏整體管理者們這麼多年來的表現，他感到非常驕傲。為了維持公開透明，巴菲特每兩年就會寄一封信給管理者們，詢問他們「繼任者該是誰」的問題，並提醒他們絕對不能讓公司失去任何一分的信譽。[3]

3　我們回想起巴菲特曾經因為所羅門兄弟公司的醜聞案，在國會聽證會上針對員工道德倫理所發表的著名演說：「如果輸掉公司的錢，我還能理解。但如果輸掉公司的聲譽，我絕對不會寬赦。」

他建議我們可以秉持「新聞報紙」的標準：假設自己的一舉一動都會被刊登在當地的報紙頭版一樣。波克夏並沒有所謂的「預算」或「收益目標」，因此消除了許多大型公司可能必須承受的邪惡壓力根源。[4]

5. 市場分析：轉進非美元貨幣

幾年前，巴菲特就提出警告，隨著美國貿易逆差不斷擴大，美元將承受風險。有鑒於美國的經濟政策並沒有出現顯著的改變，巴菲特對美元依舊抱持著看衰的態度。

也因為如此，巴菲特很樂意見到公司賺進非美元的貨幣。而透過持有股票（可口可樂80％的收益來自海外）和購買海外公司的行為，波克夏達成了此一目標。目前巴菲特也積極地從事後者。

很快的，巴菲特即將前往歐洲，對當地那些家族企業宣揚將公司「賣給波克夏」的好處。特別是ISCAR，更打開了巴菲特對海外可能性的認識。去年，ISCAR在中國新建了一座工廠，而該公司的CEO埃坦·沃海默將陪伴巴菲特進行這趟歐洲巡迴之旅。

順道一提，ISCAR目前已經超越巴菲特的超高預期。他指出，無論是就財務表現或個人關係上，這都是一件「夢幻併購案」。巴菲特希望有越來越多的家族經營者在企圖將公司貨幣化的時候，能想到波克夏海瑟威。這也是近期普立茲克（PRitzkers）和馬蒙集團

4　在過去幾年的波克夏股東會上，蒙格曾指出「獲利管理」是一件非常邪惡的事，因為這樣會迫使管理者做出非理性行為。

（Marmon Group）的狀況；這也是幾年前沃海默和ISCAR的情況。

蒙格也指出，德國擁有格外進步的文化，尤其是在發明與機械方面。舉例來說，以印刷產業為例，德國製造的設備品質是最優良的，且令人驚嘆。

巴菲特回想起，自己是如何錯過了德斯特鞋廠的美好時光。二十年前，美國每年會製造十億雙鞋子。他開玩笑道，大量產出鞋子的文化，讓美國成為伊美黛・馬可仕（Imelda Marcos）[5]的國度。現在，儘管我們依舊很愛買鞋，美國卻不做鞋子了。如今所有鞋子都在海外生產，尤其集中在中國。

巴菲特指出，現在較為開放的中國，正在展現出他們的潛力。有才華的人一直都存在，只是過去他們長期受到壓抑而已。

6. 評論：進退失序的市政債券

在每年一度對現代投資組合理論（宣稱市場總是有效）的批判中，巴菲特提起2008年年初市政債券發生失序的情況。[6]

偶爾，巴菲特在股東會上會準備一些道具，而今年的道具就是一套市政債券的投標單。他指出，每個禮拜都會有約莫價值3,300億美元的拍賣型利率債券（Auction Rate Securities, ARS）。你瞧──擁有短期利率的長期基金。只要能運作良好，一切都很棒。但是當

5　編注：菲律賓政治家與第一夫人，作風奢華，因坐擁兩千七百雙鞋而為人詬病。
6　編注：2008年開春，由於全球經濟危機一觸即發，許多投資銀行基於流動性的困境而並未參與ARS的投標，導致ARS市場差點崩潰。

信貸市場於二月緊縮後，ARS市場也陷入同樣的處境。混亂隨之發生。

巴菲特指出，洛杉磯郡立美術館（Los Angeles County Museum）的債券在一月時的利率為4％，二月中卻突然躍升到10％。現在，債券利率又回到了4％。

他還指出在恐慌期間，由同一個發行者所發行的不同債券，其利率也同時從6％跳到11％，「有效市場真的是非常有效率」。對巴菲特而言，這是一個非常短暫但顯而易見的好機會，波克夏在這段期間內共買進了40億美元的市政債券。

蒙格也指出，機會總是稍縱即逝。避險基金可能會因為保證金追加而不得不進行拋售。如果腦袋不能快速運轉並給出即時反應，「你什麼好處也撈不到」。就像用魚叉射魚，你必須等待很長的時間，直到機會來臨時，反應得又快又狠。

7. 年度事件：進入市政債券保險市場

在一系列的重大事件中，有鑒於房貸危機對許多其他大型買家造成的影響，波克夏近期轉而進入市政債券保險產業。

巴菲特提供了近況更新，表示阿吉特・嘉安（Ajit Jain，時任波克夏保險業務部門）在去年底，開啟了波克夏市政債券保險這塊領域。

他驕傲地宣佈，在短短幾個月內，波克夏就已經收到高達4億美元的保費，遠超過其他所有市政債券保險公司的加總！在「波克

夏海瑟威市政債券保險公司」（Berkshire Hathaway Assurance）僅僅只有三十個人的辦公室裡，就進行了278筆交易（多數為二級市場交易）。由波克夏承保的債券都以高於面值的價格，交易到其他債券保險業者手中。

巴菲特表示，該項保費意味著當主要保險者付不出賠償時，波克夏才需要支付的保險覆蓋範圍。且在原本的保險成本佔1%時，波克夏的獲利甚至能超過2%。

蒙格和眾人說道，曾經有人問他波克夏做過最划算的投資為何，他的回答是：「讓阿吉特·嘉安來到我們公司的那筆人力仲介費。」

8. 接班者計畫：名單確定

巴菲特宣布，波克夏董事會的手中已經握有幾個可能的潛在繼任者名單，並且在每一次的董事會會議上討論繼任計畫。

蒙格指出，波克夏依舊擁有一個心境年輕的華倫·巴菲特。

巴菲特則挖苦地回應，經常用於形容波克夏高層的「老年化管理」一詞，指的可是所有的管理者。除此之外，有鑒於他和查理的平均年齡為八十歲，他們每年老化的速度其實只有1.25%。與此同時，五十歲的管理者卻以2%的速度在老化，因此後者的風險其實更高。

蒙格也提到，巴菲特希望人們在他葬禮上說：「哇，這是我見過最老的屍體了。」

9. 投資心法：集中投資的重要性

巴菲特和蒙格完全贊同一位專業的投資者，應該在自己最棒的投資點子上大幅加碼。他認為就投資而言，「集中」是一件好事，並指出他曾經無數次將自己75％不屬於波克夏的資產淨值，投資到單一項目上。在面對一個極佳的機會卻沒有拿出自己50％的資產淨值來投資，將會是非常可惜的事。

唯一會犯下的天大錯誤，則是拿出500％的資產淨值——長期資本管理公司就是因為財務槓桿超過25倍，才會在事情出錯時走投無路。[7]

蒙格嘆息道，菁英學校總是教學生：投資的祕訣就在於多樣化。他認為他們讓事情退步了。去多樣化，才是關鍵。

10. 評論：原油產量與替代能源

根據巴菲特的看法，真正的危險不在於有時候媒體所報導的「原油產量不夠」，而是每日的原油產量漸趨平穩，且開始下滑。

現在，全世界每天都會生產八千七百萬桶原油（幾乎是最高峰），但隨著需求也攀爬到最高峰，導致剩餘供給（surplus capacity）來到了最低點。如果我們處在產出的最高點（事實上看起來也正是如此），那麼世界就必須進行調整。

蒙格認為，盡可能地用光我們有限的碳氫化合物供給，是非常

7　幾乎每一週，我們都會讀到槓桿超過十倍、二十倍甚至更高的避險基金崩潰。

愚蠢的行為。他的看法是，我們必須使用太陽能源——沒有別的替代方案。

11. 評論：最新批判——乙醇

　　蒙格再次用他慣常、開朗陽光般的態度說道：「使用玉米作為汽車燃料，是我聽過關於未來世界的最愚蠢想像。這實在是太驚人的愚蠢了。這個點子可能很快就要劃下句點。」

12. 評論：投銀的愚行——貝爾斯登事件

　　蒙格認為，安隆公司全然愚蠢且不誠實的行為，讓全國感到震驚，而這也衍生出了「沙賓法案」（Sarbanes-Oxley）[8]，儘管其成效就像是拿玩具槍射大象一樣。而當前的災難，讓安隆案看上去就像是在開下午茶會般。未來我們還會有更多法律規範，儘管這些法案無法完美地應用在所有人身上。

　　巴菲特認為，聯準會為貝爾斯登公司（Bear Stearns）提供紓困，是很正確的行為。[9]貝爾很有可能會倒閉，留下前所未見、價值約莫14兆5,000億美元的衍生性合約與上萬名交易對象待解決的爛攤子，而且幾天之內還會連帶導致一、兩間大型投資銀行跟著倒閉。這間公司想都沒想到會有這麼一天，「全世界都不願意借錢給他

8　編注：該法案於2002年7月由小布希簽署通過，針對會計、證券、公司治理等方面訂定相關的監管辦法。

9　編注：貝爾斯登原為美國第五大投資銀行，2008年受到次貸風暴影響導致巨額虧損，當時聯準會決議以300億美元作為信貸支持，鼓勵摩根大通收購該公司，這才化解危機。

們」。

　　巴菲特認為，投資銀行和大型商業銀行的規模，已經大到無法管理好自己正在進行的事。多數時候事情都能正常運作，因此你根本不會感受到風險。再假設你是一名六十二歲的CEO，你不會太擔心長期的部分。我們需要的是一位天生就懂得避開風險的CEO，以及遏止想藉由「模仿他人」來賺錢的員工之能力。

13. 評論：糟透的 OFHEO

　　在談到規範複雜的金融業有多麼困難時，巴菲特點名了「聯邦住宅企業監督局」（OFHEO），它負責監管兩個極其重要的實體：房利美和房地美。在前幾年，這兩個機構共佔貸款總額的40％，現在甚至高達70％左右。

　　擁有兩百名員工的OFHEO，其存在的目的就是為了監管這「兩房」。然而，就在這兩百名員工的眼皮底下，還是發生了兩樁史上最大宗、涉及成千上百億美元的會計虛報案。他們太過分了。

　　巴菲特總結道，如果我們將「太大無法管」結合一個視他們為「太大不能倒」的政府，就會得到一個非常有意思的後果。

　　蒙格則說得更直接，他稱政府一定是瘋了才會讓銀行變得如此龐大、並任其倒閉，這簡直是貪婪與不知節制文化之下的產物；對於演算法過度自信，也是其中一個原因。他認為，放任衍生性金融商品交易到這般程度，是非常瘋狂的行徑，對於僅有少數人出面阻止這件事，他也感到相當遺憾。

14. 評論：貪婪企業的會計詞彙——GURF

蒙格指出，衍生性金融商品的計算有太多都不是實質獲利。為此，他發明了一個新的會計詞彙「GURF」（Good Until Reached For，最後才知一場空）。許多投資銀行的資產在準備將其賣出的時候，就突然間「消失了」。根本沒有人要出價。他認為，是會計辜負了我們，而會計應該要更像堅固的工程一般。[10]

巴菲特回想起，在所羅門兄弟醜聞案最黑暗的時候，他們的交易員甚至會和馬克‧李奇（Marc Rich）做生意——因債券詐欺案而逃離美國的通緝犯！然而，交易員拒絕聽從禁止與此人交易的命令，只因為他們能從中獲利。巴菲特不得不發布特殊命令來杜絕此事。這就是貪婪企業文化下會發生的事情。

蒙格沈痛地說道：「美國企業內部深處有太多事情，是我們不想知道的。」

15. 投資心法：別將風險外包

巴菲特指出，考量風險是非常重要的，這包括思考那些「未曾發生過」的事。每間投資銀行都擁有自己的模型，每週還會舉辦風險委員會議，然而，他們還是什麼都不知道。

他認為，「首席風險管理者這個職位，就是擺出一名讓你在做蠢事時，也能心安理得的員工。」

---

10 GURF 讓我們想起了鮑伯‧羅德里奎茲的「給誰」（to whom）債券。當時機來臨的時候，你可以將債券賣「給誰」？

在波克夏，巴菲特就是首席風險管理者，他們花最多時間在做的事，就是思考有哪些事情可能會突如其來地襲擊公司。

蒙格說，人人都看得出來波克夏是非常閃避風險的。它們所選擇的道路往往能夠讓所有人安心——在風險四周圍繞著雙重的防護網。

（談到當前因次貸危機所引發的金融海嘯）儘管一開始危機爆發在貸款區塊，但麻煩接著蔓延至其他區塊。事實上，巴菲特表示自己不記得曾經在別的事件反應中，見過這樣慌慌張張、且自曝其短的情形。蠢事已經做了，現在我們只能付出代價。他也預期，或遲或緩，我們又會看到危機以別的形式再次捲土重來。想要暴富的心態、大量槓桿，加上對各種天方夜譚的深信不疑，遲早會讓我們見證到另一場泡沫。

蒙格認為，這是一場尤其愚蠢的混亂。他詢問眾人是否還記得那間以網路為主要通路的生鮮電商公司 Webvan？他當時認為這是一個很蠢的點子（請見本書第 125 頁），但他現在則認為，即便是那個點子，也比當前在貸款產業掀起一陣混亂的點子強。

巴菲特表示，自己確實可以加大波克夏的槓桿，但那又如何呢？何苦冒著將公司置於死地的風險，並讓這些額外的獲利蒙上不光彩的影子？你不能將風險外包。巴菲特情願接受較低的獲利，只求無論在何種情況下，晚上都能睡得安穩。[11]

---

11 好玩的是，這可是過去四十多年來創下超高平均複合成長率的人，所抱持的信念。

16. 評論：「公允價值會計」的大麻煩

巴菲特承認，資產價值的會計計算是一件非常不簡單的事，然而，他依舊更青睞「公允價值」（fair value）會計而不是成本會計。但是，當市場的價格開始失去理智時，公允價值就可能會遇上麻煩。

他提起「債務擔保證券」（collateralized debt obligations, CDO）──也就是成千上萬種不同貸款債務的集合。這是一個極其複雜的產品，如果你想要了解其中所有的貸款與系列（tranch），可能要閱讀一份一萬五千頁的文件。

就好像嫌CDO還不夠複雜般，還有「雙重抵押債務擔保證券」（CDOs squared，也稱CDO2）──它是一種可能結合了五十種CDO的證券。如果一份CDO的解說需要一萬五千頁的篇幅，那麼你或許需要閱讀七十五萬頁的文件，才能理解什麼是雙重抵押債務擔保證券。

當我們開始買著由「部分其他債務工具」所組成的證券時，大家已經開始迷失自己。這太瘋狂了。強迫人們將東西推到市場上標價（即透過「公允價值」），用10美分的價格而不是100美分的成本來標示這些CDOs，也不過是讓管理階層稍為誠實一點點而已。

蒙格同時也對艾倫・葛林斯潘開砲，他認為葛林斯潘過分採用艾因・蘭德（Ayn Rand）主義──認為如果事情如果是發生在自由市場上的話，就不會有太大的問題。蒙格對此表達強烈的反對，指出有些事情應該被禁止，「如果我們能禁止『這是一項能降低風險的金融創新』這句話，我們就能避免許多麻煩事。」他強調。

17. 市場分析：CDS 市場的風險

在被詢問到擁有全國60兆市場的CDS（credit default swaps，信用違約交換）[12] 後，巴菲特表示，自己認為CDS市場陷入混亂的風險並不高。

所謂的CDS，就像是一種防止公司破產的保險。儘管企業的違約率會持續上升，但多數的CDS市場仍就像是一場零和博弈（zero-sun game）——某些人的損失將成為其他人的收穫。

相反的，當次級房貸開始崩潰時，我們損失的是真實的財富。隨著聯準會的介入並出手拯救貝爾斯登，巴菲特認為此刻CDS市場出現災難的機率極低。

蒙格也表示同意。我們有可能遇上CDS大災難嗎？有可能。但是此處的愚蠢並不像那些窮光蛋被掃地出門、且隨意亂放貸的貸款市場般。他認為，真正奇怪的地方在於，CDS的持有者有一個相當違背常理的動機：只有當企業倒閉時他們才能賺到錢。因此或許有可能會有人企圖操控公司倒閉，以獲得利益。

蒙格強調，立法者居然會放任這種情況，這簡直是瘋了。就法律而言，我們不能替不認識的人購買人壽保險，因為該行為可能會引發道德危機（如果別人死了，你就發財了）。他總結道，CDS市場就是一堆主流企業主和立法機關的瘋子們所創造出來的產物。

巴菲特為此宣布：「查理，一分。看不見的手，零分。」

---

12 編注：一種保險衍伸工具，如同一紙保險合約，任何有信用違約風險的證券或約定，例如貸款、債券等，皆可作為CDS的連結標的。

18. 公司治理：保持簡單

蒙格表示，與其他大型企業相比，波克夏的「盡職調查」(due diligence)[13]費用較低。然而他們遇到的困難卻比其他大企業更少。

在波克夏，人人的思維都像是工程師，總是尋找著最大的安全邊際。如果你需要一名會計師來為你解釋一樁交易，那麼你應該自己成為那名會計師，並讓對方來經營公司。

巴菲特指出，「簡單」就是一個極大的優勢。瑪氏食品（Mars）之所以選擇波克夏[14]，是因為他們明白這樣就不需要找律師。瑪氏的人知道，在波克夏，交易就是交易，過程一目瞭然。

19. 投資心法：獨鍾品牌食品企業

長期以來，波克夏一直熱衷於投資品牌食品企業，而最近更加碼買進卡夫（Kraft）食品超過8％的股份。

巴菲特認為，大型食品公司是非常優秀的企業。他們能透過有形資產賺得漂亮的收益。優秀的品牌例如時思堂果、可口可樂、瑪氏、箭牌等，皆經得起市場的競爭。

現在，可口可樂每一天能在全世界賣出十五億瓶飲料。自1886年開始，可口可樂一直給予人們關於「快樂」、「清新」的感受，而這些聯想已經根深蒂固地深植在人們心中。

---

13 編注：意指在執行公司交易或併購前，預先評估目標公司及其資產的行為。
14 編注：2008年10月6日，瑪氏攜手波克夏與高盛，以每股80美元，總計230億美元收購箭牌（Wrigley）公司。

優秀品牌的產品，往往是最好的投資。

20. 公司治理：建立「濾渣」系統

巴菲特承認，他們之所以成功的其中一個祕訣，就是將注意力集中在自己能理解的事物上。

如果聽起來「不太妙」，他會直接打斷一份提案（他說這個技巧是向查理學來的）。如果他聽得懂，他可以在五分鐘之內做出決定。另一個絕佳的觀點是：巴菲特說他也可以花五個月去思考一個點子，但這並不會增加他所做出決策的價值。

蒙格對此表示贊同，他說他們擁有一套非常優秀的「濾渣」系統。他們不會浪費時間在某些事物上。[15]

21. 評論：2008 北京奧運

關於即將舉行的北京奧運，巴菲特傾向於支持繼續參加，並認為現在就決定哪兩百個國家可以參加，是錯誤的行為。[16]

他指出，美國有長達一百二十年的時間裡，都不准女人投票。此外，還有那麼一段時間裡，黑人只算是「五分之三個人」。[17]

蒙格的看法更尖銳，他說那些憂心忡忡的人應該問問自己：「這些年來，中國是變得更完美，還是更不完美？」他認為中國顯

---

15 即便訊息較少，只要這些是「正確的」訊息，就能引導出好的決策制定。

16 編注：肇因於人權迫害的議題，部分國會議員提出法案，要求美國政府抵制 2008 年的北京奧運。

17 編注：美國開國之初曾於憲法中明訂其人口計算方式，一名奴隸被算成是五分之三個人。

然是處在一條正確的道路上，他也認為人們被自己不喜歡的事物所宥困，是一種錯誤。

22. 產業觀察：銀行家比銀行更重要

巴菲特指出，一間銀行的規模對他來說根本不重要。他真正在乎的是該公司的文化。他希望銀行CEO的血液中，能流淌著風險管理的基因。

儘管當麻煩找上門時，富國銀行、美國合眾銀行和M&T等銀行無法逃跑，卻至少能避免犯下體制上的蠢事。有太多銀行為了仿效當下的流行，而做出極其瘋狂的行為。就如同莫瑞‧柯恩（Maury Cohen）所說的：「銀行比銀行家還多，這就是問題所在。」

蒙格指出，規模較小的銀行或許是測試投資價值的好地方。

巴菲特興奮地驚呼道：「這是查理最大程度的看好了！等我一踏出會場，我就要立刻去買間小銀行。」

23. 評論：人類最大的威脅——核擴散

巴菲特表示，對文明而言，最大的威脅仍舊是核擴散。在全球六十五億的人口中，有一定比例的人口為瘋子。幾千年前，這些瘋子所能做出的最糟行為，就是朝別人丟石頭。而隨著技術的進步，先是弓箭與弓的出現，接著是槍與大砲，然後是今天的核子武器。

他認為將「風險最小化」是當前的首要任務，然而，這件事卻沒有什麼進展。我們應盡一切努力來減少取得該物質的可能性。

如同1945年愛因斯坦對原子彈誕生所發出的警告：「這個東西能徹底改變世界——除了人的思維。」巴菲特表示，他期待未來的美國政府能將這個議題放在最優先層級。

24. 市場分析：低靡的儲蓄率

出乎我們意料之外的，巴菲特認為美國儲蓄率降為負的狀況，對經濟而言未必是一件極糟的事。

他指出，過去十幾年來，美國的經濟價值即便在儲蓄率不高的時候，也一直在提升。憑著人均GDP高達4萬7,000美元，美國已經富有到不需要存太多錢了。

由於進口量超越出口量，等於全世界都在替我們（美國）儲蓄。擁有更高儲蓄率的中國將會成長得比我們快速，而他們或許也必須如此。

25. 評論：資本利得稅或股息稅？

如果沒有常年被提起的「你們什麼時候才要發放股息」這個問題，這場股東會就會顯得不完整。

巴菲特表示，將現金留在波克夏、並使其「自動成長」是較好的做法。如果你真的需要現金，你可以賣掉股票，支付較少的資本利得稅，而不是比例較高的股息稅。

「上帝啊，請賜予我貞潔……但不是現在。」蒙格開玩笑地說，華倫一直很希望照聖奧古斯汀這句話的態度，來發放股息。

26. 評論：CEO 接受薪酬的道德義務

巴菲特承認，對於個人投資者來說，CEO薪酬這方面的議題他們實在是無能為力。

我們真正需要的，是大型企業所有者半數的人保留投票權（在極端的情境下），並對不恰當的薪酬發表聲明。大人物不喜歡尷尬的情況。而媒體也能對此發揮效果——我們需要有效的壓力，來查核管理階層的利益關係。

蒙格回想起在英格蘭，階級鬥爭導致了所得稅率出現90％這個數字。雖然結果證明，此舉簡直是適得其反，但也顯示出於嫉妒的政策，能為經濟體制帶來怎麼樣的毀滅效果。

蒙格認為，CEO在接受薪酬時應該要有一定的道德義務，不能將公司吃乾抹淨。就如同美國最高法院的大法官，他們也應該「選擇拿低薪」。

巴菲特再次提到，「嫉妒，是七宗罪中最糟的一種罪。這是唯一在犯錯後僅會讓我們感到痛苦的罪，而其他人卻渾然不覺。貪吃至少還能獲得一點暫時性的快樂。至於色慾，這個話題就留給查理發揮了。」

27. 關鍵交易案：加碼賽諾菲藥廠

波克夏增加了手中的嬌生持股，並於2007年增加對賽諾菲（Sanofi）藥廠的持股部位。巴菲特承認，自己對於製藥過程的理解並不多，但是在五年內，該產業勢必會出現改變。

總體而言，他認為製藥業從事的是極其重要的事，而該產業整體來看也應該能獲得不錯的利潤。因此，透過同時買進多間藥廠的作法，波克夏在五年內應能看到合理的成果。「我們之間的藥理學知識都握在你手中了。」蒙格順從地回應。

巴菲特俏皮地表示：「每到晚上查理就開始胡思亂想。」

28. 人生習題：維持健康的關鍵

巴菲特開玩笑地說，好的健康奠基於均衡的飲食上：一些可口可樂、一些時思巧克力、一些箭牌口香糖和瑪氏巧克力棒。

接著他認真地談到，維持良好的心態是非常重要的，你應該做自己喜歡做的事，並和那些熱愛自己工作的人共事。他表示自己是極其幸運的，尤其是能擁有這麼棒的夥伴和管理者。如果還要在雞蛋裡挑骨頭，就有點過分了。

他也說自己幸運的在很年輕時就找到自己的興趣。他還記得當自己還只是個小男孩的時候，是如何翻著爸爸的投資書籍翻到入迷（他笑說那時候還沒有《花花公子》的存在）。

「渾渾噩噩地度過人生，只求達成某些里程碑」，是非常可怕的錯誤。理想上，你應該找一份你甚至願意免費去做的工作。令人驚訝的是，巴菲特說在他二十四歲那年獲得為班傑明・葛拉漢工作的機會時，他甚至連薪水是多少都沒有問過。

此外，他也指出，和「對的人」結婚是非常重要的。他說了一個故事，故事中的男子花了二十年的時間，才終於尋覓到一名完美

的女子。然而不幸的是，那名女子也正在尋找完美的男子。

29. 人生習題：公開演說的好處

在一小段離題的閒聊中，巴菲特承認，自己過去曾經非常害怕公開發言。光是想到這件事，就會讓他身體不適。他說自己甚至花了100美元去報名卡內基訓練課程，但在回家後又立刻取消了。

後來，他在奧馬哈參加了一個溝通課程。在與許多和自己擁有同樣困擾的人相處後，讓他終於能「跳脫自己」。他很高興自己這麼做了，並指出「有效的溝通」是可以透過指導來學習。他並建議，在年輕時迫使自己去學習公開演說，將能獲得很大的好處。[18]

30. 人生習題：找到未被激發的潛力

如同巴菲特在許多場合中總是苦口婆心地勸說，他認為一個人最好的投資，就是投資自己。他指出，很少有人能激發出自己全部的馬力。對大部分的人來說，總是有太多潛能未能被實現。

當他在和學生們談話時，他建議學生試著想像自己是一個想要買一輛使用年限為一輩子的汽車之人。他們會如何對待這輛車呢？他們一定會仔細閱讀使用手冊，確保每加兩次油就換一種油，一看到鏽斑也會立即處理。我們每個人這一生，都只有一個頭腦和一付軀殼。你又會如何對待自己？

---

18 此刻的他正在主持一個有三萬一千人參加的會議……確實，年輕的巴菲特想必經歷了很長一段時間的抗爭，來戰勝自己的怯場。

巴菲特笑說，在波克夏，他們的注意力幾乎都放在頭腦上。他和查理沒有在軀殼身上下太多的功夫。

蒙格也指出，學會如何避免被放貸者和供應商操弄，也是一門非常重要的學問。在這方面，他強烈推薦羅伯特・席爾迪尼（Robert Cialdini）所著的《影響力》（*Influence*）一書。他同時也推薦了該作者的最新作品《就是要說服你》（*Yes*），並表示席爾迪尼是少見能將理論與現實生活連接在一起的社會心理學家。

31. 人生習題：閱讀

巴菲特回憶，自己在很小的時候就沈迷於書的世界。多數的時間都被他用於閱讀書籍、年報和新聞。

蒙格指出，不同的人會透過不同的方式學習。他本身也是一名非常貪心的閱讀者。面對書，他最喜歡的特色就是我們能以自己喜歡的方式去學習，並以自己想要的速度去消化。

巴菲特總結道，如果你針對自己感興趣的主題，找出二十本書去閱讀，你一定可以學到許多。

32. 企業最棒的歸宿——波克夏

巴菲特期許道，就長期來看，波克夏能為股東們帶來理想的效益，並保有自己獨一無二的作風。他希望對全世界的家族企業來說，波克夏能成為最棒的歸宿。

蒙格認為，波克夏值得被當成一個典範，並認為波克夏對其他

企業的影響非常顯著。對此，巴菲特用一句俏皮話來作結：「我們也希望波克夏能擁有全美國最老的管理者。」

2009

地點：奎斯特中心

出席者：約莫三萬五千人

年度摘要：

今年的開幕影片是一部詼諧的短篇喜劇，巴菲特在影片中飾演內布拉斯加家具商城的地板銷售員。在經歷 2008 年慘淡的投資成果後，董事會建議巴菲特可以多賣幾張床來幫助公司。而最暢銷的床墊叫做「膽小鬼」，在床墊底下會額外附上特殊的「夜間抽屜」（deposit），可用來收納重要物品。一名顧客試了試床墊，並批評床墊「回彈得太慢」……在床墊終於成交賣出後，巴菲特匆匆忙忙地清空抽屜中的重要物品，包括幾本復古的《花花公子》。

財富世界五百大排名：第 13 名

波克夏股價：96,629 元

- 1964 年所投下的 1 美元，在今日約等值於 7,812 元。
- 波克夏的每股面值從 19.46 元上漲到 84,487 元（年複合成長率為 20.3%）。
- 同時期的標準普爾 500 指數的年複利率為 8.9%。

2009 年的投資備忘錄

1. 負收益的國庫券

巴菲特以「亮出一筆單據」揭開了今年度股東會的序幕。[1]這是一張日期為 2008 年 12 月 18 日的成交單，上面列著波克夏以高於到期價格的 ＄5,000,090.97，將價值 500 萬、到期日為 2009 年 4 月的國庫券賣出。

這意味著這筆交易的買家願意接受負的收益。「太了不起了！」巴菲特開玩笑地說，這張交易單實際上是「膽小鬼」床墊的廣告，他並說我們許多人這輩子或許都不會再見到這樣的事。

2. 公司治理：不景氣的波及

關於第一季營收，巴菲特給了一個提醒，表示波克夏的營業收益與去年的 19 億美元相比，下滑到 17 億。

他認為，波克夏的保險和公共事業對經濟的敏感度不高，因此在 2009 年應該可以表現得不錯；而零售業與製造業的部分，則會因經濟不景氣而遭到重挫。

他並指出，中美能源公司的 10 億營業收益，將會再次投注到公共事業的營運中。另外，由於和瑞士再保險（Swiss Re）的交易，

1　每當巴菲特掏出道具來時，我們總會特別做筆記。

浮存金的總金額從580億上升到600億。

在本季結束時，波克夏的現金持有量為230億，不過由於波克夏投資了30億到陶氏（DOW）化學的可轉換優先股，因而現金量下降到200億。

3. 投資心法：巴菲特的特殊交易

想要獲利，何不來點可以獲得兩位數收益的產品？想要參與權，何不來點全球最大企業的股權參與？至少，這是巴菲特透過他的特殊交易所達成的目標。透過和各大公司進行結合收益與股權參與的交易，巴菲特提高了自己的「其他」項目投資。

交易對象分別為：高盛（價值50億、利息為10％的優先股，和以每股115元認購4,300萬股的權證）、奇異（價值30億、利息為10％的優先股，和以每股22.25元認購1億3,500萬股的權證），以及箭牌（總額65億——價值44億、利息為11.45％的票據和價值21億、利息為5％的優先股）。

我們知道對企業來說，優先股的股利屬於稅收優惠項目，因此在高盛和奇異的交易中，對波克夏稅後而言，10％的優先股股息近乎等同於14％的利息紅利。[2]

這也是為什麼我們猜想，儘管巴菲特和蒙格同意2008年是充

2　再說一次，這是世界上最棒的選擇——兩位數的收益和股權參與權。而巴菲特並沒有滿足於此。在年底之後，波克夏從瑞士再保險手中買下了利息12％的可轉換公司債（價值30億瑞士法郎），並用30億美元買下陶氏化學利息為8.5％的可轉換優先股。總體而言，這可是價值超過200億美元的高收益債券還附加了股權參與的投資。了不起！

滿機會的一年（或許與1974、1975年本益比為4的熊市時期相比，沒那麼誘人，儘管當時的利率較高），但就一般市場而言，並不是巴菲特可以藉著市場崩潰而開創出獨一無二好機會的時刻。

在回顧了1974年後，蒙格宣稱：「我知道我再也遇不到那樣的好機會了。」巴菲特表示，就如同買漢堡般，他當然情願付出1/2X的價格而不是X，因此他喜歡較低的價格。隨著股價下滑了40％且利率很低，股票和債券一定更具有吸引力。他指出公司債的市場非常混亂。對波克夏旗下的人壽保險公司而言，他們囤積了許多收益率為10％或以上的優質企業債券，並且還附有贖回保障。

4. 人生習題：金融知識與賺錢機會

巴菲特承認，在一個充滿計算機的世界裡，金融知識實在很難去推廣。很少有人會認真的去計算利弊得失。只要添加一張信用卡，你就能輕鬆地讓人們犯下愚蠢的錯。

蒙格插嘴提起自己於1952年去賭城火鶴飯店度蜜月的軼事。在那裡，他見到許多打扮得光鮮亮麗、千里迢迢跑來賭城進行一些機率為負的蠢事之人，他於是對自己說：「這真是一個充滿機會的世界啊！」蒙格也說道，州政府開放合法樂透彩的行為，等於有效地「煽動」人民去對抗機率。

5. 評論：脫口而出的明牌──富國銀行

巴菲特和蒙格對於政府在金融危機中所展現的作為，表示肯

定，並對銀行系統的復甦感到樂觀。

巴菲特認為在九月中的時候，我們還處於整個金融體系徹底崩潰的邊緣。當時，在短短一週過後的尾聲，雷曼兄弟倒了，AIG集團也近乎倒閉，要不是美國銀行（Bank of America）買下美林證券（Merrill Lynch），連美林證券也會關門大吉。

在如此龐大的壓力下，他認為政府在整體上做出了相當不錯的應急措施，尤其是保障了銀行存款與貨幣市場基金的安全性。

巴菲特尤其讚揚了富國銀行，稱它是相當出色的銀行，擁有其他大型銀行所沒有的優勢，尤其是它的存款成本為業界最低，因此讓富國銀行能成為低成本的資金供應者。他也認為，富國銀行將憑此走出危機，且蛻變得比之前更為強大。

在一段有趣的閒聊中，巴菲特分享在富國銀行股價掉到9元以下的那一天，他剛好在該銀行教課。一般來說，他總是拒絕回答「透露一檔明牌」之類的問題，但在那天，他說了：「如果要我將所有的身家投資到一檔股票上，我會選擇富國銀行。」

富國銀行擁有傑出的營運模式。在與美聯銀行（Wachovia）聯手後，它成為美國第四大的存款根基。而經歷眼前發生的這些磨難後，在未來幾年內，富國銀行一定會成為更出色的銀行。

6. 評論：一鳥在手勝過兩鳥在林

每一年，巴菲特和蒙格都盡了一己之力，拆穿主宰著學術圈的有效市場假說的面具。

巴菲特指出，所謂的「投資」，其實就是此刻掏出錢，並期待未來能獲得比現在更多的錢。他開玩笑地說，在西元前六百年，一位非常聰明的男子伊索（Aesop）——儘管他不知道那是西元前六百年，而他什麼大道理都不懂——但他說了「一鳥在手，勝過兩鳥在林」這句話，而這句話再正確不過了。

蒙格指出，大量的電腦圖表和花俏的數學，有時候也只會引導我們走向華而不實的精確度與差勁決策之路。他承認的說道，「他們在商學院裡教著繁複的數學公式……總之，他們總得找點事做吧。」

巴菲特附和道，如果你敢在學校教「一鳥在手」這樣的道理，大概會拿不到終身職；在學界要想往上爬，需要的是深奧複雜的知識。他也補充道，也只有真正具備高IQ的人們，才能算出這些華而不實的精確度。「只要你有IQ120，就能成為很好的投資者。」事實上，他更建議如果你的IQ超過120，那你最好只保留120，將多出來的賣掉。

高等數學只會讓你在市場上迷失。

7. 市場分析：次貸危機的幫兇

巴菲特表示，房價上漲了這麼久，久到所有人幾乎都以為房價「絕對不會跌」。因為房價只會漲。因此，在全美價值50兆美元的資產中，「住房」就佔了其中的20兆，且還不斷增加中。而這樣的苦果就要由所有的市場參與者來承擔。他指出，全世界最大的房貸

實體——房利美和房地美，就掌握在美國國會的手中，而目前兩者都呈接管狀態。

至於信評機構——尤其是波克夏擁有20％股權的穆迪（Moody's），蒙格認為這些機構只擅長拿出漂亮的數字，在面對問題時卻像一個手中握有榔頭的男子，將所有問題都看成釘子去對待。不過，巴菲特認為信評機構是一門很不錯的生意：競爭對手少、能對經濟產生極大的影響，且不需要太多的資金（儘管也很容易被攻擊）。

他指出，最讓人驚訝的地方或許在於有非常多的「AAA有毒產物」，最後卻都落在了這些創造有毒物者的手中。他們就像是玩火自焚。愚蠢橫行無阻，而「每個人都是這樣做的」成為他們最主要的理論靠山。當業界對此現象的接受度大開後，想要阻止就變得格外困難。

8. 市場分析：房市復甦的黎明

加州的房地產成交量出現極大的成長，且尤其集中在中低價位的房子上，因此巴菲特認為，部分不動產市場的穩定性開始出現。每一天新通過的房貸在質量上，都比被淘汰的舊放貸條款來得優質。在這方面，低利率也發揮了助益。

對此，巴菲特為眾人進行了精彩的剖析：每一年，約有一百三十萬個家庭誕生。由於正值經濟不景氣，因此這個數字或許會稍微減少一些。但在泡沫期間，每一年新增的住房數量為兩百萬

戶，遠超過誕生的家庭數量。

當前過剩的住宅數量約為一百五十萬戶。而每年的蓋房率已經下降到五十萬。因此，如果我們繼續維持這個較低的蓋房率，那麼每一年我們就能吸收約八十萬戶過剩的房子，不出幾年後，供給與需求就能回到大致的平衡。

巴菲特也開玩笑道，我們當然也可以明天就解決這個問題，只要我們想辦法摧毀一百五十萬間房子，或是下降法定結婚年齡至十四歲，以加快組建家庭的腳步。

無論如何，現在的情況是「製造少於需求」，因此或遲或緩，過剩的產出都將會被吸收。總而言之，房價將更可親、房貸利率也很低、給付條款更為可靠……我們已經走上復原的道路。

9. 公司治理：我自己也沒有多了不起

巴菲特的手下一共擁有四名投資經理人（無論是在波克夏的內部或外部），而每一位的績效與 2008 年標普 500 指數的 37％ 相比，並沒有表現得更為出色。他表示，自己之所以可以容忍這一切，是因為「我自己也沒有多了不起」。

蒙格補充道，每一位獲得他高度評價的投資經理人，去年幾乎都全軍覆沒。除此之外，他們也不希望波克夏出現任何一位認為自己可以「跳進錢的懷抱，再重回市場」的經理人。他們排除這樣的

員工。[3]

10. 投資心法：華倫經濟學的兩堂課

巴菲特很喜歡教大學生。他表示去年他共教了八堂課，而成員是來自四十九間不同大學的學生。（前文曾提及）如果讓他在商學院教書，他的兩門課將會是：如何評估一間公司，以及如何思考市場。就這樣。

在評估公司方面，理解會計的語言是不可或缺的條件，再來就是確保自己處於能力範圍內，並將注意力放在有意義、且可以長久的事物上；在思考市場方面，必須謹記我們應善用市場，而不是被市場所用。此處的關鍵是情緒上的穩定，並確保自己的決策能讓自己維持心境的平和。就長期而言，為自己打算與做出好的決策，是非常重要的。[4]

這些原則很簡單，卻絕不容易。面對市場的關鍵，是確保自己不會出於壓力（像是使用過高的槓桿）而被迫賣出，且絕對不要在恐慌的心智狀態下賣出，並使自己頓失重心。

蒙格也表示，現代的銀行業、投資業和學術圈裡，充斥著大量的謬誤與瘋狂，我們唯一能希冀的是這些胡鬧能減少些。一個IQ150卻以為自己有160的人，更容易引發災難。

巴菲特假裝自己是一位經濟學教授，正在講授有效市場假說：

3　對柯瑞和我而言，這個消息足以撫慰我們飽受煎熬的自尊。
4　也因此，請將注意力放在「過程」、而不是「結果」上。

「所有事物的定價都很合理。」然後他笑了：「那麼接下來的一個小時內，你要做什麼？」這就是獲得諾貝爾獎理論學說誕生的由來！

巴菲特以物理學家馬克斯・普朗克（Max Plank）的話作結：「隨著舊時代者的死去，科學才得以進步。」人們總是對新點子抱持著強烈的抗拒，即便是普朗克那些最聰明且傑出的同儕們。

然而，科學的演變無人能擋。

11. 公司治理：如果阿吉特離開波克夏？

阿吉特・嘉安領導了波克夏的再保險部門，並創造了許多奇蹟，在2008年年底，他將浮存金總額推向了令人難以置信的高峰──240億美元。如果沒有他，波克夏該怎麼辦？

巴菲特指出，在波克夏，權力是跟著人而不是職位走。

儘管他確實很樂意將自己的權力交給阿吉特，讓他去簽訂大筆大筆的交易，但巴菲特並沒有打算這樣對任何人。

他回憶起Mutual of Omaha（當時最大的健康與意外協會）如何在1980年代的時候，踏進產物保險這塊領域。在將決定權交給保險仲介後，該機構在極短的時間內損失了資產淨值的一半，成為一樁大醜聞。

簡而言之，如果阿吉特走了，波克夏再保險的某些業務也不會被替換。蒙格也說道，波克夏無意尋求差勁的管理。儘管他們喜歡的是經得起一點點傻事的公司，但有些完美的交易一生就這麼幾次。阿吉特就是其中一次。

12. 公司治理：波克夏的佈局分析

巴菲特表示，與去年同期的價格相比，波克夏2008年年底的股價較低。但是與標價相比，投資項目的實質價值更高。非保險部分的營收或許會稍微受到影響，但長期來看不會有太大的問題。

蒙格指出，對浮存金事業來說，2008年沒有什麼好日子。[5]即便如此，波克夏能以低於零的成本擁有如此龐大的浮存金，這一點還是會成為波克夏的巨大優勢。我們應該將注意力放在真正重要的事情上。根據蒙格的看法，對波克夏來說，最重要的就是：產物保險或許是世界上最棒的生意、公共事業的子公司能營運得有聲有色、ISCAR是該產業的佼佼者等等。

蒙格也強調，這些成就全都得來不易。

13. 公司治理：蓋可的不景氣紅利

或許當前最熱門、且足以打遍天下無敵手的波克夏子公司，莫過於以低成本提供汽車保險的蓋可。

巴菲特指出，經濟衰退會自然而然地改變人們的消費行為——現在人人都是精明的買家。但這也對美國運通造成了傷害，該銀行的平均簽單下滑了10％；然而，這也幫助了蓋可，讓公司上下忙到不可開交。每一天都有成千上萬人點開蓋可的網站，想看看能不能為自己多省下一點錢。

5　我們認為他指的是15:1的槓桿係數——儘管其大幅增加波克夏的高端市場收益，卻也大幅增加低端市場發生的損失。

在2009年的頭四個月，蓋可共新增了五十萬零五千名投保者。過去數十年蓋可辛苦培養的競爭優勢，此刻正在發揮效果。巴菲特預期在今年年底，蓋可的市佔率可以達到8.5％，超越2007年年初的7.2％。太了不起了！尤其蓋可的每一位投保者都具有極高的價值——平均來說，這些投保者如果想繼續開車就不得不繳交的保費，每年約莫為1,500美元。而美國人最愛開車了。

巴菲特引用了企業家馬歇爾‧菲爾德（Marshall Fields）的話說：「我們花在廣告上的錢有一半都浪費掉了……問題在於我不知道是哪一半。」自從波克夏於1995年買下蓋可後，巴菲特將其廣告預算從微薄的2,000萬美元，提升到8億美元——遠超過州立農業保險公司（State Farm）或全州保險（Allstate）。[6]

他希望全美國人都能時刻謹記在心：蓋可或許能為他們省錢。他將這個作法和可口可樂聯繫在一起。自1886年起，可口可樂就不斷地在全世界推銷可樂與「片刻幸福」、「快樂」的連結。而對蓋可來說，這樣的心智佔有率終於開始發酵了——由於經濟不景氣，有數千人正在考慮蓋可是否能為他們省下一筆開銷，即便是100塊也好。

蒙格進一步指出，事實上這8億美元（廣告支出）是沒有列在蓋可收益欄位中的稅前利益。巴菲特表示同意，並指出蓋可未來的維持性廣告開銷或許是1億美元（假設），而當前的投保者將會跟

6　我們還未見到最近的數據，但在過去十年裡，蓋可的廣告預算已超過整個美國汽車保險產業的加總。

著蓋可好幾年。

14. 產業觀察：一本萬利的全國電力網

在被問到「美國是否應該花更多錢在基礎建設上」這個問題，蒙格差點兒就要把巴菲特一把推開，好阻止他回答。而巴菲特的答案是：「應該！」他繼續說道，有一件再明顯不過且能大大改善美國產業與貿易的事情，也就是架設全國性的輸電網。「我們擁有執行這件事的技術與專業知識，而這項建設百分之百能提升現有系統的表現。」[7]

15. 評論：只會衍生「問題」的金融商品

巴菲特宣稱，使用衍生性金融商品導致槓桿失去控制，不僅會讓原本已經顯現脆弱的經濟體制受到拖累，更會引發許多未預期到的地方也浮現出新問題。

在1929年之後，美國國會認為讓人們以自己的證券做抵押去借款，是相當危險的行為。聯準會也設定了50％的保證金要求。然而，衍生性金融商品完全繞過了這些規範。

此外，為了最小化交易對手的風險，一般的證券會在三天內完成結算。然而，有些衍生性金融商品合約的結算期卻非常久。隨著時間過去，這些未結算的合約不斷地堆積，放大了系統內的風險。

7　蒙格在威斯科金融公司的股東會上，也針對架設全國性電網發表了類似的看法。

關於這部分的認識，巴菲特推薦大家閱讀約翰‧加爾布雷斯（John Kenneth galbreath）的《大崩盤》（*The Crash*）。

蒙格認為，更嚴重的問題在於負責衍生性金融商品的交易員，不僅僅像是賭桌上的荷官，更在具備資訊優勢的情況下親自參與遊戲，打擊自己的客戶。他總結道，「社會不需要這樣的東西！」

16. 投資心法：衍生性商品的「價值投資」

巴菲特分別在股票市場、高收益債券市場購買衍生性商品的行為，掀起了一陣波瀾。[8]

這些證券讓他持有的現金又增加了49億美元（在合約到期之前，波克夏都會持有這筆現金），此外，這些交易也沒有要求波克夏拿出太多（如果真有要求的話）的抵押保證金。[9]就效果層面來看，這些衍生性商品更像是簽訂了「長尾災難再保險」一般，也是波克夏創造令人垂涎「浮存金」的辦法。

至於高收益債券的部分，由於實際的違約率高於預期，因此巴菲特在這部分的表現不佳，最後可能會賠到一點錢。

8　編注：基於「價值」投資的理念，巴菲特其實也做衍生性商品的交易，包括賣出信用違約保障產品（類似CDS的保險概念），以及賣出股指看跌期權等。他在〈2006年給股東的信〉中指出，衍生性金融商品也和股票及債券一樣，常在「價格」和「價值」間出現離譜的偏差。

9　編注：憑著標普與穆迪的優良信評，以及波克夏在市場的影響力，巴菲特在多數的衍生性商品交易中，獲得無需繳交抵押品的特權。

17. 公司治理：去中心化的營運機制

巴菲特指出，波克夏的文化與營運模式是他人難以仿效的。與其他公開上市交易的大公司、其股票轉手率平均為100％相比，波克夏高品質的股東們其每年的股票轉手率平均為20％。

經營波克夏，不需要依賴大批的律師和銀行家。管理模式呈現去中心化，而獎勵機制也很合理。由於管理者能清楚感受到此一企業文化的效果，因此往往會繼續強化這種作風。相反的，蒙格指出許多企業的營運方式相當愚蠢，強迫每件事情都要經過最上層，並為每一季的獲利擔心害怕。

對於那些被波克夏收購的公司，巴菲特認為，上述這些特質都是很重要的利基條件，況且「如同大家所知道的，我們很喜歡支配現金流。我們的名聲就是收購並保存，在這方面，人們絕對可以信任我們。」

巴菲特提到，自己的標準管理問題是：「如果你能百分之百的擁有這間公司，你會做出哪些改變？」如果讓他來回答這個問題，他說自己「不會」對波克夏進行任何改變。

18. 評論：難以複製的「波克夏模式」

巴菲特指出，有幾件事是一般投資者無法仿效波克夏的：

• 浮存金——波克夏擁有580億美元的零息貸款。
• 波克夏可以根據自己的計畫進行直接購買和交易。

• 必要時波克夏會買下整間公司。

除此之外，巴菲特分享自己在許多年前，透過研究葛拉漢紐曼公司年報的方式模仿了葛拉漢——他用了「跟單」（coat-tailing）這個字。蒙格總結道，跟隨周圍傑出投資者的行為，是相當聰明的作法。

19. 市場分析：通膨的必然性

巴菲特表示，隨著時間推移，通貨膨脹的存在是必然的。綜觀歷史，對美國與政府來說，這也是減輕外債成本的典型辦法——先讓通膨發生，再用較便宜的美元來還錢。他指出，公債的最大持有者中國，將會因為美元貶值而受到最大傷害，因其固定美元投資者的票據在到期後所獲得的價值變少了。

巴菲特同時還指責了那些經常說政府的紓困行為「又浪費納稅人多少錢」的政客。事實上，在一年過去後，納稅人連 1 美分的稅金都還沒有多繳到。他保證，隨著時間的推移，美元能購買的東西會越來越少，所有的貨幣都是如此。在面對經濟危機時，多數大國都選擇去處理重大赤字。他強調：「你可以相信通貨膨脹的實力。」

蒙格則回想起小時候的奧馬哈，一張郵票 2 美分，一個漢堡要 5 美分（一個鎳幣）。然而，他活在一個相當幸運的時代。巴菲特也提到，一瓶可樂才 5 美分再加上 2 美分的押金，因此，物價其實沒有漲非常多。與此同時，一份報紙過去只要 1 便士，現在卻要 1 塊

錢，而報社還是賠錢。根據他的看法，抵抗通膨的最佳利器，就是你的獲利能力。如果你能持續提升自己的獲利能力，你自然能享受到應有的經濟成果。

抵抗通膨的第二件事，則是擁有優秀的公司，尤其是對資本需求較低的公司。舉例來說，可口可樂只需要一點點的資金來協助其成長，而它總能賺得應有比例的收入——無論你怎麼去衡量，也無論是用何種幣值。蒙格總結道：「一名年輕人應該選擇成為腦外科醫師，並將錢投資在可口可樂的股票而不是政府公債上。」

20. 產業觀察：長日將盡的報業

巴菲特熱愛報紙，每天至少會閱讀五份報紙。儘管如此，他認為此刻無論報社的股價是多少，我們都不應該進場。

三十年前曾經被認為是不可或缺的風光產業，如今卻成為望著無止盡損失的產業。巴菲特說，沃爾特・安納伯格（Walter Annenberg）發明了「essentiality」（必要性）這個詞，而這個詞也曾經代表了報紙在廣告商與顧客心中的地位。隨著時間的過去，這種必要性已經被漸漸侵蝕，而侵蝕的速度未見盡頭。

針對波克夏旗下的《水牛城新聞報》，巴菲特表示工會非常合作，而且該報目前還能賺到一點錢。至於《華盛頓郵報》則擁有非常出色的有線電視台業務和教育業務，但在報紙業務方面巴菲特未能給出答案。

蒙格表示，對美國來說，失去如此重要的文明支柱將會是一樁

全國性悲劇。報紙所具備的出色社論影響力,能幫助人民監督政府。

21. 產業觀察:零售製造與商用不動產的復甦期

巴菲特再一次說道,自己期待在幾年內就能看到住房供需重回平衡。而屆時,波克夏旗下與住房相關的產品,也能開始復甦。

關於零售業,巴菲特觀察到消費行為有了重大的改變,消費者轉而投入低價商品的懷抱,他認為這種情況應該會繼續持續好一陣子。他諷刺地指出,這麼多年來,美國政府總是要求人民多多儲蓄,然而儲蓄率卻一路下滑到零;但現在,政府又希望人們多多消費,而儲蓄率卻向上成長到4%、5%。

在商業不動產方面,近年來的5%收益資本化率(cap rate)現在看起來相當傻——空地變多了,購物中心正遭逢苦日子,不動產或許還要苦上一段時光。他也特別指出,佛羅里達州的南邊將因為過剩的供給,面臨很長一段時間的衰退。

22. 市場分析:股票回購與盲從

巴菲特指出,如果將美國企業視為一個整體,「股票回購」這個行為並沒有辦法為這個整體增加價值。

回顧1970與1980年代,股票非常便宜(明顯的低於其內在價值),而很少公司會進行股票回購。接著,在過去十年內,購買股票成為一股風潮。許多公司在自己股價極高、甚至有些瘋狂的情況下,依舊執行了股票回購計畫。

巴菲特推測，過去五年內所發生的股票回購行動，多半是盲從行為。反觀現在，股價大跌，許多股票甚至跌到當時回購價二分之一以下的價位，然而，回購的行為卻變少了。

23. 投資心法：市場陷入混亂時的機會成本

巴菲特指出，由於價格與內在價值改變得如此快速，導致去年的機會成本校調，變得有些瘋狂。

他分享道，波克夏接到了數不清的電話，而大多數都被他們忽視了。然而最有趣的是，即便是被他選擇忽略的電話，也能協助他決定哪些是更棒的選擇。[10]

舉例來說，高盛於禮拜三打來了電話。而它要求執行交易的時間為「此刻」──下個禮拜，該筆交易就不存在了。因此，當市場陷入混亂時，波克夏大筆的現金就能快速收得成果──美國聯合能源公司（Constellation Energy）的提案（儘管波克夏獲得了10億美元的收益，該筆交易還是「失敗」了）、高盛價值50億的優先股與憑證、奇異公司價值30億的優先股與憑證等等。

巴菲特說他已經很久沒有經歷過這樣兵荒馬亂的行動過程了。

24. 關鍵交易案：比亞迪

對於波克夏企圖收購中國製造商比亞迪（BYD）10％股權的舉

---

10 還有誰能和巴菲特的資訊量較勁？

動，蒙格顯得相當興奮。

他指出，比亞迪並非新創公司，它每年擁有40億美元的收益，而且就像是在變魔術般的成為全球鋰電池產業的領導者，更是手機零件的主要供應者之一。現在，該公司將目標放在汽車市場，並打算從研發電動車開始。該公司目前擁有全中國最暢銷的車款，且該車款的所有零件都是來自於公司內部。

對於比亞迪擁有一萬七千名工程系畢業生的事實，蒙格尤其興奮。這些人是來自中國國內十三萬名學生中的頂尖畢業生。[11]

就所有實用功能而言，鋰電池可謂不可或缺。想要利用太陽的能源，我們就需要電池。「BYD就是甜蜜點。」蒙格總結道。

巴菲特開玩笑地說，「買愛爾蘭銀行是我的好點子，而買BYD是查理的好點子。查理贏了！」[12]

25. 年度事件：波克夏被穆迪降評

巴菲特承認，他對穆迪將波克夏的評鑑等級從AAA調降到AA一事，感到相當惱火。[13] 他認為，波克夏的借貸成本並沒有太大的改變，而波克夏的信譽也依舊是無人能出其右，且總是以讓人不用

---

11 我們開始思考，或許蒙格腦中正在構思一個新的分析工具——即新的本益比P/E（price to engineers，價格／工程師）。還記得去年蒙格給了我們「GURF」資產會計的點子嗎？也就是good until reached for（最後才知一場空）。

12 去年，波克夏因為愛爾蘭銀行損失了幾億元。

13 編注：根據穆迪研究波克夏的分析師說法，降評的原因是為了反映過去一年股市重挫，以及經濟衰退對波克夏核心事業群的衝擊。

擔心它未來是否能得到保險理賠的方式，去執行每一個動作。

蒙格表示，在做出改變上，至少穆迪展現了不可小覷的獨立自主性。[14]而他也預測，下一次穆迪將會對波克夏的評鑑做出改變，而且勢必會是朝著另一個方向。

巴菲特開玩笑道，如同查理之前對他所說的：「最終，你一定會同意我的看法，因為你很聰明，知道我說的是對的。」

26. 產業觀察：公共事業的投資

中美能源（MEC）是現在全美最大的風力發電商。在風力發電方面，愛荷華州是第一名，該州有20％的電力是來自於風力發電。但由於只有35％的時間會起風，因此這並不是電力的基本容量。

總體來說，MEC是愛荷華州的能源淨出口商。波克夏屬於納稅大戶，因此可以使用一度電1.8美分的稅收抵免。他們將投注到太平洋西北地區的風力發電事業上，並期待能進行更多計畫。蒙格表示，對於MEC能成為該領域的領頭羊，他感到非常驕傲。

巴菲特則指出，自己很希望能早一點買下美國聯合能源公司。在大衛・索科爾聽到美國聯合能源集團陷入破產危機的那一天，他構思了一筆交易並致電給巴菲特。就在當天晚上，代表波克夏的索科爾和克雷格・阿貝爾來到了巴爾的摩，提出一筆全現金交易。波克夏在接到索科爾於當天上午十一點打來的那通電話後，當晚就進

---

14 波克夏擁有穆迪20％的股份。

入到面對面的出價步驟上。

蒙格說道，波克夏也曾經在兩個小時內就買下一條瓦斯管線。當時，Dynergy能源公司從安隆公司手中購買了西北天然氣公司的管線，然而Dynergy卻倒了。為了終結這筆交易，波克夏需要「美國聯邦能源管理委員會」（FERC）的批准，也因此，巴菲特表示在交易後，無論FERC提出什麼要求，他都會答應。

巴菲特指出，在多數交易中，你必須想辦法讓股東感到開心。但在公共事業的交易上，你必須想辦法讓「監管機關」感到開心。

27. 評論：中國的經濟政策

蒙格對中國的經濟政策表達讚賞，「中國的經濟政策是世界上最成功的政策之一」。對中國來說，成長是如此重要且顯著，因此即便美元貶值，也只是一件小事。他們的目標是讓全世界都很難和其競爭。這就是他們當前正在、且最需要做的事。

28. 公司治理：漸入佳境的通用再保險

巴菲特宣布，儘管起步時的處境堪憂，通用再保險現在表現得相當不錯。在波克夏於1998年買下通用再保險時，「務實」可不是該公司主要的聲譽——當時它們簡直是一團混亂。

感謝CEO塔德・蒙特羅斯（Tad Montross）和喬・布蘭登，扭轉了惡況。現在，巴菲特對該公司的未來充滿信心。

蒙格表示，懂得將檸檬轉變成檸檬汁，是非常重要的能力。儘

管這筆交易或許不是特別漂亮或讓人心滿意足，但布蘭登絕對功不可沒。

29. 公司治理：高市佔低風險的保險護城河

巴菲特表示，他們擁有一流的保險公司。他內心最壞的預測是，波克夏可能會在一場重創整體保險業的災難中，佔總損失的3％到4％。舉例來說，卡崔納颶風造成了600億美元的損失，而波克夏的損失不到30億。

巴菲特推測，在一場造成1,000億美元損失的事件中，此刻的波克夏可能要承擔30億到40億。[15]

30. 關鍵交易案：加碼瑞士再保險

在另一件關於出手如何迅速的故事中，巴菲特跟股東們分享瑞士再保險公司在去年的危機中，如何承擔龐大的壓力。

當時，巴菲特和他們在華盛頓特區會面，準備商定一場符合該公司需求、也能為波克夏帶來好處的交易。他強調，瑞士再保險當時遇到的困難與資本充足率相關，和核保標準無關。

波克夏同意接受一份比率再保險協議，根據該協議，波克夏將在未來五年內承接瑞士再保險20％的產物再保險生意。

早在2008年，波克夏買下了瑞士再保險3％的股份。接著，波

---

15 再一次，我們忍不住好奇，為什麼波克夏的再保險市佔率達到6％至7％，但在巨災中的風險暴露卻只有3％至4％？

克夏又於今年二月投資了30億的瑞士法郎在票息12％的票據上（可於兩年內以等同於票面價值120％的價格贖回），且可在三年後以每股25法郎的價格進行轉換。該票據的價值比瑞士再保險的股份高出200億。

巴菲特說道，票據被贖回的機率相當高，不過這不是讓他最開心的地方。除了這些美好的交易內容之外，波克夏和瑞士再保險進行了一筆20億瑞士法郎的損失逆轉保險（adverse loss cover）。而這也讓波克夏於該季結束時，它的浮存金總額超越了600億美元。

簡而言之，波克夏買進瑞士再保險的股票、簽定了一張20％的比率再保險合約、投資了利息為12％的可轉換債，還提供損失逆轉保險。這筆交易真的是賺大了！

31. 評論：資本主義與世界展望

巴菲特表示，這個世界存在著許多壞事，但這也是我們唯一擁有的世界。幸運的是，隨著時間的推進，人們總能越變越好。

儘管存在種種缺陷，資本主義體制也發揮了效果，激發人類的潛能。想想看在波克夏的股東會上有三萬五千人出席——如果回到1790年代，這個數字佔了全美十分之一的人口數。

巴菲特承認，在資本主義之下，我們都曾經歷過難熬的日子。在十九世紀，共發生了十九次的恐慌。儘管有這些障礙，整體而言我們仍舊以極快的速度在成長。

在二十世紀裡，美國的生活水準相較過去提升了七倍。曾有那

麼一段時光，黑人被視為正常人的五分之三，女人更有長達一百三十年的日子不能投票。我們浪費了人類的潛能。但我們的孩子和孫子，將會過得越來越好。

巴菲特再次說道，他希望公司的內在價值方面，能以高於標準普爾2%左右的速度成長。而這與他早期合夥時代每年都能超越市場10%的表現非常不同。

儘管如此，蒙格開心地表示，波克夏對文明的最大貢獻就要來臨了。他指出，人們就快要有機會可以解決當代面臨的最大技術問題——太陽能。價格低廉、乾淨、可儲存的能源，將改變全世界。

蒙格說道：「隨著我越來越接近生命的尾聲，對於那個可能看不見的未來，我越來越期待。」他談到，太陽能作為最後關鍵突破的可能性，它有可能解決人類最大的技術問題。對於MEC和BYD將參與其中，他興奮的說，「如果我們能擁有充足的乾淨能源，我們就能達成各種目標。」

Berkshire Hathaway

2010

地點：奎斯特中心

出席者：四萬人

年度摘要：

- 股東提問時間將近六個小時。
- 今年開場電影的亮點包括：
  a. 向線路拓寬的 BNSF 鐵路致敬。
  b. 在蓋可員工的年度搖滾影片中，巴菲特模仿了「槍與玫瑰」的主唱艾克索爾‧羅斯（Axl Rose）。
  c. 在紅襪大戰洋基並陷入僵局的時刻，「華倫 the Whip」於第九局尾聲在牛棚中現身，並走到場上來拯救球隊（他身上穿著背號「1/16」的球衣）——此處他們還加入了一個將波克夏旗下七十多間子公司的名稱以迅雷不及掩耳的速度念出來的惡搞橋段。
- 柯瑞和丹尼爾也參加了威斯科金融公司的股東會。我們新增了蒙格在該會議上發表的一些看法。

財富世界五百大排名：第 11 名

- 波克夏的營收現在已經進入了前十大。由於近期收購 BNSF 鐵路所帶來的收益，它 2009 年的獲利將落在 1,260 億美元左右。而這將讓它超越第七名的 AT&T。

波克夏股價：99,238 元

- 1964 年所投下的 1 美元，在今日約等值於 8,022 元。
- 波克夏的每股面值從 19.46 元上漲到 95,453 元（年複合成長率為 20.2%）。
- 同時期的標準普爾 500 指數的年複利率為 9.3%。

2010 年的投資備忘錄

1. 公司治理：迎來春燕

　　股東會一開始，巴菲特展示了一張投影片，內容顯示今年第一季波克夏的收益為22億美元，超越去年的17億，並指出經濟正在復甦。對於重工業出現的熱潮導致供不應求，巴菲特尤其感到高興。舉例來說，BNSF鐵路的使用量大幅增加；ISCAR可在世界各地組裝管線的金屬加工器材，以致銷售量驟然高升；馬蒙集團（Marmon Group）的生意也變好了。

　　巴菲特指出，基於原則問題，該張投影片上並未將每股獲利放上去，並表示該種做法經常會導致捏造數據的情況。

　　他引用了《華爾街日報》的文章[1]，該篇文章提到史丹佛大學進行了一項研究，他們審視了長達二十七年的期間，近五十萬份的公司財報數字到每一美分後的小數點第十位。他們發現，那些收益數字很少會結束在四分之一美分。

　　那項研究的結論是，絕大多數的公司都有在操控數字，好讓他們能夠順利四捨五入！[2]此外，該研究也進一步指出，那種玩弄數字的手段，也是觀察一間公司是否會在日後爆發會計問題的重要指標。巴菲特總結說，這些情況對企業來說，是很不好的。

1　〈Quadraphobia〉，2010年2月13日。
2　這也是此篇文章名稱的由來。

在被問到是否有任何意見想補充時，蒙格說：「我同意你說的。」
「他真的是最棒的副董事。」巴菲特笑道。

2. 年度事件：高盛欺詐門

有鑑於肯定會有許多問題，圍繞著美國證交會（SEC）針對高盛公司所展開的調查打轉[3]，因此巴菲特準備了非常充分的資料來回答。他表示，他明白這筆交易現在會引起大眾的質疑（該證券名為Abacus）。但這筆交易與波克夏過去多年來所進行的交易相比，本質上並無太大的不同。因為對每一位買家來說，都會有一位賣家處在相對位置上。

比較值得注意的是，涉及交易的其中一間公司——ACA，這是一間債券保險公司，且業界人人都知道，該公司在處理這些貸款投資組合上相當活躍。我們很難界定這些公司是否真的清白。[4]

巴菲特展示了一張投影片，顯示了一筆價值80億美元、包含許多不同州的市政債券組合，而波克夏同意以1億6,000萬的保費作為代價，為其提供擔保——巴菲特強調以下的結論，只是基於他個人的分析——他並不在乎交易的另一邊，究竟站的是誰。只要交

---

3 編注：2010年4月16日，SEC針對高盛及旗下副總裁法布里斯．圖爾(Fabrice Tourre)提出證券詐欺控訴，指稱它在向投資人推銷一款與次貸有關的金融商品時，隱匿與誤導跟該產品有關的關鍵事實。

4 根據《華爾街日報》於2008年1月8日所刊登的報導中，ACA擁有4億2,500萬美元的資產，並涉及高達690億美元的信用違約交換合約（credit default swaps）——顯然這不是一間會去迴避風險的集團。

易內容有意義，且保費夠高，他就願意接受交易。就算日後他因為此筆交易蒙受損失，他也不認為自己可以反悔，並指稱該交易「不公平」。

提到高盛，巴菲特大肆讚揚它的CEO勞埃德‧布蘭克芬（Lloyd Blankfein）。對此，蒙格也深表認同，並說：「有許多CEO是我巴不得想見到他們快點下台的，但這其中絕不包括布蘭克芬。」

儘管如此，蒙格也指出對於某些業務來說，每一間公司都應該予以拒絕——我們應該追求更高的標準，而不是僅用「守法」作為行為準則。

至於該如何處理這場危機呢？巴菲特對布蘭克芬的建議是：「做對、做快、公開，接著放下。」他也說道，SEC的調查對波克夏來說不失為一個機會，因為高盛很有可能因此延後以面值110％的價格，贖回波克夏手中價值50億美元、利息為10％的優先股。

這些優先股每年都會為波克夏帶來5億美元的收入（亦即每一秒就有15美元入帳）。從現在開始，到贖回的那一天為止，秒針每「滴答」一次，就會為波克夏多賺進15元。滴答——在我們睡覺的時候——滴答——在度過週末的時候——滴答⋯⋯巴菲特太喜歡這筆交易了。

接著，他又切換到下一張投影片，上面是一個墓碑，上頭刻著：

1967年／多元零售公司（Diversified Retailing，儘管該

公司旗下只有一間商店）[5]／利息8%／市價550萬美元
的公司債／到期日為1985年11月1日。

他說，有兩位在此處沒有被列出來的超級大咖保險商：高盛的
格斯·李維（Gus Levy）、Kidder Peabody投資銀行的艾爾伯特·高
登（Albert Gordon）。只要能從墳墓中爬出來，這兩個人絕對願意
承擔交易中的35萬美元！

對於四十三年前他們願意對他伸出援手的往事，巴菲特衷心感
激。[6]

3. 評論：金融規範的必要性

對於美國國會的成員，是否真的閱讀了長達1,550頁的金融規
範條文，蒙格對此表達自己的懷疑。儘管如此，他認為我們有需要
縮緊對投資銀行體系的監管、減少被允許的行為、減少複雜度，並
重新制定《格拉斯—史蒂格爾法案》（*Glass Steagall*）。[7]

同樣的，近年來儲蓄信貸業由於嚴格的規範，並沒有發生什麼
問題。一旦鬆綁法規，大問題很快就會隨之而來。他嘆息道，「給
人們機會，人們就會為非作歹。」

在威斯科金融公司的股東會上，蒙格使用「足球裁判」作比喻。

5　編注：波克夏在1978年購併了這間公司。
6　顯然在友情方面，巴菲特是非常念舊的。
7　編注：該法案誕生於1930年代的大蕭條後，目的在於遏止投機歪風，並對美國的銀行
　　體系進行系統化的改革。

假如其中一隊擁有一位超級球員，那麼另外一隊的最好策略，就是想辦法猛K這名球員一頓，讓他連跑都跑不了。因此，我們必須要有足球裁判，好讓比賽文明些。

競爭激烈的投資銀行世界也是如此，由於每個人都野心勃勃地想要超越其他人，因此最終總會創造出一個「人人都殺紅了眼」的體制。

他表示，投資銀行一定會全力反抗，就如同潛水員絕對不會讓任何人掐住他們的呼吸管般。他們可能會表現出「士可殺，不可辱」的態度，誓死奮戰。因此，我們需要嚴格的配套措施。

蒙格總結道，假如他能當一位宅心仁厚的「暴君」，他絕對會當到讓保羅・沃克（Paul Volker）[8]都自嘆弗如。

4. 評論：對衍生性商品的建言

巴菲特澄清，他近日所進行的遊說內容，主要是希望能修正金融規範法案中的一個元素，那個元素就是關於現存衍生性金融商品合約中的抵押品。原因在於，那個法案有可能會回溯性地要求上百間公司，在沒有任何補償的情況下，拿出額外的抵押品。

如同巴菲特所說的，「如果我賣給你的是一間未裝潢的房子，其價格是這樣的。但如果你希望房子能裝潢好，那麼你當然要多付一點錢給我。」他指出，波克夏手邊剛好有一份擁有兩個價格的合

8　編注：身為前聯準會主席的沃克，因為終結1970至1980年代早期的高通膨，而享有極佳的聲譽。

約，其中一個價格是不帶擔保的750萬美元，另一個則是附帶全額擔保的1,100萬。

蒙格總結道，該法案中的此項條款是否符合憲法精神尚有很大的爭議，而且它的內容顯然既愚昧又有失公平。

5. 市場分析：希臘國債危機與美元

全世界的貨幣顯然正處於逐底競爭（race to the bottom）的戰爭中。巴菲特指出，過去幾年發生在國際間的大事，讓他對於世界貨幣能否在未來繼續維持其價格的態度，更為看衰之。

他強調，美國不存在違約的可能——因為美國可以自己印刷貨幣，且想印多少就印多少。相比之下，希臘的處境尷尬許多。儘管希臘對於本國的預算擁有絕對自主權，但隸屬於歐元體系的他們，不能擅自印刷鈔票。這將是對歐元經濟體持久性的測試。

蒙格表示，過去的美國屬於保守派，而這也讓美國擁有優良的信用歷史。他指出，因為這份優良的信譽，我們得以為二戰出資，日後更執行了歷史上最重大的一項外交政策—— 馬歇爾計畫（Marshall Plan），協助德國與日本的戰後重建。現在，我們的政府已經太久且過分地使用自己的信用。而希臘危機只不過是拉開了一個引人注目時期的序幕，讓我們明白當一個政府太久、且過份地使用信用後，會落得什麼下場。

巴菲特插話說道，財政赤字高達GDP 10％的情況，並非長久之計。看各國如何擺脫巨大的財政赤字，將會是一部精彩絕倫的電

影。蒙格也說，不切實際的承諾，比已知的問題嚴重許多。如果經濟能繼續成長，或許我們可以安然無事。但一旦成長停止，我們將面臨嚴重的問題。

6. 市場分析：更高的通膨與赤字

基於以上的種種觀察，他們認為接下來，我們將會面臨更高的通貨膨脹率。

巴菲特指出，在1930年之後，美元貶值超過90％，然而，美國的狀況卻保持得不錯。世界各地對於出現顯著通膨的預期，持續增加。應對此一危機所提出來的解藥——製造大量債務，其效果還算可以，但如果繼續維持高GDP比例的赤字，長期來說貨幣的價值將因此被削弱。

巴菲特和蒙格都認為，明年將會出現更高、甚至高出預期許多的通貨膨脹。[9]

7. 評論：人類文明的挑戰

如同過去幾年所說的，巴菲特指出當前文明所面臨的最大挑戰，就是大規模的核武和生化攻擊——在未來五十年裡，發生此類攻擊的可能性相當高，但如果就單一年來看，發生的機率則不高。

巴菲特表示，綜觀歷史，人類的情況有了極為顯著的進步（儘

9　我們注意到巴菲特是如何應付這樣的情況：他將錢全部投資在公司與股票上。

管期間也曾遇上些許麻煩）。在釋放人類潛能方面，美國與其他國家相比，展現了更為出色的表現。

巴菲特猜想，一個身在1790年代的農夫，或許只會夢想著有一天能得到一個將工時從十二小時縮短到十小時的工具。在那個時代，美國的人口還只佔中國人口的一小部分，看看現在的美國已經發展到何種程度。

他說，或許現在坐在台下的波克夏股東們與兩百年前的人相比，並沒有更聰明，但我們過得更幸福了。

8. 接班者計畫：隨時都能啟動

巴菲特再一次向股東們保證，接班計畫已經按部就班地執行著。新任的波克夏CEO隨時隨地都能立即上任。

蒙格則向股東們保證，對於波克夏當前的企業文化能否長久的維持下去，他深具信心。他認為，即便在創辦人離開後，這股風氣也能繼續保留。

巴菲特則指出，當前波克夏所流行的文化，是強烈的自我提升企圖。他覺得要想改變既存的文化，有一定的難度。而波克夏還擁有一個優勢：自1965年之後，這個文化已經歷長期的扎根、演化，而巴菲特也不斷地在其中添加更多具補強性文化的企業。

9. 投資心法：資本密集企業——MEC、BNSF鐵路

「為什麼波克夏要投資在資本密集的企業上？」巴菲特表示，

這是他最想要詢問自己的頭號問題。

波克夏的特徵向來是找出那些可以帶來大量現金，且不需要（或不太需要）進行資本再投資的公司，例如時思糖果。隨著這些現金流被帶往奧馬哈，該如何將這些錢用於投資下一部現金製造機的任務，就落在巴菲特身上了。

然而，隨著波克夏的規模持續成長，巴菲特發現這些上百億的資金很難再如過往那樣發揮效果。因此，他改變了作法。

1999年在中美能源（MEC）身上，巴菲特發現了此類公司的誘人之處：將自己生產出來的現金流，全數再投資到公司身上（假設再投資的行為，能獲得合理的回報）。

擁有例如MEC此類的公共事業，就能滿足巴菲特的需求——MEC將生產出來的每一分錢，都重新投注到自身的公共事業上，且多數都能得到合乎法律規範的11％至12％報酬率。儘管不算非常出色，但這筆投資的回報非常合理。

有了這番經驗，巴菲特準備好做出另一筆交易。

波克夏近期剛結束購買BNSF鐵路的交易——另一間高度資本密集公司，巴菲特對該公司的預期回報率為低二位數（low double-digit）。

在第一季的財報中，波克夏預估，這兩間兩子公司在2010年的資本支出將為39億美元。

10. 投資心法：債券與股票的交易思維

巴菲特表示，在購買債券時的分析指標，你必須回答：「這間公司會倒嗎？」這個問題。然而，在購買股票的時候，我們需要回答一個更困難的問題——這間公司會成功嗎？

這也是為什麼波克夏會選擇購買哈雷摩托車（Harley Davidson）利息15%的公司債，而不是買它的股票。因為他確信，該公司可以一直經營下去，並開玩笑地說：「你怎麼能不愛一間客戶願意將『哈雷』這個名字刺在自己胸膛上的公司呢？」

但是，要衡量該公司長期的未來就沒那麼容易了，尤其是當遇上經濟危機時。令人驚訝的是（對我們而言），巴菲特說如果當初高盛給他的是利息12%不可贖回、而不是10%可贖回的優先股外加認股權證，他會選擇12%。[10]

巴菲特表示，波克夏在保險方面還要負擔600億美元的責任（有些部位的曝險期長達五十年），因此波克夏永遠不會將所有錢放到股市中。蒙格補充道，波克夏是以信託人的心態去進行投資，因此它積極購買股票的程度，會受到一定的限制。儘管如此，他認為購買陷於困境中的公司股票，是一塊非常有「錢途」的領域。

---

10 編注：2008年9月金融海嘯之際，巴菲特出手拯救高盛，以50億美元買進高盛優先股，高盛每年將支付這些優先股10%的高額股利，但高盛有權在任何時候向波克夏贖回這些股票，但必須額外支付10%的權利金。此外，波克夏也獲得高盛的認股權證，給予波克夏以每股115美元的價格購買10%的高盛股票，總額相當於50億美元。以當時高盛每股125.05美元的收盤價計算，相當於波克夏獲得了8%的折扣。

11. 公司治理：價值超乎想像的阿吉特

每年，巴菲特都會讚揚負責管理波克夏旗下國家賠償保險公司、再保險業務的阿吉特‧嘉安。在年報中，巴菲特開玩笑地說：「如果查理、我和阿吉特同在一條快要沈的小船上，而你只能選擇救我們其中一個人，那就快點游向阿吉特吧。」

在擴大波克夏保險浮存金方面，阿吉特扮演了一個極為關鍵的角色，其能力遠遠超過多年前巴菲特的想像。三年前，阿吉特接手勞埃德銀行（Lloyds）的大筆債務，而該筆合約為波克夏帶來71億美元的保費。

去年，阿吉特協商了一份生命保險合約，該合約在未來五十年裡，將為波克夏帶來500億美元的保費。因此，僅管巴菲特對於波克夏現有的630億浮存金在未來幾年內，是否會大幅成長感到懷疑，但他也承認，永遠都可能會有帶來更多浮存金的交易出現。

巴菲特分享道，阿吉特率領三十名員工的方式，會讓你覺得連耶穌會對他們的信徒，都沒有管得那麼嚴謹。那是一個紀律嚴明的組織。如果阿吉特不在了，對波克夏來說將會是極大的損失，但波克夏還是可以繼續進行那些使其名聲遠播的大型交易。

12. 人生習題：金錢觀念的學習

巴菲特說，人們時不時地就會做出非常愚蠢的事，而這些行為與有效智商根本無關——我們無法糾正人類的瘋狂。

就個人層面而言，巴菲特強調，「在年輕的時候就培養出良好

的財務習慣，是非常重要的。」他表示自己和查理都算是相當幸運的人。他們成長在一個會教導他們金錢觀念的家庭環境下。

　　基本概念的獲得，遠比那些高深的學問來得更重要。蒙格補充道，對美國的勞動人口來說，麥當勞一直扮演著出色的教育者。他們指導員工要準時上班，並在工作時保持效率等等。這在教育美國人民上，發揮了極大的效果。

　　巴菲特還推薦了「神祕俱樂部」（The Secret Millionaries Club）這部卡通，其核心主題就是培養孩子的金錢觀。

13. 評論：歡迎效法的避稅方式

　　長久以來，巴菲特總是被人批評他將自己透過波克夏賺得的錢捐給慈善機構，藉以逃避州稅，卻同時大力鼓吹提高富人的稅負。

　　巴菲特很歡迎大家效法他的作法。他表示，這麼做確實能避開不少稅，而且運氣好的話，這些錢還可以為社會帶來極大的助益。

　　蒙格說華倫——就跟我們所有人一樣，在最終離世的那一刻，必須付出100％的稅，因為我們帶不走一分一毫。

　　就國家層面來看，每年的國家預算約等於GDP的25％至26％，其中有約莫15％來自於稅收，另外10％則來自赤字財政（deficit financing，即政府開支超過其收益）。

　　巴菲特表示，為了減少這樣的赤字，我們勢必要降低開銷、提升稅收，以取得平衡。

14. 公司治理：NetJets 的錯誤經驗

巴菲特承認，他在 NetJets 上犯了一個錯：在價格過高的時候，買進太多飛機。他對大衛・索科爾扭轉局勢、讓 NetJets 的營收趕上營運成本的能力，則是讚譽有加。

他也說道，這不是他第一次犯錯。儘管他對「紡織業不是一個好的投資對象」這件事心知肚明，波克夏依舊維持其紡織業務長達二十年。他開玩笑地說：「我終於清醒了。我就像是李伯大夢。[11]」

蒙格對此事也給出了一點看法。他說，如果你擁有一個過往紀錄極其出色的管理者，替你管理三十間公司，而他 95％ 的時候都能表現得很棒，但這也意味著總會有那麼 5％ 的時間，他會做得不夠好。就 NetJets 這件事來看，這間公司還是不錯——我們損失的是過去的收益。總體而言，這依舊是一個非常出色的體制。

15. 產業觀察：比亞迪的出色紀錄

在威斯科金融公司的股東會上，蒙格滔滔不絕地說道，如果他們有生之年能再找到一間跟比亞迪（BYD）一樣好的公司，他一定會很驚訝。他也表示，在發現這間公司上，大衛・索科爾可謂是最大的功臣。

BYD 擁有出色的紀錄，其中包含許多罕見的成就，而這也代

---

11 編注：美國小說《李伯大夢》(*Rip Van Winkle*)，講述一名樵夫，在森林中經歷一段奇妙的際遇後偶然睡著。在清醒回家後，卻發現人事已非的故事。多用以形容後知後覺、慢半拍之人。

表了他們並不是新創公司。對於該公司的創辦人王傳福（近期，由於BYD的股價急速上漲，也讓王傳福成為中國首富），蒙格的印象特別深刻。他認為BYD會憑藉著電池與電動車的技術，解決當前世界所面臨的難題，因此他非常看好BYD的未來。

他也補充道，隨著BNSF鐵路、中美能源和BYD的加入，現在的波克夏擁有數量可觀的工程師，對於此一事實他相當地滿意。

蒙格和眾人分享，在他年輕的時候，曾因為一筆創投（venture capital, VC）而損失不少錢。當時他所投資的那間公司爆發了主要發明者跳槽的事件，然後該公司的產品示波器，又因為新的磁帶技術而被市場淘汰。自此之後，科技公司在他心中留下了陰影——直到BYD的出現。

蒙格認為，BYD向波克夏展示了他們能持續學習的能力。

16. 公司治理：薪酬與政策

巴菲特表示，波克夏旗下擁有超過七十間不同的公司，因此在薪酬協議方面需要非常多元化的設定。舉例來說，BNSF鐵路就需要非常多的資金，而時思糖果卻不用。

在建構公司價值方面，每間公司都有自己的主要衡量辦法。而巴菲特希望透過薪酬所達成的目標，是拓寬該公司的護城河。

蒙格指出，許多大公司如奇異，擁有集中化的人力資源部門，來管理此類事宜。由總部貿然施加政策，反而有可能會引發不滿。當前波克夏的作法，則與其他公司完全相反——全然地去中央化。

蒙格愉快地表示，事情單純的令人驚奇——無論是在運作效果與有多麼省時間方面。

17. 產業觀察：公共事業的正當回報

公共事業的收益主要是基於股本回報率，而根據各州的規範，這個比率平均會落在11％至12％之間。由於對電力的需求不太可能大幅減少，因此波克夏幾乎是穩拿這部分的收益。

鐵路部分的風險則較高，因該產業對經濟狀況較為敏感。但是，投資鐵路使它不貶價，是對社會有益的行為。而此一共同利益也讓波克夏意識到，透過BNSF鐵路將能獲得一筆合理的收益，而在未來三十年內，鐵路還會需要更多的投資。

蒙格發現，在受規範的體制下，鐵路能獲得顯著的成功。在過去五十年內，全部的鐵路都獲得重建的機會，而普通火車的長度與重量也都有了翻倍的成長。

18. 投資心法：保險的風險操作

巴菲特指出，地震和颶風是兩項最大的自然災害風險。

由於當前的利潤較低，因此波克夏這方面的生意做得較少。波克夏願意承擔的風險上限為50億美元。卡崔納颶風造成的總損失為30億美元，而九一一事件則是20億美元。

當所有人都對造成重大損失的事件避之唯恐不及的時刻，波克夏卻能反其道而行。這也是因為波克夏具有極大的競爭優勢。巴菲

特認為，隨著每年這樣的差距繼續擴大，這幾乎已經成為一種永久的優勢。

藉由他人期待穩固收益的心態，波克夏得以預先獲得大筆的保費，並隨著時間的推移再計入大筆收益（儘管沒那麼平穩）。

19. 評論：投機的潘朵拉盒子打開了

巴菲特引用約翰·梅納德·凱因斯（John Maynard Keynes）在《就業、利息和貨幣的一般理論》一書第十二章中的文字，開啟了對投機本質上的探討（他認為這個章節對於資本市場運作的描述，是他見過最棒的）。

> 「對穩定的企業潮流而言，投機造成的傷害或許不若泡沫。但當企業成為投機浪潮中的泡沫時，這個問題就相當嚴重了。如果一個國家的發展資金淪為博弈行為的副產品，其發展必然不妙。」

華爾街在運作上向來帶有一點賭場的色彩，而此地也是募集、並分配資金的重要社會場所。然而，在選擇權與衍生性金融商品誕生後，賭場元素佔得比重開始失衡。

根據巴菲特的看法，從美國國會於1982年批准S&P 500衍生性商品合約出現的那天起，潘朵拉的盒子就被打開了。自此之後，局勢完全不同了——現在，人人都可以購買指數，並忽略真實存在

的公司——賭場正式對所有人開放營業。

此外，該合約還能享有稅務優惠的待遇——無論持有的時間長短，長期資本收益為60％，短期資本收益為40％。

該年，巴菲特寫信給國會議員丁格爾（John Dingell），表示該合約類型內有95％的交易，都是近似於賭博的行為。

蒙格指出，這樣的發展是多麼地瘋狂，而華倫是唯一一個對這個法案表示反對的人。蒙格引用俾斯麥（Otto von Bismarck）的話作結：「有兩件事你不該看——香腸的製作和立法的過程。」

20. 評論：市政債券的風險思考

在被問到市政債券的違約可能性時，巴菲特指出近期賓州的哈里斯堡就發生了違約事件。

根據巴菲特的看法，真正的關鍵在於「關聯性」——導致多個市政府同時出現違約的傳染情況，有可能發生嗎？對於提供債券保險者而言，承擔的責任多寡與其背後的資金有著極大的關聯性。

他也提到，既然美國政府都援助了通用汽車，又怎麼可能對於身陷危機的州政府坐視不理呢？問題在於道德風險——如果不遵守紀律的人沒有得到懲罰，那麼其他人又為什麼要遵守紀律？

蒙格總結道，投資在繁榮且紀律嚴謹的事物上，是比較明智的作法——誠信依然相當重要。

21. 投資心法：股票債券或現金？

有人詢問巴菲特，關於那篇他於2008年10月發表在《紐約時報》上的文章〈跟我一起買美國〉（*Buy American. I Am*）。

巴菲特表示他很少會寫文章，而在寫那篇文章的時候，他有些匆促。儘管如此，他知道就長期而言，股票的表現絕對會優於債券或現金。即便在市場重新振作後，他說在未來的十年或二十年內，他依舊情願持有股票而不是債券。

對此，蒙格則沒有這麼樂觀，他認為股票是「壞處境」下最好的選擇，而他預期未來的回報將不再那麼振奮人心。

22. 產業觀察：能源與投資機會

巴菲特發現，全美擁有五十萬座油井，而我們過度消耗了這些需耗費數百萬年才能生成的產物。而這個現象與世界的繁榮有著極大關聯。他表示，對於人類解決問題的能力，我們不能失去信心。撇開核子武器與生化威脅不談，此刻或許將是歷史上最重要的一段日子。

蒙格指出，與之前相比，現在的世界對原油的依賴程度已經降低了。在1850年代，當時的所有科技技術都需要依賴石油來取得成功。而現在，石油已經沒那麼必要了。

他提起物理學家弗里曼‧戴森（Freeman Dyson，2000年鄧普頓獎的獲獎者）曾表示，世界上的原油正在減少並不是一件多麼可怕的事——在未來五十年內，我們或許會從每日八千五百萬桶原油

使用量，下降到五千五百萬桶。蒙格總結道，如果連弗里曼都不為這件事擔心，那麼我們也就不用太擔心了。

蒙格認為，太陽能正在崛起，因為人類顯然需要這類能源。儘管如此，他現在還不會出手買進太陽能板，因為未來的價格應該會更便宜；而對於「乙醇」的議題，他則持續表達關心，並再次批評我們使用石油和水源灌溉玉米來製造乙醇，是「極端愚蠢的點子」。

此外，他樂觀地認為美國遲早會建立智慧型電網。他強調，「我們的能源問題是可以解決的，而最終的答案，或許會與我們所有人的直覺相反。」

23. 公司治理：「降低競爭」無法讓你更輕鬆

波克夏擁有8.8％的卡夫食品。對於卡夫食品併購吉百利（Cadbury's）的出價，巴菲特並不滿意；對於卡夫食品將冷凍披薩品牌DiGiorno Pizza以違背稅務效率的方式賣給雀巢（Nestlé），以募集前項交易所需的資金，他也不是很開心。

他確實說了卡夫食品以「遠低於其組成元素」的價格賣出。當前的市場價格對一間非常優秀的公司，例如酷愛（Kool-Aid）或傑樂（Jell-O）來說，實在太低了。

蒙格指出，許多美國頂尖企業的老闆們都認為自己無所不知，因此幻想著能在「降低競爭」的情況下，輕鬆經營公司。他回憶起

全錄（Xerox）買下保險公司Crum & Forster[12]——因為這樣在保險業務上，就沒有難纏的日本對手來較勁了。然而，這筆交易糟透了。他也談到，為了防止一小部分的愚行，波克夏並沒有培養一群「忙著幫交易牽線」的推銷員。

24. 評論：當大家都這麼做時，你該怎麼做？

蒙格認為，金融危機的成因源自於缺乏誠信的管理。他尖銳地引用了教皇烏爾班二世（Pope Urban）對樞機主教黎胥留（Cardinal Richelieu）的看法：如果真有上帝，那麼他必定會有很多事情該交代；如果沒有上帝，那麼他看起來做得不錯。

巴菲特補充道，「大家都是這麼做」的這個理由，往往是最難處理的。舉例來說，當接受參議院主導的美國財務會計準則委員會，准許選擇權可以有差別待遇時，S&P 500中的四百九十八間公司，都選擇了差別待遇。所有的CEO都讓步了，「如果大家都這麼做，我也必須這麼做。」這其中牽涉到的情境倫理問題，非常巨大。

巴菲特認為，面對這種困境的最好方法，就是創造一個能最小化人性弱點的架構；蒙格也說道，許多壞行為是出自於潛意識，而治癒的辦法就是讓人們承擔自己所做所為的後果。基於此一觀點，現在的華爾街就是一個不負責任且不道德的體制。

蒙格嘆息的說：「你見到誰出來為金融危機道歉了？人們都覺

---

12 編注：全錄在1983年1月以16億美元的價格收購了Crum & Forster。

得自己沒有錯。」

25. 投資心法：恐懼與機會

巴菲特再次強調了他的箴言，成功的投資需要正確的人格特質——當眾人恐懼時，展現你的貪婪。如果你自己也被嚇壞了，那麼你就不可能在證券市場中大賺一筆。

蒙格也分享，自己是如何在逆境中培養出勇氣。或許，允許自己偶爾經歷一些挫折，是不錯的態度。

巴菲特建議，如果不要去看每日行情，多數人在投資方面的表現會更好購買一間優秀的公司，然後持有它很長、很長一段時間。

最後，蒙格以一個笑話作結——某個男人問：「如果我失去所有的錢，妳還會愛我嗎？」太太回答道：「是的，我會永遠愛著你，並日以繼夜地緬懷你。」

26. 評論：保存真相的方式

當巴菲特被詢問到，為什麼要如此頻繁地出現在電視上時，他表示自己喜歡留下電子紀錄，如此一來，他所說的話就不容易被誤用或誤解。[13] 如果他上「查理羅斯訪談錄」（Charlie Rose）節目，他就知道這段紀錄將會被永久地保存下來，而且絕對不會改變。

---

13 在今年的波克夏年報中，巴菲也特舉出相關的例子，展示在去年股東會結束後，他的話是如何被媒體扭曲的。

27. 評論：貨幣寬鬆政策與零利息

巴菲特諷刺地說道，儘管現在採取的是寬鬆的貨幣政策，但對於擁有錢的人們來說，政府卻一點都不寬容。儲蓄者的日子很難熬。與此同時，通貨膨脹又吃掉了美元的購買力。

他認為，龐大的預算赤字和零利息絕非長久之計。順帶一提，他還說如果事情惡化了，千萬不要怪罪聯準會。要怪就要怪國會。

蒙格同意現況令人非常擔憂。現在的股價之所以這麼高，部分原因就在於利息實在太低。這種情況不可能長久。

28. 人生習題：保持對商業的興趣

巴菲特引用艾默生（Emerson）的話說：「你內在蘊藏的，是前所未見的力量。」他提到羅絲‧布朗金（B夫人）就擁有這股自然之力。從未接受過學校教育的布朗金，將500美元的投資，轉變成座落在七十八英畝土地上、價值4億美元的生意──內布拉斯加家具商城。

他還記得當他去B夫人的家裡拜訪她時，她的家具上還掛著綠色的大減價吊牌。巴菲特開玩笑地說，他當時立刻對自己說：「忘了蘇菲亞‧羅蘭吧，這才是適合我的女人！」

巴菲特向眾人分享，能跟隨自己的熱誠就是最棒的事。這也是波克夏所有傑出管理者所具備的共識──他們熱愛自己的工作。

在如何累積財富上，巴菲特也與眾人分享了一些經典的智慧：量入為出；熟悉並待在自己的能力範圍內；真正重要的公司，只有

你將錢放進去的公司；活到老，學到老；不要賠錢；堅守安全邊際。

　　蒙格則建議我們，應該要保持讓自己每天睡覺時，都比起床時更聰明些的習慣。或許無法立即見效，但效果絕對有保證。

　　他回想自己過去唯一上過的商業類課程，只有會計。在他還是個小男孩的時候，他見到一名男子總是成天泡在夜店裡。他問父親為什麼。他的父親說，因為那名男子在商業界非常成功，根本沒有競爭對手——他負責供應死掉的馬匹。蒙格說，從那天起，他開始對商業充滿興趣。

　　在奧馬哈，許多公司興衰更迭，但蒙格說，你可以預測基威特公司（Kiewit）一定能成功，因為他們辛勤工作，紀律嚴明。

29. 評論：蒙格能保持樂觀的原因

　　長期以來都被視為難以取悅的蒙格，列出了幾件他對其保持樂觀的事情，這或許也讓眾人嚇了一跳：

- 文明面對的重大問題只是技術上，且是可以解決的（透過能源），而這些都會對文明帶來巨大的助益。
- 波克夏的文化將得以延續得非常久。
- 他喜歡看到人們從貧困中一夕致富的故事，而這些故事正發生在中國與印度。
- 維持低度預期——這是保持快樂的祕訣。

蒙格驕傲地總結道，「見到離死期不遠的我也能維持樂觀，想必你們應該也可以應付那小小的通膨問題吧。」

30. 人生習題：重複可行之事

在被問到關於他們兩人的生活態度時，蒙格搶過麥克風說道：「實用主義！從事適合自己個性的事。根據經驗，選擇那些效果更好的事去做。持續去做那些有用的事。這就是生活的基本演算法——重複可行之事。」

2011

地點：奎斯特中心

出席者：四萬人

年度摘要：

- 今年的電影中包括了蓋可員工的搖滾音樂影像，巴菲特在裡面大唱饒舌歌還跳了地板舞（顯然是替身上陣）。其中，還包括了特殊搞笑版的《我們的辦公室》（The Office，電視劇），巴菲特和蒙格都現身其中，其中一名演員在劇中說道：「我覺得我跟巴菲特很像。我存錢。我投資。而我的孩子一毛錢都拿不到。」

- 蒙格和巴菲特用六個小時的時間，來處理股東們的提問。

- 這是一趟非常令人驚奇的學習體驗——尤其當你想到巴菲特教授和蒙格教授（分別為 80 歲、87 歲）居然還能如往常一般犀利時。

財富世界五百大排名：第 7 名

波克夏股價：120,475 元

- 1964 年所投下的 1 美元，在今日約等值於 9,739 元。

- 波克夏的每股面值從 19.46 元上漲到 99,860 元（年複合成長率為 19.8%）。

- 同時期的標準普爾 500 指數的年複利率為 9.4%。

2011 年的投資備忘錄

1. 公司治理：讀懂數字隱藏的意涵

　　長期以來，巴菲特總是擔任著會計老師的角色。

　　在長達四十年的年報中，巴菲特將大量的會計慣例細微之處，拿出來和公司實況做比對。訊息非常清楚——不要只看數字，要看數字背後隱藏的意涵。

　　因此，當「巴菲特教授」今年在觀眾眼前播放了不少於四張投影片時，我們認為此舉有極為重要的意涵。

　　第一張投影片顯示的，是波克夏今年第一季的淨盈利收益（16億美元）對比前一年第一季收益（22億）。在這其中，8億2,100萬的保險核保損失，掩蓋了既存保險營運收益大幅增加的事實。

　　除了住宅建設領域之外，巴菲特對緩慢但持續復甦中的經濟抱持樂觀態度。特別是波克夏購買 BNSF 鐵路的行為在油價不斷升高、明確凸顯出鐵路的競爭優勢後，也讓波克夏成為確定的贏家。（數字的意義：除了住宅建設和一些災難損失之外，波克夏的營運狀況非常出色。）

　　第二張投影片，則展示了在近期各大災難中，波克夏預計的損失：澳大利亞水災，1億9,500萬美元；紐西蘭地震，4億1,200萬；日本地震，10億6,600萬。總金額為16億7,300萬美元。（波克夏預估，這筆金額中的7億元，將來自波克夏與瑞士再保險的25％比率

再保險。)

　　巴菲特提到，根據過往的經驗，在總災難損失中，波克夏的總損失約佔3%至5%（在卡崔納颶風中也確實如此）。[1]

　　為了便於分析，巴菲特指出，此次紐西蘭地震為保險業帶來了120億的損失。也就是說，人口數為五百萬的紐西蘭（僅為美國六分之一），在人均受災的程度上，承受了「卡崔納颶風十倍」的強度。

　　對此他也警告，就災難損失而言，第三季（颶風季）往往才是最慘烈的時刻，因此在天災方面，2011年或許將會是史上損失最慘烈的一年。

　　第三張投影片，顯示了蓋可公司驚人的保險業務成長。2010年第一季，增加了21萬8,422張保單，而2011年第一季，又增加了31萬9,676筆。

　　巴菲特評估，每一位投保人可以帶來1,500美元的價值（約莫是1×保費），這也意味著光是第一季，蓋可就增加了近5億美元的價值。循規蹈矩的會計方法，沒辦法反映出此類價值的增長。

　　巴菲特指出，蓋可的內在價值現在已經超越了140億美元，且該公司的市佔率每一天都持續成長著。他更開玩笑地說，只要有六十六名股東願意在展覽會場上簽下保單，就能為波克夏帶來將近10萬美元的收益，這樣他就可以拿這筆錢去付股東會的場地費

1　這裡是一個非常好卻未問出口的問題：在全世界的再保險產業中，市佔率高達10%的波克夏，是如何在災難發生後，只需承擔比例極低的損失？

了。[2]（數字的意義：蓋可的內在價值成長遠超過會計報告上的數字。）

第四章投影片，則提到一種被稱為「非暫時性減損」（other than temporary impairment）的會計手法。不過重點不在這裡，重點在於波克夏因為於高點的時候買進富國銀行股票而遭到減價，並因為此種會計手法在損益表中被減掉了3億3,700萬的收益。與此同時，波克夏因為富國銀行其他持股而享有的37億美元未實現獲利，卻被忽視了。（數字的意義：在計算波克夏的營業收益時，忽視了投資收入與損失。）

巴菲特為所有投影片作結，譴責那些熱愛報導「重要數字」的頭版新聞，他認為這些數字很有可能成為「具欺騙性的數字」。除此之外，他認為投資者應該將焦點放在「營業收益」、「帳面價值」和「內在價值」的增加上。無論是以何種衡量方式來看，波克夏的2011年第一季的表現都非常亮眼。

2. 年度事件：索科爾離開波克夏

如同這些日子被廣泛報導的，大衛‧索科爾近期向波克夏提出

2　這裡還有另一個值得探討的領域。廣告除了能帶來新的投保人以外，對於顧客留存率、品牌知名度和心智佔有率方面，都能培養一定的優勢。因此，下面的計算或許有些過於簡化狀況。不過，我們發現蓋可平均每季的廣告開銷為2億2,500萬，這也意味著（今年第一季）每一位新增投保人的廣告費用約為700美元。如果蓋可在平均1,500美元保費的前提上得到平均94％的綜合比例（6％利潤率），這就意味著每一位股東每年能獲得90美元的收益。這也代表光是「廣告花費」的部分，波克夏就要用八年的時間賺回來。因此，到底是哪些功能（當然包括浮存金的創造）讓此門生意變得如此的火？

請辭，並引起了軒然大波。[3]

關於這些風暴的核心問題在於：索科爾所持有的路博潤（Lubrizol）股票、他和花旗集團（路博潤的投資銀行）的接觸，以及索科爾和巴菲特的會面（在該場會議中，索科爾提出波克夏應該購買路博潤的點子）。

巴菲特回想起自己於二十年前經歷了索羅門兄弟公司的醜聞事件。即便在這麼多年之後，巴菲特在重提這樁醜聞時，依舊以「不可饒恕」和「令人費解」的描述來形容。二十年後，他自忖或許對於眼前這件事，他的形容詞也不會有所改變。

巴菲特表示，索科爾並沒有隱藏自己所做的交易，因此這裡不存在著欺瞞的問題。他還提到十多年前，他提供索科爾一份激勵獎金提案：如果他能達成該計畫中的極端目標，就可以獲得5,000萬美元，而他的次要合夥人克雷格‧阿貝爾也能得到2,500萬美元。而索科爾在提出「讓他們兩人均分、各拿3,750萬美元」的附帶條件後，接受了這份提案。

這也是巴菲特認為這件事令人費解的地方——一邊是自願放棄1,250萬美元獎勵的品格高尚之人，一邊是以看似令人懷疑的方式，從路博潤交易案中獲得區區300萬的男子。

至於蒙格，對索科爾的行為只給出了一個詞——自滿。對於波

3　編注：索科爾曾被外界視為是巴菲特的熱門接班人選之一，2011年3月因捲入內線交易的疑雲而意外辭職。該事件的始末是：在索科爾建議巴菲特買進路博潤的股票之前，手上其實已持有該公司的股票，而波克夏進場後也讓他的持股增值約300萬美元。

克夏沒有在第一時間表現出憤怒、僅對媒體歌頌了索科爾過去的豐功偉業，以及對他請辭一事的遺憾，有些股東感到非常不能諒解。

蒙格承認，媒體的新聞稿自古以來，就不是最棒的寫作場域。與此同時，他也堅決地認為我們不該在憤怒中做決定。他引用波克夏董事會成員湯姆·莫非（Tom Murphy）的話說：「你永遠都可以等到明天再叫一個人下地獄——只要你確定這是個好點子。」

3. 關鍵交易案：路博潤

巴菲特注意到：路博潤能以低廉的成本，供應燃料添加劑。而這是一個價值100億美元的市場。

路博潤公司的規模相當理想，擁有一道構築在大量專利之上的深遠護城河，它也擁有第一名的市佔率，且定期和客戶（多為各大原油供應商）合作，以開發新的添加劑。巴菲特將該公司和「將鎢注入在其工具，以及那堅不可摧的優勢中」的ISCAR做比較。

蒙格指出，路博潤（化學製造商）和ISCAR（工具製造商）就像是姐妹公司，他們的市場規模夠小，小到不太值得發起攻擊。

巴菲特也指出，收購路博潤花了波克夏90億美元，而這在他對今年預期能獲得的120億稅後收益中，佔了極大部分。

4. 接班者計畫：董事長與 CEO

巴菲特分享道，在他卸任後，霍華德·巴菲特（Howard Buffett，巴菲特的長子）很有可能會成為波克夏的獨立董事長，因

其握有大筆的股票，而他只會領取一點、或甚至是零薪酬。

藉由區分董事長與CEO的作法，波克夏可以更輕易地糾正CEO犯下的錯誤。必要時也可以開除既有的CEO。

巴菲特引用聖經的句子說：「凡事忍耐者必得福份。」，但這也同時指出下一個問題應該為：「他們會繼續忍耐嗎？」因此，將董事會和CEO的職務分開，是非常重要的。

5. 人生習題：如何保持樂觀？

一名跟隨波克夏許久的股東向華倫提問，「眼前明明有堆積如山的問題，為什麼他還能令人生氣地保持開心呢？」

巴菲特回答道，這是因為他對美國有著最深的愛。自1776年起，美國成為世界上最了不起的經濟實體。

如果有人告訴你，在接下來的1930年8月30日（也是巴菲特出生的那一天），市場會崩潰、四千家銀行會倒閉、道瓊指數會跌到32點（32點！）、失業率會飆升到25％、黑色風暴（Dust Bowl）[4]會來襲、蝗蟲會席捲農村……你肯定會以為，我們完蛋了。

相反的，儘管眼前有種種災難，但自從1930年開始，美國平均生活水準成長了六倍。相較之下，巴菲特發現在觀察了全世界這一個世紀以來的歷史，卻沒有什麼大事發生。美國的經濟成長是一件極為了不起的成就。

4　編注：1930至1936年間，北美地區曾遭受一系列沙塵暴侵襲。

許多人低估了美國這個國家的復原力。巴菲特回憶起，當時即將成為他岳父的湯普森博士（William Thompson），非常反對新政（New Deal）[5]。準岳父在女兒出嫁前夕找來年輕的巴菲特談話，令當時的巴菲特非常忐忑。

他說湯普森用兩個小時的時間，大肆批評當天所公布政策中的某些錯誤，接著對當時的巴菲特給出了這樣的結論：「你一定會失敗的，但這不是你的錯。反正蘇珊終究會餓肚子。民主黨正在把我們轉變成共產黨。」

1951年，巴菲特此生中最崇敬的兩個人——他的父親與班傑明·葛拉漢，都勸他不要在那個時間點踏入投資市場——道瓊指數200點（200點！）實在太高了。最好先躲在旁邊一會兒。

我們經歷過南北戰爭⋯⋯十五次經濟衰退⋯⋯在進步的這條路上，我們絕非在直線上前行，但資本主義的力量確實不同凡響。激勵政策確實對近期的問題起了一定的效果，但真正帶領我們走出衰退的，還是資本主義。而這個潮流已經蔓延到全世界。

巴菲特預測在未來的一百年裡，我們可能還會遇上十五至二十次衰退，然後遠遠超越我們當前的成就、超越我們所有人的想像。

蒙格則以自己特有的樂觀態度總結道：「歐洲曾經發生造成三分之一人口死亡的黑死病。而世界終究會繼續前進。」

5　編注：意指小羅斯福在1933年就任總統後所推行一系列的經濟政策。

6. 投資心法：因應通膨的投資之道

巴菲特宣稱，規避通膨風險的最好辦法，就是找到一間擁有絕佳產品、且不需要太多資本就能達到成長的好公司。

作為測試，他邀請所有人來審視自己的獲利能力。在通膨的作用下，你不需要任何投資，你的薪酬就會成長。

巴菲特用時思糖果作為企業方面的例子。1971年，他買下了時思糖果，當時該公司的收益為 2,500 萬美元，每年可賣出一千六百萬磅的糖果，且擁有價值 900 萬的有形資產。現在，擁有 4,000 萬有形資產的時思糖果，每年能賣出 3 億元的糖果。波克夏只需要投資 3,100 萬，就能得到成長超過十倍的收益。

總體而言，巴菲特指出波克夏這些年來，靠時思糖果賺進了 15 億美元。時思糖果的存貨出清快，沒有任何應收帳款，也只有一點點的固定投資——簡直是避開通膨的最佳辦法。巴菲特承認，如果擁有太多的庫存和應收帳款，也意味著這絕對不是分散通膨風險的好公司。

而中美能源和鐵路公司都擁有這些討厭的特質，但它們對經濟所具備的效用和之後的可得回報，將這些負面因素抵銷了。

巴菲特悔恨地說，可惜沒有那麼多「時思糖果」可以買。他也補充道，作為一位投資者，要使他成為更好的商人；而做為一位商人，也該讓他成為一位更棒的投資者。[6]

---

6 我們完全同意。

蒙格指出，他們並不是一開始就精通這種通膨商業因素，而這也顯示了「學習」是一件多麼重要的事。

7. 產業觀察：降低槓桿後的銀行業

巴菲特宣稱，富國銀行與美國合眾銀行名列全美最棒的大型銀行（如果他們還稱不上最棒的話），而富國銀行的規模，甚至是美國合眾銀行的四倍。

他認為，有鑑於槓桿降低的情況，銀行當前的獲利能力與本世紀初相比，將呈現下降趨勢。但降低槓桿對社會而言是好的。

值得注意的是，巴菲特認為截至目前為止，我們已經見識到最可怕的銀行危機。貸款損失將會持續減少。而銀行應該要更保守地操作，畢竟他們已經在聯邦政府的隱性擔保下，獲得便宜的資金。

巴菲特指出，在1934年之後，美國聯邦存款保險公司（FDIC）共援助了三千八百家銀行，而其中有兩百五十家的援助案都發生在近幾年，而所有的援助資金都來自於其他銀行。FDIC是一間體制設計良善的互助保險公司。

8. 投資心法：投資的三大類型

在被問到何者為「有用之物」（commodities）時，巴菲特指出，在他買下波克夏的時候，該股票的價值等同於四分之三盎司的黃金。現在一盎司的黃金，要價1,500美元，看來黃金要趕上波克夏的股價（每股約12萬美元），還有很長的一段路要走。接著，他列

出了以下三大投資類型：

• 第一類——以貨幣作結的投資

巴菲特拿出他的錢包，掏出一張1美元的鈔票，大聲地唸出來：「我們信仰上帝」（In God We Trust）。他說這是不實廣告。上面應該寫：「我們信仰政府。」因為上帝不會對這一塊錢做任何事。

重點在於，任何一種貨幣投資都是對「政府未來行為」的賭注。幾乎所有的貨幣都會隨著時間而貶值。除非你能獲得非常不錯的回報，否則此種投資不太具有意義。

• 第二類——不會產生任何價值，但你期望能以高價賣出

舉例來說，黃金。巴菲特再次提起他的黃金思維實驗：如果將世界上所有的黃金全都放在一起，你將可以得到一個邊長為六十七英尺、重十七萬五千公噸的立方體。接著，你可以拿來一個梯子，爬到這個立方體上面，好好呵護你的金磚，仔細地將其拋光。但這塊金磚什麼都不會做。你只是在賭其他人會以「更高的價格」，跟你買它。

他引用凱因斯《就業、利息和貨幣一般通論》中的第十二章〈長期預期狀態〉，指出此類投資就像是一場選美比賽，你賭得不是你認為誰最美麗，而是「別人認為誰最美麗」。

喜歡自我貶低的巴菲特提醒我們，他已經用銀礦試驗過這個理論了，而情況證明他早了十三年。

- **第三類——投資在可用於創造的資產**

　　這是一個賭你覺得哪種資產可以在未來產生價值的賭局。以農地作為例子，我們可以理性地計算其價值。而它帶來的現金量將決定這是否為一筆成功的投資。你不會去在乎明天或下個月的產量。你尋找的是一個能帶來報酬的生意。

　　這就是波克夏投資ISCAR和路博潤的動機。

　　巴菲特指出，價格成長帶來了自我刺激的效果。鄰居暴富。因為他擁有黃金。你知道鄰居沒那麼聰明……但他的成果居然比你好。很快地，你也去買了黃金。

　　蒙格補充道，黃金是一種相當奇特的投資，因為只有在其他東西都崩潰的情況下，它的價值才能顯現出來。

　　巴菲特開玩笑地說，每年都有價值1,000億美元的黃金被製造出來，然後這些產自於南非的黃金多數都會搭著船，來到紐約聯準會的黃金倉庫，並再次被放回土地中。

　　當前世界上所有黃金的價值總量，約等於8兆美元。有了這筆錢，你可以買下全美國的農地、十間埃克森美孚，然後還會剩下1至2兆不知道可以幹麻用的閒錢。巴菲特總結道，如果是他，他會賭好公司的表現能超越黃金。

9. 評論：企業集團的定義

　　巴菲特承認，波克夏本質上就是一個企業集團（Conglomerates）。在最理想的情況下，企業集團是一種可以讓那些

無法妥善利用現金的公司，將現金以符合稅率效益的方式移轉到可妥善利用現金公司身上的體制——波克夏是一個非常合理的企業集團。

在1960年代接連發生了海灣西方公司（Gulf and Western，由查爾斯・布盧多恩，Charles Bluhdorn主導）、LTV公司（由詹姆斯・凌，Jimmy Ling主導）等隱藏著天大祕密的集團、且發行股票的態度，就像是為了購買不動產而發行的塗鴉般等龐氏計畫後，「企業集團」這個詞，就背負著負面色彩。這些計畫最後都悲慘地結束了，只剩下「企業集團」的名稱和它們身上的壞名聲。

10. 人生習題：希望墓碑上出現的文字

在被問到他希望以什麼而聞名時，巴菲特開玩笑地說：「上年紀」。蒙格補充說，巴菲特最希望人家在他喪禮上說的話，應該是：「這是我見過最老的屍體了。」

向來比較嚴肅的蒙格，則幽默地說他比較喜歡類似於「合理地贏，聰明地被使用」這樣的文字出現在他的墓碑上；巴菲特則說他自己或許比較偏好「老師」這樣的形容。

他明白自己很喜歡教學這件事，而他也很感激自己能遇見很多很棒的老師，包括他的父親、班傑明・葛拉漢和湯姆・莫非等等。

11. 市場分析：通膨與貨幣貶值

巴菲特指出，從他出生的1930年到現在，美元的價值已經跌

到僅剩原來的十六分之一（亦即現在的1美元只能買到過去值6美分的東西）。然而，通貨膨脹並沒能打垮我們。

波克夏部分子公司的收益，是來自於別種幣值。可口可樂有80％的收益，是非美元收益。蒙格觀察到，希臘處於一個極端不利的狀況——那裡的人們（儘管在各種層面來說都很不錯），已經完全不想工作或繳稅。他引用亞當・史密斯（Adam Smith）的話說：「偉大的文明總會遇上很多毀滅。」

除去這些憂慮，巴菲特總結道，如果他有選擇，他的第一選擇還是出生在現在的美國。

12. 投資心法：降低預期是最好的防禦

巴菲特分享了他的看法，他認為對一般的投資者來說，長期下來，光買指數型基金就能賺到錢。

蒙格對此則表示，與指數型基金相比，他絕對情願擁有波克夏的股票。他同時也預測在未來的五十年裡，老練投資者的回報將不如過去五十年那樣好。

巴菲特斷言，波克夏的任務就是提升獲利能力與內在價值，且與股東們百分之百同心協力。這也是他們每天在思考的事。儘管有運氣的幫助，但要不是波克夏雄厚的資本，也很難取得今日這般傲人的複合成長率。

蒙格表示，他有信心波克夏的表現，絕對能超越美國整體產業。他也建議所有的投資者，「降低預期就是最好的防禦」。他補充

道,降低預期也是他之所以能結婚的關鍵——「我得大大降低了她的預期。」

巴菲特立刻開玩笑道:「而查理得償所願。」

13. 公司治理:展現讓人信賴的態度

有鑑於索科爾的情況,巴菲特對於「規則」和「承諾」產生了一些質疑。巴菲特再次闡述了他的期待,認為員工無論是在心靈或法律層次上,都應該要做到問心無愧。儘管如此,在擁有二十六萬名(幾乎等同於奧馬哈的家庭數量)員工的波克夏,並非人人都能做到如此。

巴菲特表示,你確實可以將所有規則和紀錄都列出來,但總有人會走偏路,用親戚的名字去做內線交易。

蒙格認為,被他人信賴並能維護好自己的尊嚴,是一件讓人開心的事。就他的想法來看,展現出「讓人信賴」的態度就是最好的遵循(compliance)。他指出,你可以在華爾街找到龐大的法律遵循部門,然而那也是無數大醜聞爆發的地方。

14. 產業觀察:經濟循環與週期性產業

巴菲特認為,當前美國的貨幣與財政政策非常的務實,且應該會繼續施行很長一段時間。他指出,許多人都認為我們的「財政政策」,就是通過那些刺激或激勵經濟的法案。

巴菲特建議我們,不要只看字面上的意思。忘掉那些「激勵政

策」。當前的情況就是我們擁有10%的財政赤字，而這是一筆非常龐大的數字。我們獲得15%的GDP，並花掉25%的GDP。這是非常誇張的激勵辦法。

住宅建設已經下滑到每年五十萬個單位，因此過去瘋狂擴增的時期已經慢慢走向正常。[7]在一切都結束後，我們將看到員工獲得比多數人預期得更多的收入；相關建設能透過許多附屬行業，發揮出漣漪效應。

巴菲特依舊堅守他在年報中的言論，認為在今年年底，我們將看到住宅建設的改善。蒙格則補充道，購買週期性產業的其中一個優點，就是多數人們都不喜歡這些產業，因為該產業的收入太難預測了。但在波克夏，他們不介意在生意週期中擁有不穩定的收益。

舉例來說，波克夏剛買下阿拉巴馬州最大的磚塊公司。在沒有看到客人的時候，根本不會有人想出價購買這間公司。但巴菲特說，一年之中，時思糖果也有八個月是在虧錢。但是沒關係，因為他們知道聖誕節就要來了，因此我們根本沒有必要去看某幾個月的虧損，然後自己嚇自己。在未來的二十年裡，總會有經濟不景氣的時候，但也會有一些超級棒、和有點棒的時刻。

至於波克夏的其他公司，他則認為多數都有在穩定地提升。火車載貨量的巔峰時期為21萬9,000輛，低點為15萬輛，而現在約落在19萬輛；ISCAR的表現也逐月提升。

7　美國平均每年的住宅建設數量約為一百二十萬個單位。在泡沫期間，每年的建設量則為兩百萬個單位。

15. 評論：金融體制內的邪惡餘燼

蒙格認為，沒能記取次級房貸危機的教訓，是非常大的錯誤。就他的看法，他認為我們沒有徹底扼殺此種罪惡，也沒有杜絕源源不絕的愚行和貪婪行為。他情願帶著一把斧頭衝到財政機關，將其削弱成更具有實質能力的大小；他也會改變稅制以抑制交易，讓證券交易變得像不動產交易那般。此外，他也認為華爾街從不道歉的作風，讓索科爾看上去簡直就像是英雄般。

巴菲特插嘴：「查理暖身好了！」

接著，巴菲特指出當前稅制的愚蠢之處，就是讓一筆能在六秒內完成交易、並產生60％利潤的S&P 500期貨合約，使用「長期」資本利得的稅率。

蒙格總結道，這樣一個讓操作避險基金所承擔的稅金，居然少於物理教授或是計程車司機的體制，是非常邪惡的。他指出，那些大量充斥於華爾街的投機風氣與惡劣行徑，是過去幾場恐慌與經濟衰退的導火線。面對近期這場混亂，我們應該使用1930年代的對策，例如1934年的《證券交易法》[8]。但我們並沒有。他因此保證，我們遲早會再次遇上麻煩。

蒙格認為，「無所作為」是一件非常愚蠢的事，這就跟大學課堂中所教的經濟與金融學一樣愚蠢，也跟那些會被弄蛇術吸引到的人一樣傻。

8　編注：該法要求信息公開，建立公平有序的市場，防止證券市場中不正當的經營行為，並加強政府對證券交易的監管。

巴菲特打趣道：「如果還有人沒被我們侮辱到，請將他們的名字傳上來。」

16. 產業觀察：比亞迪失靈了？

僅管BYD的交易讓波克夏在持有股票方面的成本，近乎增長了一倍，其股價與最高點時相比，卻下跌了近80％。

蒙格對此並不在意，並指出任何想如BYD這般這般快速發展的公司，總會遇上一點耽擱與失靈的問題。BYD希望連續六年內，汽車的銷量都能翻倍成長，而他們確實連續五年都達成目標，但接著出現一點問題。對整體而言，他還是非常樂觀。在罕見且可愛的和蒙格的角色轉換後，巴菲特咕噥著：「我沒什麼想說的。」

17.. 評論：太大不能倒嗎？

巴菲特承認，世界上確實有些機構的規模大到政府或許應該出手相救。歐洲現在就處在這樣的抉擇之下，必須決定歐盟整體是否為「太大不能倒」。他認為，這樣的難題會永遠追著我們跑，因此最好的策略，就是減少倒閉的可能。

他的其中一個辦法，就是讓那些置社會於險境和崩潰邊緣的機構，讓他們的CEO和配偶們完全破產（dead broke）。董事會也應該接受嚴厲的懲罰。如果社會必須救你，那麼你也應該承擔相對應的痛苦代價。

在沉思房地美與房利美極端悲慘的案例後，巴菲特稱他們為

「太大了，不能一言以敝之」。

18. 投資心法：寬闊的集團護城河

在討論到波克夏的保險帝國時，巴菲特流露出極大的熱情。他認為，現為名列世界第三大汽車保險公司的蓋可，是一間無與倫比的公司。

早在1936年的時候，蓋可首次推出直接銷售（不透過仲介）的點子，而當時很少人能複製其模式。

與此同時，阿吉特·嘉安從零開始，一手打造波克夏的再保險帝國。巴菲特非常喜歡阿吉特，稱阿吉特所做出來的每一個決策，都讓他再滿意不過。阿吉特就跟巴菲特認識的所有理性主義者一樣，熱愛自己的工作，充滿創意且長久以來總是將波克夏放在第一優先位置。

有趣的是，在之後的會議上，巴菲特說在波克夏踏入再保險行業的頭十五年裡，並沒有賺到錢。一直到阿吉特的加入，再保險才成為波克夏名符其實的獲利中樞。

波克夏的通用再保險在塔德·蒙特羅斯的帶領下，展現出良好的紀律，而其他規模較小的保險部門，也擁有出色的經銷商。

而這一切的起點為1970年，當時波克夏以700萬美元的代價買下國家賠償。現在，就在同一座大樓裡，營運的是全世界淨值最高的保險公司，與它可觀的660億浮存金。

蒙格指出，波克夏擁有許多一流的公司。BNSF鐵路絕對是世

界上最棒的鐵路公司之一；在公共事業中，中美能源也絕對是名列前茅。他總結道，在主要事業中能晉身為世界級，其實滿不賴的。

巴菲特另外指出，加州目前提出的高速鐵路計劃案，總預算為430億美元，而成本想必還會再增加。與此同時，波克夏為了併購BNSF鐵路付了430億美元，並得到長達兩萬兩千英里的鐵路、六千輛火車、一萬三千座橋（有沒有人想買橋？）。因此BNSF鐵路的替換代價非常高。美國永遠都會需要鐵路，因此擁有這項資產是非常棒的選擇。

19. 產業觀察：不同凡響的好市多

身為好市多董事會成員的蒙格，發表自己的年度談話，他表示好市多在該產業內，絕對是全世界最棒的（擁有價值800億美元的倉儲會員制量販店）。

該公司視「替顧客省錢」為它企業道德上的義務與絕對優先，而這樣的態度也為他們帶來了不同凡響的顧客忠誠度。

好市多在韓國首爾的一間分店，就為公司帶來了4億美元的利潤——這是零售業想都不敢想的數字，然而卻是真實存在的。在正確的道德價值、勤勉和管理之下，好市多得以維持其傲人，且極端罕見的好成績。

蒙格也發現，防止成功與財富反過來成為斷送自己的推手，是一件相當不容易的事。曾經有那麼一段時間，通用汽車是世界上最成功的公司，然而該公司也成為其巨大成功下的犧牲者——過多的

工會化和競爭困境，終於導致該公司失去股東們的信心。

蒙格宣稱，如果讓他來開商學院的課，他一定會鉅細彌遺地將商業史完完整整地呈現。

巴菲特開玩笑道，如果今天有一個恐怖份子因為想要暗殺資本主義家，而狹持了他和查理，在歹徒要他們說出自己最後的請求時，查理會說：「我想要再一次用投影片來演說好市多的美好。」恐怖份子不情願的同意了。然後，他們問巴菲特有什麼最後請求時，巴菲特會說：「先殺了我吧！」

20. 投資心法：庫房裡的現金

巴菲特同意，對短期投資而言，現在確實沒有什麼好機會。然而，他強調他不會將短期資金拿去亂用。

基本而言，波克夏的現金都會放在庫房。儘管「無法帶來任何好處」這點讓人有些煩心，但波克夏不打算再爭取10至20個基點。「這就像是一個停車場，等我們需要用車的時候，我們會再把車開出來」巴菲特解釋。

巴菲特也分享了當2008年市場被恐慌籠罩時，波克夏能擁有現金進行交易的事實，有多麼地重要。而這些現金並非來自於貨幣市場基金或商業票據，而是來自於庫房。

蒙格指出，他見過太多人為了爭取10個基點，而做著徒勞無功的掙扎。他表示他們之所以可以買下管線，是因為他們能在週五和對方達成交易的協議，然後在週一就把現金拿出來。

巴菲特補充道，因為那些賣家很擔心自己在下周一就會破產。他總結說：「就算班・伯南奇（Ben Bernanke，時任聯準會主席）和芭莉絲・希爾頓（Paris Hilton，美國名媛）私奔而造成市場恐慌，我們也準備好了。」

21. 人生習題：學習的金律

蒙格指出，我們之所以生來在世，就是為了在每晚入睡前，都能比起床時更聰明些。

巴菲特也分享道，他如何在奧馬哈公立圖書館裡活了四年。[9]他指出，1951年參加卡內基的課程花了他100美元，而良好溝通為他的生活品質所帶來的大幅改善，則是無價的。

巴菲特的重點在於：培養自己。找出你所愛之事，然後增進自己在那方面的技巧。

9　據報導指出，巴菲特閱讀了該圖書館中每一本關於投資的書。

2012

地點：CenturyLink 中心（奎斯特中心重新命名）

出席者：三萬五千人

年度摘要：

- 本場會議持續了六個小時。巴菲特和蒙格「教授」表現出來的精力，讓人印象深刻（兩人分別為 81 歲、88 歲）。
- 在週末過後，巴菲特開心地宣布，波克夏股東在包括時思糖果、波仙珠寶等攤位的「波克夏商城」內，總共消費了 3,500 萬美元。這意味著平均每位出席者消費了 1,000 美元。

財富世界五百大排名：第 7 名

波克夏股價：114,813 元

- 1964 年所投下的 1 美元，在今日約等值於 9,282 元。
- 波克夏的每股面值從 19.46 元上漲到 114,214 元（年複合成長率為 19.7%）。
- 同時期的標準普爾 500 指數的年複利率為 9.2%。

2012 年的投資備忘錄

1. 年度事件：歐債危機

　　蒙格和巴菲特同意，當前最大、且最難回答的難題，就是主權債務災難。[1]回顧歷史，我們能看到許多次的失敗。

　　巴菲特指出，財富並沒有消失——農地、工廠和勞工仍在。相反的，財富只是經歷了重新分配。這是一場規模龐大的財富再分配。他比喻歐洲央行（ECB）高達上兆歐元的援助計劃，就像是讓一個擁有保證金帳戶的男子「可以再多欠一點債」。

　　蒙格觀察到，缺乏財政美德是一件相當危險的事情，他並改編聖奧古斯汀的名言說：「人人都想追求財政美德……但不是現在。」他建議我們，仿效古羅馬人在「布匿戰爭」（Punic Wars）中的作為——在戰爭結束前，有三分之二的參戰者已經領到薪餉。

　　他總結道，我們需要更多犧牲、更高的愛國心和更文明的政策。

2. 市場分析：美國與歐洲的銀行處境

　　巴菲特認為，美國銀行的處境遠比歐洲銀行要好——它們承擔了多數的異常損失，在極高的程度上支撐起資本社會，且擁有「比

1　編注：意指歐債危機。肇因於 2008 年全球金融海嘯後，歐洲部分國家因借貸而大量負債、無力償還的現象，範圍涵蓋希臘、愛爾蘭、西班牙、義大利及葡萄牙等歐豬五國，法國及德國兩個經濟核心國也遭受波及。

預期更高的流動性」。

蒙格指出，美國擁有完整的聯邦體制，因此我們可以自己印刷貨幣。而他對美國的體制感到很放心。

巴菲特也表達同意，表示美國向來如此。美國的聯準會和財政部擁有隨心所欲的權力。相反的，身在歐盟的十七個國家，卻放棄了自己的主權以表示對歐元的尊重。如同亨利・季辛吉（Henry Kissinger）曾說：「如果我要打電話給歐洲，我該撥哪個號碼？」

談到歐洲銀行，巴菲特認為ECB拿出1兆歐元救市是非常驚人的行為（等同於1兆3,000億美元，也是美國所有銀行存款量的六分之一）。由於歐洲銀行擁有的存款金額較低，且更需仰賴批發融資，因此他們應該建立更多的資本，然而他們卻沒有積極為之。他指出，義大利的銀行曾經擁有過發行的權力。

蒙格也指出，加拿大目前依舊維持舊標準，並且幾乎沒有遇過什麼問題。我們偏離了正道，作出各種不光彩的愚行，置自身於巨大的危機之中；同樣的情況也發生在愛爾蘭與西班牙。葛林斯潘的自由放任政策錯了，政府有責任出面阻止錯誤的行為，等到我們開始這麼做之後，還必須將此行為推行至全國。

巴菲特承認，自己以私人名義購買了一些摩根大通（JP Morgan）的股票。然而他最愛的銀行依舊是富國銀行，那間他為波克夏買下的銀行（現在已擁有超過4億股）。[2]

2　目前的富國銀行已經超越可口可樂，成為波克夏價值最高的持股，並以自己的方式成為如可口可樂般獨霸市場的銀行。富國銀行在第一季貸款市場中佔了34%的份額，比例為競爭對手的三倍之多。

3. 公司治理：波克夏的首席風險長

巴菲特指出，首席風險長（CRO）這個職位，絕對不能是由董事會委派。他見過太多次關於風險管理的整體報告被忽視掉。

他表示，他自己就是波克夏的CRO，而這個角色伴隨而來的資本配置和管理者選擇，是他最主要的職責。他分析的兩大基本風險，就是過度槓桿和保險風險。

蒙格認為，當前的風險管理職務不僅普遍是被委派的，且表現得相當差。他也描述「風險價值」（value at risk）是他聽過最愚蠢的點子之一。

巴菲特表示同意，並認為那些本應懂得更多的博士生們，卻鑽進艱深的數字堆裡，做著對人類行為沒有幫助的事。他講了一個關於桑迪·戈特斯曼（投資顧問公司First Manhattan的創辦人，並於2003年加入波克夏董事會）開除自己手下最出色員工的故事。

那名員工問：「你怎麼能開除我？」戈特斯曼回答：「我是一個有錢人，而你讓我很緊張。」

巴菲特向股東們保證，波克夏沒有任何一名員工會讓他緊張。

4. 公司治理：基於人脈的特殊交易

巴菲特知道他致電給美國銀行的CEO布萊恩·莫迺漢（Brian Moynihan），提出附權證優先股交易（價值50億美元、利息6%的優先股，附帶可用每股7.14元購買7億元普通股的十年憑證），是很突然的一件事。

在此之前，他們從來沒有交談過。儘管如此，莫洒漢深知巴菲特擁有的兩大優勢，包括實踐能力，以及擁有大筆現金。巴菲特宣稱，即便在他離開後，波克夏依舊會繼續保有此種優勢。

儘管下一任CEO不會擁有巴菲特的人脈，但他依舊擁有波克夏獨一無二的交易優勢。巴菲特也強調，就長期來看，此種特殊交易帶來的影響跟替波克夏買進好公司相比，根本微不足道。

5. 公司治理：火力全開的蓋可與通用再保險

在關於波克夏旗下的瑞士再保險人壽保險業務，面對了令人驚訝的高死亡率影響方面，巴菲特也因此有了機會，能繼續討論他最喜歡的話題。

巴菲特指出，正是因為諸如此類的意外，所以波克夏的頭號原則，是保有謹慎的準備金。蓋可屬於短尾業務公司，且在經年累月下，擁有許多額外的準備金。另外，儘管波克夏買下通用再保險時，其準備金處於水位過低的情況，但現在在塔德·蒙特羅斯的管理下，已經發展得相當完善。

蒙格插嘴道：「某些合約沒能如預期般發揮效果，是在所難免的。要不是這樣的原因，誰會買保險呢？」

巴菲特指出，在九一一事件之後，保險方面的損失很難估算。舉例來說，我們該如何估算營業中斷的損失？同樣的，在日本發生海嘯過後，美國的汽車零件公司有證據指出營業中斷的損失嗎？此類議題往往需要耗費數年才能解決，並再一次成為是否要謹慎地留

取預備金的爭論主角。

　　估算災難的再保險，是一件相當困難的事。我們很難從一系列隨機的事件中，偵測出它可能具有的長期趨勢。而巴菲特的策略，就是設想出最壞的情況，並依此來估算損失。

　　在近幾個月裡，波克夏在亞洲、紐西蘭、澳洲、泰國等地，新增了非常多業務。如同他去年所說的，紐西蘭發生的第二起地震，在這個擁有五百萬人口的國家裡造成了120億的保險損失。就人均來看，此場災難的強度為卡崔納颶風的十倍。諸如此類的事件，也是巴菲特堅持波克夏必須擁有至少200億現金的一大原因。

　　對於蓋可公司持續的創造成功，巴菲特表示非常高興，並宣稱蓋可的價值遠比帳面價值再多上150億。[3]

　　現在的蓋可，火力全開。回想1995年的時候，蓋可的市佔率為2％。現在，在東尼‧奈斯利（Tony Nicely）出色的管理下，它的市佔率已經逼近10％。

　　巴菲特承認，「在我們買下通用再保險的時候，這間公司根本偏離了常軌——太著重大量的『融通業務』成長，而忽視獲利能力。」繼喬‧布蘭登將重心重新放在保險業務上，而塔德‧蒙特羅斯將此一目標延續下去。現在，該公司的業務量回歸正常，企業風氣良好，勢必能獲得不錯的長期成長，成為波克夏可觀的資產。

　　在評估通用再保險時，巴菲特認為其內在價值應該為淨值與浮

3　去年，巴菲特認為每一位蓋可投保人的價值為1,500美元。有鑑於當前的投保人數已超越一千萬，乘以1,500美元後，就會得到150億美元。

存金的加總；至於蓋可，他則會再加上它未來十年至二十年內的可觀保險獲利，以及出色的成長前景。

6. 公司治理：高達 700 億的漸融冰塊

過去，當波克夏的浮存金突破400億美元大關時，巴菲特開始向股東們表示，未來不太可能再出現大幅成長。然而，現在波克夏的浮存金已經高達700億美元。

阿吉特·嘉安透過創新的方法，為波克夏帶來更多的浮存金。儘管如此，某些業務例如追溯型保險，本質上很容易流失。巴菲特讚揚阿吉特多年來，總是為波克夏帶來各種奇蹟，並在管理波克夏那猶如「漸融冰塊」的浮存金方面，展現出色的能力。

此外，由於波克夏旗下保險公司都處於核保利潤的狀態，也意味著波克夏能以極低廉的成本獲得浮存金。只要波克夏能繼續維持核保收益，就代表人們實際上是付錢給波克夏來掌管這700億的浮存金。

蒙格總結道，產險並不是一門超級棒的生意。你必須成為業界的前十名，才有利可圖。而波克夏擁有的，或許是世界上最棒的保險公司。換言之，擁有出色、但成長性沒那麼大的公司，其實狀況也不壞。

7. 公司治理：波克夏的經營之道

蒙格認為，大眾以為一般企業總部握有極大控制權的想像，其

實是一種幻想。他主張，波克夏的其中一個優點，就是不太需要總部發號施令。

在激勵波克夏管理者方面，巴菲特的關鍵態度為：給予對方足夠的空間去創作。巴菲特開玩笑地說，如果有人叫他用多一點紅色而不是藍色，他可能會叫他們自己去拿支畫筆。

他喜歡在自己的畫布上作畫，並因為「自己的作品」而得到眾人的掌聲。因此，他總是尋找此種類型的管理者，並將畫筆交給他們，然後根據他們的好表現給予相對應的薪酬。

此外，波克夏的管理者不需要跟股東、律師、記者們等打交道，因此他們可以全神貫注在自己的工作上。巴菲特表示，他的重點在於，不要破壞原本就已經很棒的事物，這算是一種消極的藝術。

蒙格指出，這種經營方法遠比由人力資源部門憑空幻想出百分比或配額協議，來得有效多了。提起「薪酬顧問」這個職務，他認為，即便連賣淫都比他們強些。

巴菲特打趣道：「查理很擅長擔任波克夏的外交大使。」

8. 投資心法：股價與內在價值

巴菲特坦承，他情願波克夏一年只進行一筆能符合他與查理預設價值的交易就好。這也是某些私人公司的作法。

儘管如此，公開市場總會發生一些奇怪的事。巴菲特提醒眾人，波克夏曾在股價過高的 1990 年代中期發行股票。當時巴菲特和蒙格還表示如果是當前的股價，他們絕對不會購買波克夏，也會

勸親朋好友離遠些。當時,他們的行為確實是很破天荒。

巴菲特確信,波克夏的內在價值遠高過帳面價值,因此他認為就算以帳面價值1.1倍的價格買進波克夏股票,他也很有信心;他也願意以110%的帳面價值買進波克夏上百億美元的股票,就如同他一直保有兩百億美元的緩衝般。此類行為能增加每股的內在加值,因此大規模地進行這個動作,無疑能帶來極大的好處。

巴菲特表示,波克夏近期就快要完成一筆220億美元的交易,並說除了購買股票外,世界上還有太多方法可以增加一間公司的價值。他指出,他曾四次目睹股票價格崩潰到原有價格的一半以下,而股票的優點在於:有時候你可以用很傻的價格將它賣出。對此他下了一個結論:「這也是我們的致富之道。」

如同這麼多年來巴菲特所強調的,《智慧型投資人》的第八章(市場先生)與第二十章(安全邊際)能給予我們所需的一切知識。請謹記:股票的定價是會出錯的。

在未來的二十年裡,波克夏在不同的時間點上或許會被過份地高估或低估。股市是最可親的金錢製造實體。只要擁有正確的觀念,情況將會對你有利。而在評估營運型公司方面,巴菲特表示自己願意以稅前收益的十倍、或甚至更高的價格,去購買此類公司。

9. 評論:愚蠢的能源自給

巴菲特發現,對貿易赤字來說,廉價的天然氣是一大優勢。在三年內,美國的能源樣貌有了很大的改變。

巴菲特指出，第一季的用電量減少了4.7%，這是相當顯著的降幅。此外，天然氣每立方英尺2美元，石油每桶100美元，這也造成了他認為相當不可思議的油價與天然氣價比50：1。現在，低價的天然氣正在取代煤炭。

蒙格認為，用光我們的天然氣存量是相當「不智的」。他情願先用掉那些相較之下沒那麼珍貴的燃料用煤，這才是比較合理的作法，然而現在的情況完全相反。他宣稱，在未來五十年裡，我們最好保留那些對美國來說相當珍貴的碳氫化合物資源，例如原油和瓦斯，讓他們繼續留在地底下。

他用自己一貫保守的態度，總結自己的論點：「能源自給是非常愚蠢的。我們情願保留自己的，先用其他人的資源。」

巴菲特開玩笑道：「這就是查理版的把性愛留到老年時再享受。」蒙格反駁說：「但我們還是要用油啊！」

10. 評論：商學院的公式

巴菲特和蒙格對現代投資組合理論與教導這些理論的商學院，進行了一年一度的批判大會。

巴菲特再次指出，商學院總是將重點放在一個又一個時髦的新理論上，而這些理論經常有高深的數學為其撐腰。如果讓他來決定商學院的課程，他只會開兩門課：如何評估一間公司，以及如何理解市場。他指出雷·克洛克（Ray Kroc）[4]不需要知道麥當勞的選擇

4　編注：麥當勞共同創辦人之一。

權價值，但必須好好思考該如何做出更棒的薯條。

巴菲特總結道，「如果你能好好思考一間公司，並以低於其價值的價格買進，你就會賺到錢。」

蒙格則補充道，在評估一間你所理解的公司長期選擇權方面，跟「布萊克—休斯選擇權定價模型」（Black-Scholes Model）[5]完全不一樣。這一點道理都沒有。儘管如此，專業會計希望能透過一些標準化方法，來定價選擇權。而他們也確實得到了。

11. 評論：巴菲特的稅負原則

巴菲特非常努力地解釋，他認為「有錢人應負擔更多稅負」的觀點，只適用於收入排序佔前四百名的人。這些人平均每年賺進 2 億 7,000 萬美元，卻有一百三十一個人的稅率低於 15%。

與 1992 年相比，當時收入名列前四百名、平均年收入為 4,500 萬美元的人之中，僅有十六人的稅負低於 15%。

巴菲特的論點在於，在過去二十年中發展得如此順遂的這些人，至少也應該承擔與二十年前相等的稅率。

他提到，就他個人而言，他沒有稅務規劃，也沒有使用任何花招。在過去幾年中，他每年的收入介於 2,500 萬至 6,500 萬間。而在他的辦公室中，員工最低的稅率約為 17%。

5　編注：簡稱 BS 模型，是一種以公式計算，為期權或權證等金融衍生工具定價的數學模型。

12. 產業觀察：公共事業的預期回報

巴菲特指出，中美能源（MEC）在風力發電方面下了很多功夫。他也很感謝政府每千瓦小時2.2美分的十年補助，否則在經濟效益上很難做到如此程度。

此外，MEC也擁有全美最大的太陽能計畫。無論是太陽能或風力發電，都需要政府的補助才能繼續下去。除此之外，由於風是不可預期的，因此我們無法將其作為基礎的能源供給。風力只能作為輔助的能源供給。

MEC的執行長克雷格‧阿貝爾指出，有了太陽能獎勵措施，他們能回收30％的建設成本。由於波克夏是全額納稅者，因此有權享有這些稅收鼓勵措施。相反的，巴菲特指出有80％的公共事業，無法獲得全額的稅收補貼，因其使用折舊來扣抵自己的應納稅收益。

巴菲特談到，MEC具有資本密集的特質，對於此類公共事業的合理預期回報應落在12％。出乎眾人意料之外的是，他認為在未來十五年內，MEC或許會獲得巨大、甚至是1,000億美元的機會。

13. 投資心法：如何面對系統性風險？

關於系統性風險（systemic risk），巴菲特表示他的第一原則，就是「明天再繼續玩」。他的意思是：無論如何，都要防止自己破

產。因此，必須保留充足的預備金並維持低負債[6]——如果你可以做到這點，那麼你就可以進行投資。

巴菲特提到，在過去五十三年裡，他和查理在討論是否該購買一間公司時，他們的對話中，從未出現過關於宏觀局勢的討論。「如果那是一間價格合理的好公司，我們就買。反正無論你管不管，外頭總會有壞消息的。」他說他第一次買股票，是在1942年——在美國差點輸掉戰爭的那一年！

巴菲特提醒大家，他那篇於2008年被刊登在《紐約時報》上的「買美股」社論，可是他在經濟崩潰中所寫出來的。他簡單地作結：「我們尋找的是價值。我們不看報紙頭條。」

14. 產業觀察：運輸業的經濟效應

巴菲特指出，在過去十五至二十年裡，鐵路的地位有了改善。鐵路是一種極有效率、且兼具環境友善的運輸貨物方式。這些資產即便以六倍的價格，也很難重新再複製出一套。他期待BNSF鐵路在未來十年內的折舊能遠低於開銷，並獲得不錯的回報。

根據波克夏目前投入的金額來看，如果能得到12％的資本回報，巴菲特就很滿意了，畢竟波克夏擁有超低（或甚至是零）成本的浮存金。如果依賴鐵路，每搬運一噸貨物走五百英尺，需要一加侖的柴油；卡車的能源消耗為鐵路的三倍。當前，美國有42％的

6　再提醒一次，當前波克夏的準備金總額為200億美元的現金。

跨城市運輸，需要依賴鐵路，考量到一般車輛所遇到的道路堵塞、廢氣排放和其他成本，鐵路確實是非常符合經濟效益的移動辦法。今年，BNSF鐵路將斥資39億美元去改善和拓展當前的系統，且不需要任何政府的補助。

蒙格承認，BNSF鐵路獲得了一些技術上的突破，同時因為北達科他州發現石油，而賺了一筆。儘管未來可能會遇上一些壞事，但整體而言，BNSF鐵路是一個擁有絕佳管理的優良企業。

15. 公司治理：波克夏的投資經理人

巴菲特非常滿意波克夏雇用托德·庫姆斯（Todd Combs）和泰德·維克斯勒（Ted Wechsler），作為公司的避險基金經理人，替他管理一部分的投資組合。他覺得自己就像是打出兩支全壘打般。

巴菲特承認，如果這兩個人去別的地方，一定可以賺到更多錢，但他開玩笑地說，至少在這裡的辦公室，他們可以享受到免費的可口可樂喝到飽。

每年，他們都能得到100萬美元，外加其運作的投資組合超越S&P500績效（以三年為期）金額的10％。為了激勵團隊士氣，80％的獎金是來自於個人的努力，20％則是來自於團隊合作。

對於多年來替他們負責管理蓋可公司投資組合的盧·辛普森（Lou Simpson），波克夏也有進行類似的協議。巴菲特報告說，這些協議的效果比他預想得還好，而他也在各自的投資組合中，加碼了10億元。因此，現在他們管理的金額為27億5,000萬。

16. 關鍵交易案：買下更多報紙

在詢問到波克夏購買《奧馬哈世界先驅報》(*Omaha World Herald*) 一事時，巴菲特指出五十年前，報紙可是最主要的資訊來源。現在，網路上有如此大量、即時且免費的資訊。為了存活下去，報紙必須找出一個競爭強項。此外，報紙也必須將重心轉移到線上付費訂閱的機制，如此一來，他們就不用放棄自己的產品。

巴菲特提出的其中一個策略，是希望報紙以「成為當地社群市場主要資訊來源的龍頭」為目標。這也是波克夏之所以能透過《水牛城新聞報》，在水牛城賺得些許收入的辦法。

他也同時宣布，未來波克夏或許會買下更多報紙。[7]因為儘管對報業來說，當前的局勢不如以往，但他們依舊扮演了不可或缺的角色。[8]

17. 評論：業務縮水的迷思

談到報紙，引發眾人對一間成長中的公司是否比「業務正在縮水」的公司（即便它能帶來更多現金），更具備獲利條件的探討。

事實上，巴菲特提醒眾人，波克夏最初只是新英格蘭的一間紡織廠。接著，1996年，波克夏在桑迪·戈特斯曼的帶領下，和巴爾的摩百貨（多元零售公司）一同踏入零售業；而查理當時主持一

7　本週，波克夏從美國傳媒集團 Media General 手中買下了六十三家報社。

8　根據四月份的媒體報導，波克夏從高盛手中以面值65％的價格，買下李氏企業公司（Lee Enterprises）價值8,500萬美元的債務。Lee 是地方新聞媒體——四十九間日報和三百間週報的主要發行商。

間公司，該公司的銷售額從1967年的1億2,000萬美元，掉到今天的2萬元。[9]巴菲特總結道，回想那些日子，他們就像是「被虐狂」。

蒙格補充說：「還有無知。」

18. 投資心法：向錯誤學習

巴菲特建議投資者應避開自己所不了解的公司。我們至少要能預估五到十年後，這間公司大致上會處於什麼情況——然後坐等瘋狂價格的來臨。

此外，避免碰新發行的股票——內部人士正在出售他們的公司，而你以為在全世界成千上萬檔股票中，透過IPO可以買到最便宜的股票，那麼你就錯了。IPO賣家可是挑好時機，才賣出公司的。即便是花五秒考慮它的功夫，都不要浪費。

利用過濾的方式去篩選標的，不要浪費時間在徒勞無功的點子上。避免資金大失血。

蒙格則建議投資者，避開需要支付大量佣金的東西。相反的，要看看那些聰明人都在買些什麼。

巴菲特回想起自己多年前，總是基於此一原因，熱切地讀著葛拉漢紐曼公司的年報。考慮「明天再進場」的可能性，避免最糟的錯誤。另一方面，他也承認他和蒙格在本能上，都想要做大事。

「不要因為錯誤而過分自責，要從他人的錯誤中學習。」巴菲

9　他所指的或許是藍籌印花公司（Blue Chip Stamps）。

特認為持續研究他人遇上的困境，能給予他們極大的幫助。還有，請多閱讀關於「金融愚行」的報導。

19. 評論：不發股息

巴菲特再次提醒，只要留在手中的1美元可以創造出1美元甚或更多的價值，波克夏就不會發股息。如果股東真的需要收入，巴菲特建議他們可以每年賣掉一點股票。

他總結道：「1960年代我們付了10美分的股息，那是一個天大的錯誤。等我們再老一點的時候，我們會考慮考慮股息的。」

20. 投資心法：記住哪些事可能會出錯

在一段有趣的題外話中，巴菲特說自己在1962年的時候，以7美元的價格，製作了一份紀錄七次金融危機的印刷品。

其中一次，是發生在1901年5月的「北太平洋鐵路之戰」。當時，聯合太平洋鐵路的哈里曼（E. H. Harriman）和摩根大通各自擁有50％的股票。哈里曼企圖以買下北太平洋鐵路的方式，獲得聯絡芝加哥的路線。一天之內，股價從170元攀升到1,000元，對空頭造成崩潰的壓力。緊接而來的，是保證金的追討。一名釀酒師以跳入酒缸的方式自殺。巴菲特說，他這輩子不想死在啤酒缸裡。

蒙格認為，華爾街充斥著許多虛張聲勢的信心。或許我們可以用常態分佈（Gaussian curves）來衡量華爾街的風險，但肥尾分布（fat tail）的部分還不夠肥！

21. 投資心法：進場的壁壘

「我們購買壁壘以進場。但我們不會打造壁壘。」蒙格說。

巴菲特表示同意，並指出有些產業不存在壁壘——你只需要動作夠快。然而，如果他有300億美元能複製一個如同「可口可樂」這樣的產品，他也絕對不會去做的。

為了進一步闡述自己的想法，巴菲特提起理查·布蘭森（Richard Branson）那有如曇花一現的「維珍可樂」，並開玩笑地說，一個品牌就像是一種承諾，但他不確定布蘭森這項產品的承諾是什麼。他同時也表示，沒有人會在一條鐵路旁邊打造另一條相同的鐵路。

蒙格則指出，有時只需要一個競爭對手，就能毀掉你的生意。巴菲特還記得自己三十歲時，曾經買下奧馬哈魯迪克街三十號的一座加油站，但接下來的每一天，他都要和對街的Philips 66加油站進行辛苦的較勁。

22. 評論：民主化與金權政治

擁有4萬8,000美元人均GDP的美國，屬於富裕國家。儘管如此，在過去二十年裡，有太多的薪水都進入了金字塔頂端管理階層的口袋。而現行的稅制也鼓勵了這個趨勢。巴菲特認為，或許民主政治的自然演化，就是會走向金權政治（Plutocracy）。[10]

---

10 這個單字源自於古希臘的「ploutos」（富有）和「kratos」（權力）兩字。

不可否認的，社會需要一些緩和的因子。蒙格回憶起自己頭一次去波士頓時，當時的市長居然是身在監獄的柯利（James Michael Curley）[11]！波士頓的政治圈充滿了許多讓人震驚的事。

23. 評論：稅金與寄生蟲

被詢問到對當前的美國企業稅率有何看法時，巴菲特表示，以最高稅率35％、實際繳納的平均稅率落在13％來說，多數固定資產的購買行為，都可以百分之百的扣抵掉。儘管如此，他認為企業的獲利、資產負債表或流動性，都不是問題。

企業稅僅佔了GDP的1.2％左右。與此同時，醫療成本卻佔了GDP的17％，與世界上所有國家相比，落後了7個百分點——醫療成本是美國產業的寄生蟲。

蒙格指出，是時候來徵收而且也能創造國家穩定的收入源。

24. 年度事件：你的感覺如何？

近期宣布自己罹患前列腺癌的巴菲特，此刻不得不回答一個問題：「你的感覺如何？」他答道：「我覺得很棒。我喜歡自己現在做的事。我和喜歡的人一起工作。每天都能擁有更多樂趣。而且我的免疫系統表現良好。」

蒙格開玩笑地說：「我真討厭大家對華倫的同情。搞不好我患

---

11 編注：柯利曾擔任四個任期的波士頓市長，以劫富濟貧的政策拉攏選民而聞名，曾兩度因貪腐被判入獄。

的癌症比他還多。只是我拒絕讓別人檢查，所以我無從知道。」

25. 評論：美國經濟的長期展望

巴菲特表示，就一千年前的角度來看，如果人口以每年1%的速度成長，而GDP以2.5%的速度成長，已經是一項非常了不起的成就。一個世紀後，我們的實質GDP就能翻四倍，就一個已經擁有很高生活水準的國家來說，這是非常可觀的。

巴菲特表示在他這一生中，美國的實質人均GDP就已經增加了六倍。我們擁有難以置信的財富，生活富裕。1930年代的美國人，肯定會認為這樣的成就是不可能實現的。這個國家並非一團亂。前景非常不錯。體制依舊運作良好。即便在經歷了2008、2009年的重大危機後，美國產業已經向我們證明了自己的恢復力。

蒙格的看法則比較樸實。他表示在面對一個如美國般成熟的經濟體、擁有巨大社會安全網和新興競爭力的國家，他認為實質GDP成長（扣除通膨）為1%，他已經很滿足了。

人們的期待太高了。

26. 評論：波克夏的未來

蒙格指出，最初的2,000億是最困難的。現在，對於已經擁有動能、人脈和企業文化的波克夏來說，要再生產出2,000億就沒那麼困難。他表示，他希望蒙格家族也能永遠保持這樣下去。

Berkshire Hathaway

2013

地點： CenturyLink 中心

出席者： 四萬五千人

年度摘要：

- 在長達六小時的股東會上，巴菲特與蒙格依然精神抖擻（兩人分別為 82 歲、89 歲）。

- 由於今年擁有兩個提問小組 —— 其中一個由三名記者組成，另一個由包括擅長賣空的道格拉斯·凱斯（Doug Kass）與兩名分析師組成，且多數提問都由他們提出，因此 Q&A 時段的問題品質，有了顯著的提升。

財富世界五百大排名： 第 5 名

- 就市場價值而言，波克夏在全美最有價值公司的排名上，僅落後蘋果、艾克森美孚和谷歌。

波克夏股價： 134,102 元

- 1964 年所投下的 1 美元，在今日約等值於 10,841 元。

- 波克夏的每股面值從 19.46 元上漲到 134,973 元（年複合成長率為 19.7%）。

- 同時期的標準普爾 500 指數的年複利率為 9.4%。

2013 年的投資備忘錄

1. 產業觀察：蓋可是最純的黃金

我們經常聽到在全球化的趨勢下，強者越強的道理。擁有必勝營運模式且運作良好的公司，將從表現沒那麼好的公司手中，搶走市佔率。而那些具有規模優勢的公司，往往能更好地因應增加的規範與現代社會的複雜性。

我們也喜歡獨立的小公司，但如果要賭，就必須押注在大公司身上。而蓋可公司擴增的速度夠快。

蓋可一直擁有一套必勝的商業模式——直接銷售汽車保險。藉由刪減中間代理商的成本後，它便擁有了一個成本更低的交付體制，而在產品市場裡，低成本供應商往往能贏得比賽。

巴菲特的研究生論文主題，就是蓋可。在 1970 年代，蓋可的經營出現問題，巴菲特就趁著股價低迷的時刻，大量買進該公司的股票。

波克夏對蓋可的持有比例在蓋可新任 CEO 傑克・拜恩（Jack Byrne）積極買進的情況下，持續增長。1995 年的時候，波克夏以高於面值三倍的價格，買下過去還未能擁有的蓋可股份。

當時，這個價格聽上去有點過高。但巴菲特明白，作為一間公開上市的公司，蓋可在生意方面的成長勢必會受到侷限。現在，蓋可完全屬於波克夏了，巴菲特可以把油門踩到底。很快的，蓋可的

廣告預算超越了美國所有汽車保險業界公司的加總。全國性的品牌推銷，帶來了成功的心智佔有率，從而創造出傲人的市佔率成長。

自1995年以來，蓋可的自用汽車保險市佔率，從2.5%成長到9.7%，且業務量還在快速增加中。在年度股東會上，巴菲特對於蓋可的顧客可得率（closure rate）和持續率（即續保率）方面的成長狀況，簡直心滿意足到飄飄然。

該年度已新增超過四十七萬名投保人（且截至目前為止可能要突破一百萬名）的蓋可，在高度且持續成長的顧客可得率加持下，在價值方面獲得顯著的提升。巴菲特估計這些新增的投保人數可能佔2013年汽車新投保數的三分之二。太令人吃驚了。

除此之外，蓋可的現有投保者在續保率方面，也有不錯的成長。巴菲特稱此為「最純的黃金」。那種人們會年復一年寄支票來給你的生意，自然是很吸引人的。

他也繼續說道，就數學價值來看，每一名投保人的價值為1,500美元，因此，如果蓋可今年能如預期地獲得一百萬名新投保者，就能為波克夏帶來額外15億美元的內在價值。儘管這些事實並不會顯示在損益表或資產負債表上，卻會讓蓋可的實質價值隨著時間推移，逐漸超越帳面價值。[1]

1　此一成長也意味著蓋可今年或許會超越全州保險（Allstate），成為全美第二大的汽車保險商，並虎視眈眈地盯著第一名的州立農業保險公司（State Farm）。從1995年這一路走來，真的不簡單。

2. 產業觀察：汽車保險的初階課

提起近期「前進保險公司」（Progressive）的新產品——快拍（Snapshot，譯註：類行車記錄器），讓巴菲特談到該產業的必要元素。他說，承保業務主要牽涉到：是否能察覺一名投保人「未來提出理賠」（像是發生意外）的可能性。蓋可利用大量的提問來協助自己計算此種可能性，而前進保險公司則利用自己推出的 Snapshot 道具，來計算同樣的事情。

為了幫助所有人理解，巴菲特使用了人壽險的例子，指出一名一百歲的人在隔年過世的機率，絕對比二十歲的人還要高。而在汽車保險業，辨別出一個人是否有較高的事故率，則需要審視非常多的變項，而每間公司各有自己的作法。

巴菲特進一步解釋，「如果你是一名十六歲的男性，那麼你出車禍的機率會比我高。這並不是因為我開車的技術較好，而是因為十六歲的男生用車頻率較高，而且可能會想以『開車』這件事來迷倒自己的女朋友。」

「但這招對我來說已經沒有用了。所以我放棄做這件事。」因此，如果你的風險選擇程序，將十六歲的人當作八十二歲的人，肯定會面臨大量的核保損失。

巴菲特也分享一個前進保險CEO彼得・路易斯（Peter Lewis）的故事。在他剛成立前進時，那還只是一間資本額很低、僅負責摩托車保險的小型互助公司。他面臨的第一筆損失，來自於一名紅髮的投保人，自此之後，路易斯決定再也不接受紅頭髮的客戶了！

蓋可能以遠低於競爭者的價格出售保單（從大量轉來蓋可懷抱的投保人數，可確認此點），和獲得大量核保利益的能力，證明了蓋可的營運體制非常健康。巴菲特進一步指出，由於蓋可已經營運了這麼多年，且擁有龐大的投保人，代表它在保險業務方面的表現絕對值得信賴。[2]

最後，巴菲特表示他們有在觀察Snapshot的表現，但對於自身現存的保險體制也很滿意。蒙格以一貫輕描淡寫的語氣總結：「顯然，如果我們擁有一個已經運作得非常良好的體制，我們就沒有必要模仿競爭對手的新奇古怪作為。」

3. 產業觀察：波克夏的再保險堡壘

阿吉特·嘉安為波克夏創造了一座無與倫比的再保險堡壘，而他在近期的操作中，做出了兩個重大決策。巴菲特討論到，阿吉特的部門簽訂了一份協議，未來他們將參與全倫敦市場中7.5％的業務。他也指出，過去波克夏也曾和達信保險（Marsh）針對某些業務進行過類似的協議，但從未走到這一步。

阿吉特的另一項決策，則是雇用四名來自AIG的知名保險業界人士，來運作商業保險。這些人過去曾和嘉安有過聯繫。巴菲特相信，這麼做能讓波克夏在價值可能高達上百億的商業保險中，晉升為世界級的重要角色。

---

2 保險業的口頭禪：數據一定要可信且可靠。而我們需要大量的數據，才能做到這一點。

儘管過去他們曾經收購過一些保險公司，但巴菲特認為，如果你能擁有對的人和對的想法，那麼「親手打造」其實比買下來更好。事實上，波克夏還能以帳面價值打造出一個大型商業帝國，且不需要吸收其他公司所帶來的壞習慣。

蒙格發現，對多數人來說，再保險一般而言並不算是好生意。波克夏在再保險方面的成功，全憑其獨特的操作方式。

「波克夏擁有其他人所無法擁有的人才和資金，且以不需要花太多錢的方式進行承保業務。」巴菲特總結道。

4. 產業觀察：「再保險」的初階課

巴菲特強調許多次，波克夏是一個「通常都很理性的地方」。他和查理不會在受外界的影響下，作出非自願性的決定，而這也為公司帶來許多益處。

保險是一個尤其需要以理性來執行的商業活動。某些保險公司所面臨的問題，就是華爾街的人們不斷地逼迫他們逐年提高保費。相反的，波克夏大可以在價格不適合的時候轉身離開。他回想起曾經有那麼一次，國家賠償保險公司減少了80％的業務，因為當時的價格不合理。[3]

巴菲特補充道，如果波克夏真的做了什麼愚蠢的事，也絕不是因為外界的壓力。相反的，多數管理者（尤其是公司表現對他們的

3　我們還記得在此時期接下來的不景氣環境下，國家賠償賺到了許多錢。

既得利益不會造成太大影響者）很難反抗華爾街施加在他們身上的壓力。他們不想成為媒體批判的對象，也不想承受不必要的壓力。

巴菲特指出，在價格合理的時候，波克夏獲得了美國國內許多災難保險保單。而現在的價格並不合理，因此他們沒有選擇繼續承做。他總結道：「我們沒有遠離市場，是市場遠離我們。」

巴菲特將此舉和自己在1990年代末期，拒絕購買網路類股的行為做比較。稱當前的外在環境只是一種「社會認同或從眾效應」，並表示當周遭的人都因為這些行為賺進大筆金錢、朋友與媒體紛紛質疑你為什麼不這樣做時，這種壓力尤其嚴重。

然而，波克夏的優勢就在於他們沒有這樣的壓力——「我們根本不在乎！」蒙格說，聖經之所以會教你「不能貪圖鄰居的屁股」這類道理，自然是有原因的。「更糟的是，嫉妒無法帶給我們任何樂趣。」他以自己過去說的話作結。

巴菲特打趣道：「貪吃好玩多了（同時伸手拿了一片花生脆片）……色慾當然也是，不過這點我們就不深究了。」

他承認，近期避險基金大規模地進入再保險市場。他認為這確實是一個非常容易就可以推銷給投資者的產品。「任何可以賣的東西，華爾街都賣。這點你絕對不用懷疑。」他生氣的表示。

蒙格更補充道：「他們還會搬出一堆艱深的理論來推銷。」

「在投資或保險或很多事情上，你不能跟著潮流走。」巴菲特強調，而這也為這場討論增添了幾分人生哲理。

他再次提到，如果你擁有一間加油站，但對街的傢伙將自己的

售價壓到低於成本，那麼你的麻煩就大了；在保險業，如果對街的傢伙以低於成本的價格賣保險，你的待機成本又還算合理的話，那麼你還不至於太痛苦。而實際上，波克夏也確實在等待著時機更好、價格更合理的日子。

巴菲特再一次誇獎自己的保險經理人，例如通用再保險的塔德・蒙特羅斯和蓋可的阿吉特・嘉安、唐・沃斯特（Don Wurster）和東尼・奈斯利等，並說波克夏何其幸運能擁有他們。「他們非常喜歡波克夏的做法，因為他們不用被迫做任何愚蠢的事。」

蒙格表示同意，「在我們這異於常人的方法之下，波克夏依舊擁有了堪稱全世界最棒的保險公司。那我們又何須改變呢？」

5. 產業觀察：BNSF 鐵路

巴菲特表示，鐵路的營運狀況非常好。在股東會一開始所展示的投影片中，我們可以看到 BNSF 的鐵路運輸量增加了 3.8%，與此同時，全美的鐵路運輸量卻僅增加了 0.3%。

巴菲特指出，這兩個數字有著天壤之別的差異。其中，在 BNSF 鐵路周圍發現石油的事情，確實帶來某些程度上的助益。「發現石油的地方簡直棒呆了！」他開玩笑地說。

事實上，巴菲特和位於貝肯（Bakken）產油區的原油供應商討論過，並認為未來鐵路的使用量將會持續增加。他補充道，比起透

過管線輸送，用鐵路運輸石油要快多了。[4]

BNSF鐵路的執行長馬特・羅斯（Matt Rose）表示，該條鐵路平均每日輸送六十五萬桶原油。他認為在今年底，這個數字會成長到七十五萬桶，未來一年更可能成長到一百四十萬桶。

巴菲特給予眾人一個新的想法，指出不久之前，美國國內的每日產油量為五百萬桶，這是一個非常龐大的數量，況且產油區也不僅只有貝肯。未來可能還有更多頁岩採油開發和探勘[5]。

至於BNSF鐵路的煤炭事業，他們期望未來也能維持現況。由於部分鐵路專門用於運輸煤炭，因此時間長了或許會造成一些損失，而營運狀況則會隨天然氣價格和美國國家環境保護局（EPA）的政策而波動。有些發電廠在燃料選擇方面，較有彈性。

6. 評論：葛洛斯的「新常態」理論

在被詢問到對比爾・葛洛斯（Bill Gross）[6]提出的「新常態」（New Normal，即未來回報減少）有何看法後，巴菲特強調，他和蒙格並不關心整體經濟的前景。

他指出，人們無時無刻都在談論未來或宏觀議題，但他們根本不知道這些人在說些什麼。這些話沒有什麼具體意義。巴菲特驕傲

4　在中美能源工作的工程師朋友告訴我們，石油在管線中，僅能以每小時低於三十英里的速度移動，否則會引起腐蝕。而鐵路的速度能快上兩倍，儘管需要應付一些搬運風險。

5　近期，金德摩根（Kinder Morgan）提出了一個輸油管計畫，企圖架設一條從德州通向西岸煉油廠的管線。但煉油廠婉拒了這項提案，因為他們更偏好鐵路運油所帶來的新彈性。

6　編注：即知名的「債券天王」，在金融海嘯後由於多次看錯方向而成為媒體上的話題人物。

地表示，「為了那些不明就理者的言論，放棄自己所熟知的事物，是非常不合理的。」

他進一步指出，他知道 BNSF 鐵路未來的載貨量會持續增加，而市場上也沒有可以取代其位置的鐵路。美國西岸只有兩條鐵路，因此要想替換 BNSF，就要付出龐大的替換代價。他也建議，如果你能省下對那些議題的關注，擁有好公司的人應該可以獲得不錯的收益。

蒙格對此則發出異議，表示自己可以想像未來十年的表現或許會不如過去十年那般理想。

7. 關鍵交易案：ISCAR 的最後一塊拼圖

在股東會進入正題前，巴菲特與蒙格宣布：波克夏將從沃海默家族手中，以 20 億美元的金額，買下 ISCAR 最後 20％的股權。

巴菲特表示，未來和沃海默家族的關係會持續下去，他並將山特維克（Sandvik）和 ISCAR 進行比較。[7] 他認為，山特維克是一間很棒的公司，只不過 ISCAR 更棒。

ISCAR 的優勢在於其生意頭腦，以及對工具製造事業的無比熱忱。當賽斯・沃海默（Seth Wertheimer）於 1951 年創立這間公司時，他不過是一個二十五歲的年輕人，一個向中國購買鎢等用於製作切割器械原料的小伙子。接著，他再將產品賣到全世界需要使用

7　山特維克是一間瑞典公司，旗下擁有 Sandvik Tooling 和 Seco Tools，為 ISCAR 的主要競爭對手。

切割器具的客戶手中（基本上就是那些重工業者）。

在以色列經營公司這件事，並不具有什麼優勢。儘管如此，他就是能從千里之外獲得原料，再將產品賣到千里之外去，然後將自己打造成一個能和山特維克這般大規模企業競爭的公司。

他是如何做到的呢？他擁有一群辛勤且才華洋溢的員工，他們不斷地改良自家產品，讓顧客無比滿意。而這份熱忱至今依舊存在。

巴菲特總結道，ISCAR是世界上最棒的公司之一，他也認為能認識這樣的管理者，是他的榮幸。

8. 關鍵交易案：亨氏食品

巴菲特說，關於亨氏食品（Heinz）這樁230億美元交易的契機，就發生在科羅拉多州博爾德（Boulder）的機場。當時，3G資本（3G Capital Partner）的共同創辦人豪爾赫‧保羅‧雷曼（Jorge Paulo Lemann）詢問巴菲特，是否有興趣加入購買亨氏的行列。對亨氏與雷曼有著同等尊敬的巴菲特，於是答道：「我加入。」

在一個禮拜左右之後，巴菲特收到了這筆交易的投資條件書（term sheet），上面沒有什麼需要改的，就任何角度來看，巴菲特認為這是一樁對所有參與者來說，都很公平的交易。

巴菲特明白，他們付出的金額比預想的多了一些（如同以往），況且如果沒有3G資本，這筆交易也無法成功。他補充道，他們認為3G資本的人非常優秀，是難能可貴的管理人才。

儘管雙方都在股權方面投入了41億美元，但3G資本希望提高

交易的槓桿，因此波克夏同意再出資80億元購買票面利率為9%的優先股。

9. 公司治理：長得更大的波克夏

在被問到波克夏是否正朝著「指數型基金」的規模前進時，巴菲特坦承，隨著波克夏的規模越來越大，要想產生（對其股價的）實質影響也越來越困難，而未來的回報儘管讓人滿意，卻也難以如過去那般理想。

儘管如此，波克夏的成功也有賴於市場的波動，例如2008年。在市場波動之下，波克夏的規模與資金才能發揮優勢。感謝查理的點醒，波克夏才能專注於購買好的企業上。巴菲特也說道，即便你用一個看似偏高的價格去購買好公司，也很少會成為一個錯誤。

為了表現一下自己的蒙格也補充說道，根據紀錄，持有那些規模過大的公司，其實不是什麼好事。他說標準石油（Standard Oil）或許是唯一一個「規模大到嚇人，經營方面也好到嚇人的公司。」但他也說到，即便現實如此，波克夏和多數公司相比，還是擁有更棒的體制。

巴菲特進一步補充，他們買了許多很棒的公司，其中甚至有八間公司如果是獨立的經濟個體，也能登上財富五百大……更正：是八又二分之一間公司，如果加上他們購買亨氏食品所得到的50%所有權的話。

10. 市場分析：美元的全球地位

巴菲特認為，在未來的數十年裡，美元將成為世界性的儲備貨幣。儘管中國和美國同為世界上最大的經濟強權，但他不認為有任何貨幣能取代得了美元。

蒙格則認為，作為儲備貨幣是一種優勢。儘管如此，假如美元作為世界儲備貨幣的地位被取代，也沒有關係。他指出，或遲或緩，領導換人做的事情總會自然而然地發生。如同凱因斯曾說的：「長期來看，人都會死。」

巴菲特開玩笑地說：「這真是此階段最振奮人心的發言。」

蒙格繼續說道：「如果我們仔細想想，過去每一個偉大的文明，都已經交出手中的接力棒了。」

11. 市場分析：企業獲利佔 GDP 的比例

有人提醒巴菲特，他曾於 1999 年在《財富》雜誌的文章中指稱，只有超級樂觀的人，才會認為企業獲利能長期佔 GDP 的 6% 以上。但目前企業獲利佔 GDP 的比例已經超過 10% 了。

巴菲特說，對於高公司稅這件事，人們應該抱持些許的懷疑。他指出，在 2008 年的金融危機中，企業的狀況比個人要好，並提醒眾人就業率並沒有改善。他認為自己最好的猜測，就是企業獲利佔 GDP 的比例會開始下降，但 GDP 會繼續成長，因此這個情況並不可怕。

蒙格指出，許多股票握在退休基金的手中，而在某種程度上，

這些退休基金也是大眾的靠山，明白這點是相當重要的。因此，儘管數據告訴我們出現了貧富差距，但這並不意味著世界變得更不公平了，而這兩個數據也並非總是自然而然地相關。

他說自己喜歡華倫認為「有錢人應該多付點稅」的想法，但認為公司稅應該要更低一點才好。

巴菲特總結道：「他是共和黨派，而我是民主黨派。」

12. 市場分析：該再多印一點鈔票嗎？

在被問到聯準會以每個月850億美元的金額，購買住房貸款證券（mortgage securities）和國庫券的行為，其長期風險該如何評估時，蒙格回答：「基本上，我的答案是不知道。」巴菲特也表示，這確實是一個未知的領域。

儘管如此，正如同亨特兄弟（Hunt brothers）在購買白銀時所發現的道理一樣，有時候「買東西比賣東西要來得簡單許多」。[8]

他指出，聯準會的資產負債表已經上升到3兆4,000億美元。而許多銀行擁有鉅額存款準備金的事實，在某種程度上替聯準會平衡了債務。他指出，富國銀行就在聯準會放了「什麼都得不到」的1,750億美元的準備金。

儘管巴菲特很好奇，對柏南奇（時任聯準會主席）來說，任期

8　亨特兄弟曾在1979年試圖壟斷白銀市場，買進佔全球總供應量三分之一的白銀，造成市場恐慌，史稱「白銀星期四事件」。延伸閱讀請參閱《偉大的貪婪：金融強權華爾街崛起的大歷史，1653-2016年》一書，大牌出版。

即將結束的事實是否會對他產生影響，但巴菲特對柏南奇有一定的信心。他開玩笑地說，或許柏南奇對於繼任者該如何降低資產負債表中幾兆美元債務的建議，就是叫他去讀自己在喬治華盛頓大學（George Washington University）發表的幾篇演說。

重拾嚴肅的神態，巴菲特警告，當前的情況確實有可能導致嚴重的通膨。他也猜測某些聯準會的官員們，對於自己沒能看到「更高的通膨」有些失望。

話題回到市場上，巴菲特預測當聯準會開始將證券脫手時，可能不會對市場造成立即影響。只有當市場感受到聯準會改變自己的立場──停止購買證券，影響才會出現。

他認為這樣的猜測，或許在世界各地都能聽到。他也認為這樣的改變並不一定會引發災難，但投資者可能會需要再次評估自己的投資──尤其是決策受「低利率」此一事實所影響的投資者。

蒙格則對經濟領域開了一槍，他認為經濟學家以為自己知道答案，卻往往被後果嚇了一跳。他補充道，有鑒於經濟學家們的過往紀錄，他們應該對自己的一舉一動更謹慎些。對於他們深信，「就算多印一點鈔票也不會對美國造成什麼麻煩」的想法，他建議他們再好好想一遍。

在巴菲特的催促下，蒙格表示自己很擔心通貨膨脹，並認為下個世紀會比較艱苦，但反正他也看不到了。

巴菲特開玩笑地說：「查理說他看不到了。我不贊成他這種失敗主義。」

13. 市場分析：低利率與資產價格的關係

　　在話題進入到利率課程後，巴菲特表示，「利率之於資產價格，就如同重力之於樹上的蘋果。」

　　當利率非常低的時候，資產價格不會受到太大的重力牽絆。現在的人與1980年代的人相比，行為模式非常不同。當前的現金成本幾乎為零，但是在1980年代當保羅・沃克（時任聯準會主席）企圖打擊通膨時，利率曾一度高達15％。

　　巴菲特繼續說道：「在經濟的浩瀚宇宙中，利率是一切的動力。」他也補充說，收購亨氏時之所以能多付一點錢，也是基於借錢的成本非常低。

　　他表示，利率確實會改變，但何時會變我們無從預測，如同過去二十多年的日本一樣。他推測道，資產價格之所以這麼高，是因為人們認為利率會一直維持這麼低。在將利率與債券市場擺在一起後，他認為在三十年國庫券利率僅為2.8％的襯托下，房產看上去誘人多了。

　　在指出這是一個非常聰明的政策後，巴菲特大膽表示，「每個月賣掉850億的獲利，將遠遠超過每個月買進850億。」他總結說，這就像是在欣賞一部很棒的電影，因為他不知道結局會如何發展。

　　蒙格則指出，由於低利率的情況，波克夏擁有的龐大浮存金（730億美元）的價值變少了。就這點來看，如果利率上升，波克夏也會得到好處。

　　「波克夏永遠不會強求收益。」巴菲特強調。在第一季結束後，

波克夏手中握有的490億短期國庫券，基本上什麼都沒有賺到。如果短期利率能回到5％的水準，儘管可能會對波克夏的其他業務造成影響，但也能直接為波克夏帶來數十億元的稅前收入。

14. 評論：神奇藥水與鍋碗瓢盆

當巴菲特將多層次直銷公司Pampered Chef和賀寶芙進行比較時，整場會議的高潮也因而來臨。（當時賀寶芙正被避險基金經理人比爾・艾克曼〔Bill Ackman〕高調放空。）

放空者的主張為，賀寶芙的主要營運模式，就是將大量產品賣到那些沒有疑心、且沒有能力將產品再次賣出的人手中。相反的，巴菲特爭論波克夏旗下的Pampered Chef則是透過每週所舉辦上千場的活動，將廚具商品直接賣到使用者手中。

蒙格說得好：「我認為賣神奇藥水應該比賣鍋碗瓢盆，更容易淪為詐騙行為。」巴菲特開玩笑地說：「就我們的年紀來看，是時候該買神奇藥水了。」

15. 公司治理：裸泳的人與波克夏

毫無疑問地，巴菲特的名聲和對交易的敏銳度，為波克夏帶來許多起令人讚嘆的交易。而他的繼任者能像他這樣成功嗎？

巴菲特指出，他的繼任者將擁有更多的資金可以運用，而這在市場不穩定的時候，將能發揮莫大的效用——能對大宗交易立即給予「Yes」答案的能力，將讓波克夏從其他投資者中，脫穎而出。「當

市場出現恐慌時，波克夏將是大家會想求助的對象。」

巴菲特進一步指出，偶爾會發生此種情況，如同2008年和2011年。他用了自己最喜歡的比喻，表示當投資的潮水退去時，你將發現到底是誰在裸泳。他諷刺地說道：「這些裸泳的人就會打電話向波克夏求助。」

有趣的是，有人問巴菲特關於那幾筆他在2009年2月做出的短期投資，即將要在2014年到期的事。當時，波克夏用3億美元買下為期五年、票息15%的哈雷機車債券。

巴菲特開玩笑地說，真希望他們可以不要理會郵件中的通知，繼續收15%的年息。「當那一天到來時，我會很傷心。」

他表示，當時自己之所以能如此迅速地作出決定，是因為他明白這間公司不可能會倒閉。在總結了自己對哈雷的看法後，巴菲特再次提到：「任何一間可以讓顧客心甘情願、將其名字刺在胸膛上做廣告的公司，不可能差到哪裡去。」

蒙格發覺，巴菲特過去之所以能一帆風順，是因為他沒有遇上真正的對手。然而，有意思的是，隨著波克夏漸漸成為許多不希望有所謂的「總公司」來對其指手畫腳的公司之歸宿，巴菲特又朝著一個沒有什麼競爭對手的領域前進。

巴菲特表示，波克夏總能接到別人不會接到的緊急電話，因為大家知道波克夏擁有現金，且願意立刻做出決定。有意思的是，隨著波克夏的規模越來越大，「救援」方面的事務似乎被他們獨佔了。

蒙格談論起波克夏的競爭優勢。對他來說，此優勢也包括了

「眾人皆醉我獨醒」的能力；至於另一個優勢，則是確立企業管理的黃金原則——以「己所不欲，勿施於人」的態度，對待子公司。他認為這一點在美國企業界是非常罕見的，也因此為波克夏吸引到許多生意。

蒙格指出，由於波克夏將自己定位在一個競爭較不激烈的位置上，使波克夏成為一個更獨特的存在。「這是一個非常棒的點子……真希望我是故意這樣做的。」

巴菲特和眾人分享了一個關於某位老闆想要將公司賣掉的故事：這名老闆很在意如果自己將公司賣給競爭對手，對方會不會開除那些幫他一路走到這裡的員工？他們會不會像匈奴入侵一樣？如果將公司賣給私募股權公司，他們是不是會提高公司債權、然後再將公司轉手賣掉？而就這一點來看，最後公司也一樣會落入如匈奴入侵般的下場。

一想到這些，這名老闆情願把公司賣給波克夏。並不是因為波克夏很吸引人，而是因為他相信波克夏能撐到最後一關。

結果證明，這是一筆非常理想的收購案。這名老闆的員工能繼續保有飯碗，他也能繼續做自己喜歡的事。

巴菲特總結道：「我們的競爭優勢就是——我們沒有競爭對手。」他也額外補充說，他自己認為波克夏的另一個優勢，就是擁有和別人不同的股東根基。在波克夏，他們視股東為合夥人。公司所有者／管理者，都希望股東能享受到和自己一樣的成果。

16. 人生習題：工作習慣與決策品質

在談論到他們的工作習慣時，蒙格提供了一個非常棒的見解。在毫不意外的情況下，他和巴菲特剛好都擁有對他們的工作來說、再適合不過的習慣。

舉例來說，他們不知道從何時開始，採用了現代心理學的說法，不在疲憊的時候做出重大決策，且困難的決策使人疲憊。「我們並不知道藉由攝取大量咖啡因與糖分的方式，可以幫助人們做出重大決策。」[9]他開玩地說。

蒙格提到，由於他們都是以「自動導航模式」在生活，因此他們在日常瑣事上不會花任何精力。他認為，對他們的工作性質而言，這是非常理想的辦法。

他甚至說，自己從未見到巴菲特疲倦的模樣，因為他總是睡得很安穩，而他的生活模式非常適合他當前的工作。

17. 產業觀察：報社收益低標——稅前 1 億

巴菲特表示，與報業當前的收益相比，波克夏都是用極低的價格買進報社。而這一點是必須的，因為考量到報社的利益會繼續下滑。此外，巴菲特表示近期購買報社的動作，為他帶來一些稅務上的優惠。他期待長期下來，報社下滑的收益還是能為波克夏帶來稅後10％的回報。而就這些報業的規模來看，對波克夏的實質影響

9　櫻桃可樂和時思的花生脆片是該年度的股東禮品。

不大。

　　總體而言，巴菲特估計波克夏擁有的所有報紙，能為公司帶來 1 億美元的稅前收益。有趣的是，儘管這部分的收益低於報告的門檻，他仍說自己每年還是都會報告報紙這部分的情況。

　　蒙格面無表情地說：「我記得我好像聽你說過這是一個例外，而且你很享受這件事。」

18. 評論：美國競爭力最大的威脅

　　如同過去幾年裡，巴菲特認為醫療保健成本是美國競爭力的最大威脅。我們花了將近 17％的 GDP 在醫療保健上，而我們的對手卻只花了 10％。

　　他用原料成本進行比較。在原料成本上，美國產業比其他國際競爭對手多花了 7％。因此眼前的情況，就是美國以更多的錢，來購買原料類產品。然而，無法控制成本的公司，就不具競爭優勢。

　　蒙格對這個議題相當重視，並表示，「嚴重膨脹的證券和衍生性金融商品市場」對於競爭力而言，根本毫無助益。

　　他也提到，加州理工大學和麻省理工的畢業生們會進入衍生性交易市場的現象，「對國家來說是一個徹底瘋狂的結果」。在醫療保健上，他同意巴菲特的看法，但認為上述這些現象更讓人感到憂心。

　　華倫總結道：「查理是非常守舊派。」

19. 評論：老派投資者的浪漫

蒙格表示，他和巴菲特在本質上非常老派。他認為舊有的美德，例如為了生活努力工作、保持理性等，依舊有用，而且對人生來說非常重要。

巴菲特則建議，要從事那些能讓你心情振奮的事情。蒙格對此表示同意，說自己從來沒有辦法把討厭的事情做好。巴菲特回想起自己和查理一開始都是從雜貨店開始，然而兩人現在都已經離開了雜貨店這條路。

蒙格開玩笑道，年輕的巴菲特自然不怕得不到升遷的機會，畢竟那間雜貨店是他們家的。對此，巴菲特回嘴說：「爺爺是對的！」

巴菲特繼續談到，自己非常幸運——能出生在這個國家，又能在很早的時候就找到自己的興趣。「經營波克夏實在太好玩了，好玩到讓人有點罪惡感。」

蒙格笑說：「為了懺悔自己玩得太開心的罪，你其實有一個辦法可以解套——將全部的錢還回去。」

巴菲特反擊：「無論你願不願意，最終都是要還回去的。」

20. 評論：「生對時代」也是一大優勢

近期，葛洛斯發表了一段評論，認為他這個世代的投資者在成功上，有很大一部分的原因是基於出生的時機點。巴菲特對此深感同意，認為能以男人的身份出生在美國，給了他難以忽視的大優勢。

他提起了自己於 1979 年首次在《財富》雜誌上說到的故事，講

述他的父親一開始是從事證券業。在一次金融危機後，父親根本沒有生意，因此下午時間他都待在家裡。「當時沒有電視……所以我就這樣誕生了。對我來說，1929年發生的那場金融危機真是太棒了。」他描述那場危機，讓許多人遠離市場長達十年的時間，而當時的情況確實很糟糕。

巴菲特指出，就股票市場來看，2010年往回推的十年間，情況也是如此。他也承認，1950年是投資的絕佳時代，在想法方面沒有什麼競爭者，他並認為，如果自己早出生個五年，一定可以賺更多錢；但如果晚出生十五年至二十年，則可能會賺得較少。

巴菲特說，自己非常羨慕此刻在美國出生的嬰兒們。他們真是史上最幸運的個體。他認為與自己那個時代相比，這些孩子能透過各式各樣的方法，做出比他更棒的表現。正如同我們活得可能比洛克菲勒（John D. Rockefeller）[10]還幸福般，此刻出生的孩子也會活得比我們好。

蒙格則指出，與當前的環境相比，巴菲特職業生涯早期遇到的投資想法競爭較不激烈。不過，這並不意味著投資世界就沒有什麼事情可以做。

巴菲特吹捧了查理一番，指出在2008年至2009年的時候，外面有成千上百名高智商的投資專業人才。而查理卻選擇將X的現金，投資到「每日期刊公司」（Daily Journal，蒙格是該公司董事長）

10　編注：美國商業鉅子，1839年出生，標準石油公司的創立者，亦是史上第一位全球首富。

的股份上。該股份的價格現在已經翻了三至四倍。[11]

蒙格發現,在他和巴菲特第一次見面時,巴菲特眼前的機會多不勝數,而他欠缺的只是錢。

巴菲特精闢地總結:「現在我們不缺錢,缺的是點子。」

21. 關鍵交易案:押寶太陽能

蒙格自信地預測到,未來在沙漠裡進行太陽能發電的比例,絕對會超過在屋頂發電。波克夏的大型太陽能廠獲得非常有利的價格條件,且位在沙漠,因此波克夏不會有問題。[12]

儘管如此,他對屋頂太陽能板的質疑,也傷害到波克夏的公共事業。他認為該領域中混雜著一些大話。

中美能源公司的CEO克雷格・阿貝爾也提出補充,表示儘管在屋頂上架設能源板的成本降低了,但公共事業具有政府的稅率保護優勢。

22. 產業觀察:美國的銀行體系

在被問到對「陶德－法蘭克法案」(*Dodd Frank Act*)[13]的看法

---

11 我們也要來吹捧巴菲特一下。如同我們稍早提到的,自2008年以來,波克夏運作的資金已超過1,000億美元。

12 編注:巴菲特於2013年以20至25億美元之間的價格收購SunPower在加州的兩大太陽能廠,此次交易由中美能源主導。

13 編注:該法案於2010年7月由歐巴馬總統簽署,旨在改善金融體系與透明度,防杜雷曼兄弟「大到不能倒」的事件再次發生。

後，巴菲特表示資本率越高，股票的回報率就越低。總體而言，他認為美國的銀行在這過去二十五年中越來越強健。最重要的是，過去那些差勁的放貸都過去了，而現在的貸款品質好多了。他也認為美國的銀行體制，遠比歐洲來得健全。

巴菲特澄清說，自己並不擔心銀行體制或住房熱潮會引發下一次的泡沫化。危機並不在這裡。他指出，我們永遠都會遇上泡沫，因為資本主義的本質就是朝著「過度」此一目標前進的。這也是人們的本性。只不過下一次的泡沫，將會以別的形式現身。

巴菲特對於富國銀行、美國合眾銀行和M&T銀行的投資，非常看好。就長期來看，他們的獲利應該會很不錯，但由於陶德法蘭克法案的關係，使其股本回報率將不如七、八年前那般。

蒙格則表示，與華倫相比，他對銀行體制長期下來的情況，就沒有那麼樂觀了。他還是不懂為什麼要將大量的衍生性商品和經由國家擔保的保證金混在一起。巴菲特同意這點。

蒙格總結道：「越來越多銀行家想當投資銀行家、而不是銀行家，我覺得這不是一個好現象。但我不能說得太多。關於這個議題，我已經惹出太多麻煩了。」

巴菲特開玩笑地說：「我已經見到記者在舔他們的刀子了，就等查理扔出一塊好料。他今天異常克制。」

23. 接班者計畫：延續「波克夏文化」

這一次，依舊有許多問題圍繞著巴菲特的繼任計畫打轉。安德

魯・羅斯・索金（Andrew Ross Sorkin，紐約時報記者）提出這個問題：「阿吉特是你的繼任者嗎？」

針對此一問題，巴菲特先是停頓了一會兒後說：「我發現你是從字母A開始說。但其實從B開始也是不錯的。」

巴菲特表示，自己和董事會無時無刻都在思考繼任計畫。他還說在波克夏董事會的會議上，最重要的議題就屬這個，而董事會對於繼任者也達成了「一致的同意」。

更重要的事情在於，該如何保存當前的企業文化，而合適的CEO就成為達成這個目的的重要手段。巴菲特深信在這麼多年後，這股風氣已經根深蒂固，任何外來行為都會被「摒棄」。而任何錯誤的人也會被視作「外來異類」──在繼任者方面，波克夏的首要思考目標為「誰可能會出錯」？

當空頭名人道格拉斯・凱斯不客氣地問，霍華德・巴菲特是否有在董事會擔任非執行董事的資格時，巴菲特表示，這個職位的目的在於確保波克夏的文化得以存續，而在這方面，沒有人比霍華德更盡心盡力。

在被詢問到由他監督的數間公司，可能為繼任職務帶來更高的複雜性時，巴菲特表示，他同意繼任者在這方面會展現跟他不一樣的作為。儘管如此，波克夏依舊會讓各公司的CEO們，執行自己的任務，總公司只負責資金分配方面的決策。巴菲特開玩笑他說，如果他的繼任者瘋了，可能才會想多請一個人放在總部。

蒙格認為，如果波克夏的結構是透過一個至高無上的總部，將

自己的命令強加在子公司身上，那麼今天的企業結構就會變得相當笨重。然而，這並不是波克夏運作的方法。他總結道：「如果你的體制已經去中心化到近乎放棄權力的程度，擁有多少間子公司又有什麼差別呢？」

總是扭轉議題、並拋出另一番思維的蒙格指出，如果他們現在做的事情極端困難，他們也不可能辦到。然而事情真的並非如此。

巴菲特開玩笑地說：「對於這點我要有所保留。」

蒙格繼續說道，如果五十年前有人預測巴菲特會在內布拉斯加的奧馬哈，經營一間規模如波克夏這般龐大的企業，且全部的事務只透過一間小小辦公室內的人手，大家一定會覺得這種作法會失敗。然而他們錯了。

蒙格總結道：「我希望對外頭更多的『蒙格們』喊話，千萬不要傻傻地賣掉手中的波克夏持股。」

巴菲特打趣道：「外頭的巴菲特們，你們也一樣。」

2014

地點： CenturyLink 中心

出席者： 四萬人

年度摘要：

- 今年豐富的筆記內容來自於柯瑞，丹尼爾因身體微恙而無法出席股東會。
- 亨氏番茄醬於今年推出巴菲特與蒙格的特殊瓶身版。巴菲特版每罐要價 2 美元，蒙格版則為 1.5 美元。兩人開玩笑說他們會持續追蹤，看哪一個版本賣得比較好。
- 內布拉斯加家具商城在本週的營業額，超越了 4,000 萬美元。該金額為年銷售額的 10%。
- 整場股東會長達六小時。巴菲特和蒙格「教授」（分別為 83 歲、90 歲），依舊硬朗。

財富世界五百大排名： 第 5 名

波克夏股價： 177,953 元

- 1964 年投下的 1 美元，在今日約等值於 14,386 元。
- 波克夏的每股面值從 19.46 元上漲到 146,386 元（年複合成長率為 19.4%）。
- 同時期的標準普爾 500 指數的年複利率為 9.8%。

2014 年的投資備忘錄

1. 你可能誤會巴菲特的五件事

我們老早就注意到圍繞在巴菲特身旁的瘋狂悖論：沒有任何投資家受到的媒體關注多過於他，然而卻鮮少有人因此而理解他。我們認為，這是當前注意力短暫（或追求即時滿足）的文化現象，對生命智慧反彈所造成的問題。

無論如何，當前媒體對波克夏股東會的狂熱已經漸漸散去，我們檢視了自己在這場會議中所記錄下來的所見所聞。以下，是我們認為非常重要，但很少人注意到的內容：

- **自 1997 年以後，波克夏投資在股權上的金額來到了巔峰（在固定收益上的投資則來到 1995 年以後的低點）**

  這怎麼會是頭條呢？在股東會後所讀到的資料中，我們不明白此點的道理。顯然巴菲特根本沒注意到那些已經迫不及待、想要迎來熊市的人們。對於巴菲特這樣一個在「經濟衰退」時代，總是身懷鉅款的人來說，這一點相當值得注意。

  無論任何時候，都不要「全梭」，是他一直以來的堅持。因此，他果斷地朝股票靠攏，是一個值得我們關心的現象。

  此外，儘管在過去十年裡，波克夏的投資組合重要性已經漸漸從中心位置，轉變成整體下的一小部分，但其組成方式依舊反應映

巴菲特對多種資產類別長期下來的機會成本看法。

此刻，他顯然認為比起債券或現金，股票是更好的選擇。這點值得我們注意。

• 巴菲特正大力宣揚波克夏的價值

這是立場的徹底轉變。這麼多年來，我們清楚記得巴菲特和蒙格總是貶低波克夏的價值，對於未來成長的預期，也總是採取「低飛球」（low-balling）策略。你幾乎可以聽到他們咕噥的話語又在耳邊響起。

近幾年，巴菲特總是更關注在那些讓波克夏如此出色的人、事、物上，並暗示它們的價值為何。

今年，巴菲特「公開讚揚」波克夏的價值。他相當直接地提起，波克夏計畫以票面價值120%的價格購回公司股票，而此舉顯然暗示了聽眾快去從他手中買下波克夏的股票。

將數據帶入的話，第一季的股權價值為2,300億美金，等同於每張「B」股的帳面價值為93美元，因此120%即意味著112元。當前B股價格為126元，僅比巴菲特願意大量回購股票的價格（112元）高了12%。而這兩個價格之間的差異，波克夏僅需要花一年的成長時間，就能消除。

多年來總是壓低波克夏價值的巴菲特，正在向那些能仔細注意到他立場的人們，表達自己的看法。

• 巴菲特熱愛銀行

巴菲特對富國銀行的熱愛，眾所皆知。而巴菲特對「銀行」的熱愛，則沒有那麼顯目。

舉例來說，波克夏手中的第五大持有股份是哪間公司？

快點，猜猜看。前四大持股的公司已經被媒體炒得火熱：富國銀行、可口可樂、美國運通和IBM。那麼第五名呢？

如果你猜不到，也不要難過。我們詢問過許多長期研究波克夏的友人們，他們也都沒猜對。

答案是：美國銀行。

倘若行使認股憑證，在去年底這些股票的價值為109億美元，在今年第一季結束時，更漲到120億。

在美國銀行業——富國銀行、美國銀行、美國合眾銀行、紐約梅隆銀行（Bank of New York Mellon）和M&T銀行的身上，巴菲特共投資了400億美元。這是非常龐大的持股量，也因此值得關注。

儘管銀行業的規範增加、提高資本要求、進行中的官司和減少利率差的各種情況，讓人應到焦心，但對巴菲特而言，銀行業（或特定銀行）肯定具備某些良好特質，他才會讓銀行佔他最大的投資比重之一。

我們還要補充一點，巴菲特非常了解銀行，早在1969年，他就買進了洛克福德（Rockford）的伊利諾國家銀行（Illinois National Bank）。

在1977年的波克夏年報中，巴菲特驕傲地讚美該銀行的創辦

人奇因・阿貝格（Gene Abegg）的管理，表示在他的帶領下，該行的收益對資產比為多數大銀行的三倍。

• 巴菲特很開心

在觀察了多年後，我們不得不說巴菲特平均而言所展現的精力和熱情，令人欽佩。儘管如此，總有些時候公司的表現較差，因而讓整場股東會沈浸在一個較為陰鬱的氣氛中。[1]

今年，我們必須說我們從來沒有見過巴菲特如此地快樂。我們認為其中的一個原因為：波克夏的表現堪稱火力全開。他在過去十年間進行的重大投資與雇用之人，全都正常地運作著，有些甚至表現得異常突出。

巴菲特喜事連連。

• 波克夏是一部運作流暢的資本配置機

在商業世界裡，資本配置是獲得未來回報的關鍵。在波克夏誕生之前，這個世界未曾出現過這樣的資本配置機。

憑著一年可以產出將近200億美元現金流的能力，在未來十年裡，波克夏將能輕易地生產超過2,300億美元、等同於當前該公司股票價值的現金。

換句話說，在未來十年裡，波克夏運用這筆鉅款的成果，將堪

---

1 索羅門兄弟公司的醜聞和大衛・索科爾辭職的事件在我們腦中浮現。

比、或超越巴菲特過去五十年的成就。

巴菲特非常清楚在未來的資金配置決策時刻，「他不一定能在場」，因此有越多的資金能透過良好的方式被自動化或委派出去，當然越好。而巴菲特在過去十五年間為此做的準備，成果傲人。或許在將來，這些移轉將成為他此生最大的成就。

讓我們密切觀察他所創造出來的成果。

2. 波克夏「資本配置機」的運作方式

對上市公司而言，每賺得的一塊錢，都有五種處理辦法：再投資到公司本身的營運中、收購其他公司或資產、償還債務、付股息或股票回購。

理想上，我們應該根據「機會成本」，來決定這五大領域的配置比重。換句話說，這額外的一塊錢應該放進哪裡，我們應該視每一項競爭機會的長期風險調整後的收益成果，來作決定。

而華倫·巴菲特在將「資本配置」此門藝術推向美國商業思維最前線的貢獻上，無人能及。多年來，他和蒙格指出美國許多被提拔為 CEO 的管理者，就像是一名舉世聞名的小提琴家，在終於來到卡內基音樂廳（Carnegie Hall）後，才被告知要「演奏鋼琴」。

多年來，在會計或實時銷售、行銷方面表現出色的經理人們，一下子被拔擢到一個他們必須進行自己未曾受過相關訓練行為的位置上。而此處的「行為」，指的就是資本配置。

因此，美國商業界整體資本配置的表現並不出色的實況，並沒

有讓人太訝異。

時間回到1980年代，很少會有公司將這個能力掛在嘴邊。現在，這個詞彙卻成為老生常談（儘管在執行方面依舊有很大的進步空間）。

舉例來說，根據近期《華爾街日報》的統計，去年企業用於購回股票的支出上升了23%，達到4,770億美元，而股息支出則增加了14%，成長到1兆3,000億；與此同時，今年的資本支出則預期成長6%，來到總金額6,500億美元。這是一段極為精闢的摘要，也是一段我們在三十年前的報紙上，不會看到的內容。

多年來，在資本配置上，巴菲特建立了一套理性、聰明，且有時甚至能帶來啟發的模式。在今年的年報中，對於波克夏2013年是「如何分配資金」這方面，巴菲特交代得特別詳盡：

• 再投資到公司本身的營運中

此處也是發生最大改變之處。在1998年之前，波克夏擁有較少可以將大量現金重新投資到自己身上的營業型公司。事實上，巴菲特也清楚地表示，自己更偏好低資本、高現金流的公司，這樣他就可以親自將這些現金拿去進行再投資。

儘管如此，從這個時間點之後，波克夏買進了許多資本龐大的公司，其中這「前五名最會賺的公司」是重點：中美能源、BNSF鐵路、ISCAR、路博潤和馬蒙集團。

巴菲特展現驚人的思維彈性，在行為方面大轉彎。多年來總是

買進低資本、高現金流公司的巴菲特，聚集了一批可以大量消耗現金的公司。

在2013年，波克夏的子公司花在廠房與設備上的開銷，達到破紀錄的110億美元。光是BNSF鐵路2014年的計畫，就預備拿出50億投資到公司本身的營運；而中美能源等當前的計畫結束後，也預計再花150億投資到可再生能源方面的計畫。

從2004年一路耕耘到現在，中美能源如今提供的風力能源佔全美的7％。等到當前的計畫結束後，它在太陽能發電方面佔的全美份額，甚至還會超越這個數字。

此外，波克夏用35億美元的金額，買下之前未能擁有的馬蒙集團與ISCAR股份。對此我們稍微猜測了一下，但注意到波克夏也在1995年買下了當時未能擁有的蓋可公司股份。而巴菲特也緊接著在廣告預算上，大力踩下油門，讓蓋可的廣告成本直接超越剩餘所有汽車保險產業的加總！

我們忍不住猜想巴菲特近期的收購與資本投資策略，是不是出自於過去曾在對的時間、在對的公司身上投資大量資本並帶來空前成功的緣故。對某些特定公司來說，能在思想和投資方面做足長遠的打算，並且不受當前獲利或華爾街的分析所影響，能產生非常大的競爭優勢。

- **收購其他公司或資產**

針對這個類別的資金配置，巴菲特又再次成功。其中包括：

基本交易：長期以來，巴菲特一直鍾愛買下好公司。事實上，巴菲特也在股東會上表示，自己更偏好能提升波克夏獲利能力、而不是可交易證券數量的營運型公司。去年，波克夏以180億美元的代價，收購了 NV Energy 電力公司和亨氏食品的主要股份（與 3G 資本合作）。在今年的股東會開始前，波克夏宣布以29億美元收購輸電網營運商 AltaLink，該公司負責加拿大亞伯達（Alberta）省份 85％電力的輸送。

誘人的交易：長久以來，巴菲特一直以他總能為自己和波克夏談成、也唯有他們能想像到的特殊交易能力聞名，例如保險上的比率再保險（quota shares）、利息兩位數的可轉換優先股等。去年，波克夏談成一筆有趣、且具有稅務優勢的交易——以《華盛頓郵報》的股份去換取邁阿密一間電視台和波克夏的股票，以及用14億美元的 Phillips 66 股份，換取該能源公司全部的管線服務業務。

補強性收購：波克夏的小型子公司們，現在可以透過智慧型收購以獲得成長的機會。去年，有31億美元被投資在波克夏子公司的補強性收購中。

投資組合：曾經，總價值為 2,110 億美元的現金、債券、證券投資組合，是波克夏的寶貝，如今卻只佔這個新興帝國的一部分。儘管如此，巴菲特於近幾年在團隊中添加了泰德‧維克斯勒和托德‧庫姆斯，而這兩人現在分別運作著總金額超過70億美元的投資組合。顯然，巴菲特非常滿意他們兩人當前的表現，並暗示在上述這些交易案中，他們也貢獻良多。

- **償還債務**

　　許多年前，巴菲特教過我們，「當錢的成本很低時，就是借錢的好時機」。有鑒於當前負債的成本很低，因此問題應該是：「為什麼波克夏不多借一點錢？」

　　巴菲特表示，他希望能讓資產負債表非常穩健（在至少200億現金的加持下）。此一無懈可擊的力量，為旗下的保險子公司們創造出可靠的競爭優勢。[2]

- **支付股息**

　　波克夏「不付股息」這件事是出了名的。然而，巴菲特在股東會上確實也提到，在「沒那麼久遠的未來」，波克夏的現金生產能力或許會變得過於充實，到時或許可以重新審視此一問題。「願你能活到波克夏發放股利的那天」，這件事或許會成真。

- **股票回購**

　　波克夏已經授權通過一項引人矚目的命令：以帳面價值120％的價格，在市場上買回公司股份。由於當前很少股票被回購，因此在價格方面帶來了一定的空間。

　　有趣的是，巴菲特若有所思的在股東會上說道，當波克夏購買BNSF鐵路時，70％是用現金，30％是用股票。如果在公開市場上

2　我們注意到，過去我們非常喜歡的萊卡迪亞控股公司（Leucadia National）正是這麼做的，去年它藉由發行多種債券募到了33億美元。

將這些股票買回來,才是更聰明之舉。

另一個重點是,波克夏某部分的「被投資者回購了他們的股票」,而此舉長期而言增加了波克夏的所有權比例——對波克夏來說,又是另一種「自動型」資本配置機制。

3. 完成「財富永動」的波克夏

看到這裡,你就能明白。現在波克夏海瑟威的資本配置機器,不需要仰賴巴菲特的下一個好點子。

未來,「最賺錢五強」也能將生產出來的現金,再投資到公司營運之上;小型子公司可以進行補強性收購;維克斯勒和庫姆斯則會在股票市場與現實世界中,尋找可行的交易。

幾乎所有的資本配置能力,都是巴菲特在過去十五年間所培養出來的。這實在是了不起的成就。

Berkshire Hathaway

2015

地點： CenturyLink 中心

出席者： 四萬人

年度摘要：

- 波克夏歡慶在巴菲特的管理下，邁入第五十周年。

- 由於子公司 Justin Boots 為早上六點半舉辦的遊行帶來了兩頭牛、富國銀行則帶來馬車，巴菲特於是開玩笑地說，波克夏在交通運輸方面，除了飛機、火車、汽車之外，又有所突破了。

- 在年度開幕片中，巴菲特化身成「波克夏轟炸機」（The Berkshire Bomber），和拳擊手佛洛伊德・梅瑟威（Floyd Mayweather）進行貼身的洛基風格拳賽。而史蒂夫・永利（Steve Wynn，賭場大亨）和查理・羅斯（Charlie Rose，脫口秀主持人）也客串演出。巴菲特對著梅瑟威吼著垃圾話。蒙格在一旁起鬨說：「梅瑟威那邊的人先找上我，但我實在太忙了⋯⋯」比賽一開始，有人問巴菲特要帶著眼鏡打嗎？巴菲特說：「該死的，我要！」兩人在場中對峙，就在他們衝上去開打的那一瞬間，畫面拉黑。

- 在影片中，還包含了一段從許久以前就擔任巴菲特助手的葛萊迪絲‧凱瑟（Gladys Kaiser）和比爾‧史考特（Bill Scott）訪談。巴菲特和史考特回想著收購波克夏等其他公司的日子；凱瑟提起 1991 年、也就是索羅門兄弟公司爆發醜聞的那年，是相當難熬的一年。巴菲特的註解令人印象深刻：「這是一種責任。你必須替他們善後。」

財富世界五百大排名：第 4 名

僅次於沃爾瑪、艾克森美孚和雪佛龍（Chevron）

波克夏股價：226,000 元

- 1964 年投下的 1 美元，在今日約等值於 18,270 元。
- 波克夏的每股面值從 19.46 元上漲到 146,186 元（年複合成長率為 19.4％）。
- 同時期的標準普爾 500 指數的年複利率為 9.9％。

2015 年的投資備忘錄

1. 投資心法：資本配置是一切財富的基礎

在資本配置方面缺乏能力的 CEO，已儼然成為一個大
問題：假使該公司每年保留盈餘達淨值的 10％，那麼十
年後，該名 CEO 負責有效配置的資金將額外增加營運
資金的 60％。

——1987 年波克夏致股東信

傑出的資本配置能力，是打造財富的必備基礎。在去年的回顧
中，我們提到巴菲特在過去十五年內，是如何驚人地將波克夏打造
成一台資本配置機。依據當前的配置，未來波克夏在價值方面的累
積，將不再需要倚賴華倫·巴菲特。和過去相比，這是非常不一樣
的轉變。

在思考到多數公司的資本配置有多麼地拙劣後，更顯得波克夏
的成功是如此突出。然而，一直到今年波克夏公司的年報出來後，
我們才明白打從一開始，資本配置的能力基本上左右了它的未來。

為了慶祝波克夏在巴菲特的管理之下邁入第五十年，今年的年
報內容非比尋常，巴菲特增加了過去年報的摘錄片段、併購條款等
其他歷史文檔。

事實上，巴菲特也指出他當年之所以動念買下波克夏，只是因為一份股票回購的聲明：他出手買進波克夏的股票並不是因為對其業務感興趣，而是基於資本再配置的舉動。[1]

2. 產業觀察：逆勢成長的 BNSF 鐵路

巴菲特展示了一張關於波克夏每季獲利的投影片。他認為大致上沒有什麼特別之處，唯一的意外是，BNSF 鐵路的收益和其他方面的表現都比去年亮眼許多。

巴菲特承認去年年初，鐵路的狀況不是很好，因此波克夏投入了許多資金，想辦法讓事情走上正軌。而這些努力，都有了回報——BNSF 鐵路的市佔率出現成長，獲利也有進步。

3. 產業觀察：克萊頓公寓的辯護

由於《西雅圖時報》（Seattle Times）的一篇新聞，指控波克夏子公司克萊頓公寓進行掠奪性貸款行為，因此有人就此篇報導提出疑問。為此，巴菲特顯然有備而來，他指出該篇報導中有幾項重大錯誤，並表示克萊頓的貸款業務堪稱典範。

也因此，他展開了一段關於貸款與移動式住宅的精彩授課。

巴菲特指出，2008 年和 2009 年之所以會發生房貸危機，主要是因為貸款者與初級放貸者變得「完全脫節」——初級放貸者將貸

1　本書的〈附錄 I〉為巴菲特親筆述說自己如何買下波克夏的故事，以及我們對巴菲特早期資本配置的分析。非常精彩。

款賣給投資銀行家，而後者再將債權切割成數等份、放進衍生性金融商品中，賣給那些根本搞不清楚自己買了些什麼內容的買家。

在那些年裡，超過八十萬及以上的房屋貸款違約率非常、非常高，但克萊頓的情況卻比外面市場好很多。對比之下，克萊頓幾乎保留了所有自己放出去的貸款。當時，克萊頓手中保留了總金額超過120億美元、涉及三十萬戶左右的貸款。

克萊頓並不希望將房子賣給非常有可能違約的買家，因為這麼做只會讓公司與消費者兩敗俱傷。儘管有人說，應該要讓初級放貸者保留該筆貸款30％或以上的債權，好讓他們能因為切膚之痛而更為謹慎，但當時的情況並不是這樣的。

巴菲特明白，移動式住宅的銷售對象，主要為市場的底層且信用評分（FICO）分數較低者（620及以下）。他指出，售價為15萬美元以下的房子，有70％為工廠製造好的成品屋，平均每個月要還的房貸金額為670美元。因此，該公司的挑戰在於貸款給可以支付這筆金額、且想要保住自己房子的人。

在克萊頓放出的貸款中，僅有3％出現違約。而這些違約情況中，主要是因為失業、離婚或死亡。然而──有97％的人沒有違約。如果沒有克萊頓和其他人的資金，他們就無法擁有自己的家。

巴菲特表示，在CenturyLink會場所展示的克萊頓房屋，售價為6萬9,500美元。而土地的費用一般約為2萬5,000元。這也意味著僅需要9萬5,000元，就能讓一個人獲得功能健全、擁有幾間臥室和一千兩百平方英尺的小天地。

巴菲特指出，在《西雅圖時報》的文章中稱克萊頓每賣出一間房子約能獲得1萬1,600美元的收益（平均而言），這是錯誤的資訊，他認為這根本是胡說八道。他讀了三遍該公司的擔保書，還是找不到任何能得出此結論的根據。

　　在擔保書的內容中，僅有常見的毛利率，也不是淨利。就克萊頓的情況來說，其毛利率約為20%，純利潤率則約為3%。

　　有趣的是，巴菲特指出他們對於克萊頓的貸款標準沒有任何疑慮。然而，他也說自己確實會定期收到一些抱怨信，而這些信針對的主角是其他子公司。

　　他更補充道，克萊頓在進行放貸的各州內，都遵循著當地政府的法令，所以該公司的規範經得起各州的審核。

　　在過去三年裡，克萊頓經歷了各州共九十一次的法規核查。在這九十一次檢查中，克萊頓支付的最高罰鍰金額為5,500美元，而獲得最高的返還金額為11萬元。[2]

　　巴菲特總結道，他很驕傲去年克萊頓讓三萬人以極低的代價，獲得相當棒的居所。在這些人之中，有極高比例的人會在二十年內付清貸款，並真正擁有一個划算的家。

　　蒙格若有所思地說，儘管克萊頓在移動式住宅市場中，達到50%的市佔率，但他很驚訝這麼有效率的住房模式，其市場居然只有這麼大。

2　巴菲特確實有備而來。

4. 評論：效率之於資本主義

對於波克夏和3G資本合夥關係的問題，巴菲特也有所準備。而這些問題的內容，主要是關於它在收購公司後進行裁員的行為。

巴菲特指出，3G資本是非常成功的企業創造者與買家。他們希望能有效地掌管旗下公司，而這包括了當公司出現過多冗員時進行的人事刪減。在減少不必要的開支後，3G資本旗下的公司都能運作良好。

巴菲特觀察到，漢堡王（Burger King）現在的表現，顯著地超越其他競爭者。[3]最近被漢堡王併購的蒂姆·霍頓斯（Tim Horton's，加拿大的快餐連鎖店），在經營上也出現明顯的改善。

蒙格指出，如果不確保公司擁有適當的規模，那麼下場就會跟俄羅斯一樣。他引用了一名俄羅斯員工的話說：「每個人都有工作，事情運作得很順利。資方假裝付我們薪水，而我們假裝工作。」

巴菲特指出在二戰之後，整個鐵路產業的員工數量約為一百六十萬人，並淪為一個糟糕且資金不足的產業。現在，整個鐵路產業的僱員不到二十萬人，然而產業的規模更大、更有效率且更安全。現在，沒有人會認為鐵路產業應該雇用一百六十萬人才能經營得好。「對資本主義而言，長期來說效率是絕對必要的。」他總結道：「對於3G資本的行為，我深表尊敬。」

---

3 編注：2010年3G資本以32億6,000萬美元收購當時營運不佳的漢堡王，並大刀闊斧的削減成本、改造該公司的體質。

5. 關鍵交易案：收購 Van Tuyl——跨足汽車經銷

在被詢問到近期波克夏併購 Van Tuyl 一事後，巴菲特指出該公司是獲利相當好的汽車經銷商。

被重新命名為「波克夏海瑟威汽車」（Berkshire Hathaway Automotive）的 Van Tuyl，是全美最大的經銷集團之一，營收超過90億美元，並在十個州內擁有八十一間獨立經營的經銷商。

現在，有些經銷商例如 Carmax，採用議價空間較少、較透明的銷售模式。巴菲特則表示，Van Tuyl 將會採取「顧客想要」的模式。儘管如此，協商模式還是當前的主流。

蒙格說，他這一生在買車時，經歷的都是議價模式，而他很驚訝這樣的模式並沒有出現太大的改變。

巴菲特向股東們保證，無論未來市場如何發展，Van Tuyl 都不會有問題。而他也另外補充，如果事情在未來十年或十五年間都沒有什麼改變，他也不會太吃驚。整體而言，美國共擁有一萬七千家經銷商，而波克夏希望透過 Van Tuyl，在未來幾年內購買更多的經銷商。

有趣的是，巴菲特並不認為汽車經銷方面具有任何的規模優勢。大多數的經銷商市場都為當地人口。他也不認為波克夏未來會涉入汽車貸款領域。原因在於，富國銀行是國內最大的汽車貸款公司，其貸款資金成本僅為 0.12%，具有難以超越的優勢。

蒙格總結道，Van Tuyl 是一間「用人唯才、把對的人放在對的位置的公司」，而這也讓他聯想到奧馬哈另一間非常成功的公

司——基威特。

6. 投資心法：用兩大指標挑選標的

有人詢問道，「是否能給出五至六個選擇投資的標準？」蒙格對此表示，波克夏並沒有一體適用的標準。每一個產業都有其不同。在這方面，他們也持續學習著。

巴菲特則說，他們確實有一些篩選的條件。其中一個，是該公司是否對於自己身處的產業在五年、十年後可能呈現何種處境，有適當地理解。而此一標準協助他們刪掉許多的候選公司。

另一個過濾條件，就是「人」。巴菲特希望經營公司的人可以秉持著公司賣給波克夏之前的方式，繼續運作公司。而此一標準又刪掉了非常多候選公司。

巴菲特總結道：「我無法給你們五個標準。因為查理都瞞著我，不讓我知道。」

7. 評論：IBM——雪茄屁股的虛與實？

在被詢問到 IBM 是不是如同 1960 年代的紡織業一樣、只是雪茄屁股時，蒙格回答：「不是。」他指出，在適應科技日新月異的環境上，IBM 擁有非常罕見的實力。蒙格視 IBM 為一間「可以在合理價格進行購買的優秀企業」。

巴菲特插話說，他覺得很奇妙的是人們總會問他關於波克夏進行的投資，並認為他想要藉此「說服其他人」。然而，如果波克夏

或其他投資公司未來可能會買進更多股票，他們又怎麼會希望股價大漲呢？[4]

他於是總結道：「華爾街的人總是希望股價最好立刻大漲，即便他們已經計畫買進更多股票。查理，你認為這是為什麼呢？」

蒙格回答：「華倫，要不是人們經常出錯的話，我們又怎麼能發財呢？」

8. 公司治理：波克夏保險帝國的三個幸運

在鞏固波克夏保險帝國方面，巴菲特覺得其中有些際遇甚是幸運。尤其是這三點：拜訪了蓋可公司的羅瑞瑪・戴維森（Lorimar Davidson）、買下國家賠償保險公司，以及雇用了阿吉特・嘉安。

巴菲特宣稱，在戴維森向他講解保險業務的四個小時裡，他學到的知識遠比任何大學課程還要多。在那四個小時之後，他理解保險業是他所喜歡、且理解的產業。而這次的學習，也讓他在國家賠償價格對的時候，做好進行交易的準備，更讓他準備好購買大量的蓋可股份，並在接下來的十年內併購該公司。

「傑克・林沃特每年都會有那麼五分鐘的時刻，嚷著要把國家賠償賣掉。」1967年，巴菲特接到通知，並把握了自己的機會。而國家賠償自此之後成為波克夏打造保險帝國的根基。

---

4 編注：過去曾多年表示不碰科技股的巴菲特，自2011年3月以來，大舉買進IBM的股票，投資金額達107億美元。事後證明，IBM的交易為他生涯少見的失誤，最終於2017年大砍94％的持股。

在 1980 年代中期，阿吉特‧嘉安在某個星期六自願表示想要加入保險業，即便他之前從未待過那個領域。

對於這接二連三的好運，巴菲特非常驚嘆，並表示當好點子呈現在你面前時，懂得敞開心胸去理解它們是非常重要的。

蒙格也表示，真正的關鍵是波克夏總是購買理想的企業。

9. 公司治理：難以撼動的企業文化

巴菲特保證，波克夏的企業文化是非常強壯的。他和所有人分享近期波克夏在德國完成的一筆交易——收購摩托車服裝與配件零售商 Detlev Louis Motoradvertriebs GmbH。

三十五年前，路易斯太太和其丈夫建立了這間公司並灌注自己的心血。幾年前，她的丈夫過世了，她抱持著賣掉公司的想法，來到波克夏——對波克夏而言，擁有一個足以貫穿整個企業甚至是股東的企業文化，是一件意義非凡的事。

對於 97% 的股東贊成不要領取分紅、讓管理階層將這些現金拿去投資的投票結果，巴菲特感到非常欣慰。

巴菲特發現，隨著時間越來越久，這股企業文化變得越來越扎實，且演變成一種自我選擇機制。他認為此種風氣已經組織化，所以即便在查理和他離開後，也能繼續穩建地保持下去。

蒙格則指出，波克夏的收益率將會放緩：「生命中還有更多比波克夏的複合成長率放緩的悲劇——這些是無法避免的。」

巴菲特開玩笑地說：「請舉個例子。」根據他的看法，企業文

化來自於上層。領導者必須有所堅持，進行良好的溝通，對適當的行為給予獎勵、不適當的行為給予懲罰。由於文化的形塑過程需要時間，因此繼承喜歡的文化是最好的辦法。

巴菲特總結道，他在波克夏培養的核心價值觀，就是用自己希望被對待的方式，同理對待他人。

蒙格的結論相當深刻，他說：「我認為對於自己已知事物保持虛心，並保有想要進一步學習的好奇心，是我們所有行為中效果最卓越的一件。我們總是不斷地學習，而這也是帶來今日這番成果的主要原因。」

10. 產業觀察：可口可樂的品牌耐力

被問到對於過去五十年裡，波克夏一直扮演提供「主要糖份攝取來源」、而消費者飲食習慣正在改變的問題上，巴菲特反駁說，可口可樂擁有非常寬廣的護城河。

每天可以在全球賣出十九億罐八盎司罐裝可樂的可口可樂公司，仍然具有很大的影響力。而該公司的產品也必須因應顧客的偏好進行改變。然而，就如同在買車時總需要討價還價般，巴菲特認為他在該產業內，並沒有看到顛覆性的改變。他預測在未來的二十年內，可樂的銷售數量會比現在還高。

令人吃驚的是，巴菲特表示在過去三十年裡，他認為自己所攝取的卡路里之中，有四分之一是來自於可口可樂。他開玩笑地說：「要不是我經常吃綠花椰菜和孢子甘藍菜，我想我可能無法活得這

麼長壽。」

巴菲特提到，隨著時間的改變，人們的喜好也在改變，而某些品牌卻可以展現出令人驚訝的耐力——可口可樂始於1886年。亨氏番茄醬於1870年問世。

他也再次重申，儘管我們必須打造並推廣品牌，但一個強大的品牌所具有的力量是不容小覷的。他驚嘆地指出，1939年吉列公司曾以10萬美元的價格，買下職棒世界大賽（World Series）的廣播廣告時段。「想想看有多少人會聽到那則廣告。」

11. 評論：無關痛癢的宏觀預測

巴菲特指出，他一定無法預料到連續五年出現利率為零的事件。「我們在一個查理和我無法理解的世界裡運作著。」

對此，蒙格諷刺地說：「如果我們連過去都無法正確地預測，人們又為什麼希望我們能預測未來？」

幸運的是，對波克夏股東們而言，「宏觀預測」對波克夏的營運並無關痛癢。作為例子，巴菲特指出時思糖果和BNSF鐵路，都是波克夏在經濟大局陷入困境時所買進的公司。他認為真正重要的是，要理解一間公司的長期平均獲利能力，以及其競爭優勢是否足夠強壯。

巴菲特開玩笑地說：「我們認為一間公司如果會僱請經濟學者，一定是因為有人不小心喝醉了。」

12. 產業觀察：鐵路運輸

談到鐵路的安全性，巴菲特指出作為公共運輸業者的BNSF鐵路，必須載運某些危險物品，像是氨和氯。在這些貨品方面，政府已經發展出一套規範，而鐵路也是運輸這些物質的最佳選擇。

在鐵路產業內，BNSF的安全性可謂數一數二，巴菲特也深信整體而言，未來鐵路的安全性也會有顯著的提升。

13. 產業觀察：再生能源

太陽能的成本從2009年每兆瓦小時315美元，下降到今天的128美元；而風力發電的成本為每兆瓦小時85.48元。因此，再生能源的成本變得更有競爭力了。

波克夏能源部門的CEO克雷格・阿貝爾表示，在2016年底，愛荷華州的能源將有58%是來自風力發電。

14. 投資心法：600億美元的籌碼

巴菲特指出，他和家人的所有資產，都放在波克夏的股票上。

蒙格則說明，波克夏的槓桿非常低，因此「晚上睡覺要驚醒根本是不可能的事。」

巴菲特趕緊澄清：「我們是指因為金融方面的事。」

他總結道，手中握有600億現金的波克夏，隨時準備好把握住

經濟危機產生的可能機會。[5]

15. 投資心法：利率與股市的應變劇本

在市場估值方面，有非常多精彩的提問。巴菲特在評估市場時，其中一個為眾人所周知的標準，就是股市總市值（TMC）對國內生產毛額（GDP）。近期，該數值顯示為125％，逼近1999年間出現網路泡沫時的水準。

另一個常被巴菲特提起的數字，則是企業獲利對GDP的比率。自1951年到1999年間，該數值的分佈介於4.5％至6％之間。最近則突破了10％。

投資者是否應該關心這些數字和市場？巴菲特表示，這些比率顯示了美國的企業正處於非常良好的狀態（儘管社會對此非常關心）。而價值的評估，深受當前利息為零此一大環境的影響。顯而易見的是，當政府債券的利息為1％而不是5％時，代表股票的價值更高。

蒙格則指出，債券的收益很低，而人們的替代選擇有限。此一原因也導致股價攀升到超過其應有價值的高峰。

5　巴菲特所言不假，他確實準備好運用那600億的現金。八月時，波克夏以324億美元的現金，即每股235美元的價格（也是該公司有史以來最高的金額），買下航空零件公司Precision Castparts（PCP）。而這筆資金中，有230億來自於波克夏手中的現金，和100億借來的錢。巴菲特也毫不吝惜地表達自己對PCP的CEO馬克・多尼根（Mark Donegan）的喜愛：「這傢伙棒呆了。他根本是愛上自己的公司，就如同我對波克夏的愛一般，這點是非常重要的。」

巴菲特說，我們應該關心的問題是低利率還會持續下去嗎？在日本，低利率的情況已經持續了十幾年。那麼，我們會回到正常情況嗎？假使利率回到較正常的水平上，那麼股價就顯得太高了；假使利率一直這麼低，股票看上去「相當划算」。

　　巴菲特總結：「現在，我告訴你們答案了，你們可以自己選擇。」

很久以前……
有一種叫「資本配置」的方法

在巴菲特接管波克夏海瑟威公司的一開始，就伴隨著資本配置。該公司在1962年股東大會上提出的大規模股票回購提案，引起了巴菲特的注意。當時，那是一個「回購」幾乎不存在的世界。

這個故事實在太精彩了，以下是巴菲特在2014年〈波克夏年報〉中所講述的故事：

1964年5月6日，當時經營著波克夏海瑟威的西貝里·史坦頓（Seabury Stanton），寄了一封信給波克夏的股東們，表示願意以每股11.375元的價格，回購22萬5,000股的股票。我對這封信早有心理準備；但價格卻出乎我的預料。

當時，波克夏還有158萬3,680股在外流通。而其中的7%股票，就握在「巴菲特合夥公司」（Buffett Partnership Ltd.，簡稱BPL）手中——這間由我管理、且基本上傾盡了我所有資產與心血的投資

公司。在這封微妙的信寄出來不久前，西貝里其實問過我，BPL願意以什麼樣的價格，放掉手中的所有持股。我的答案是11.5元，於是他說：「好，成交。」

接著，我收到那封來自波克夏的信，裡面的價格低了八分之一點。西貝里的行為讓我大為光火，我不打算悶不吭聲地接受。

然而，這是一個極端愚蠢的決定。當時的波克夏，是一間營運狀況陷入窘境的北方紡織廠，而紡織業的重心正在朝南方移動——無論是就比喻或實質意義上而言。而波克夏卻因為種種原因，無法因應此一改變。[1]

這些都是實情，而該產業的困境也確實已被各界廣泛地討論。在1954年7月29日的波克夏董事會紀錄中，也交代了眼前嚴峻的情勢：「新英格蘭的紡織業早在四十年前開始，就逐漸走下坡。儘管戰爭期間，這個趨勢得到緩解，但勢必還會繼續下去，直到供給與需求達到平衡。」

在該場董事會會議發生後的一年，「波克夏精紡聯合公司」（Berkshire Fine Spinning Associates）和「海瑟威製造公司」（Hathaway Manufacturing）這兩間皆成立於十九世紀的公司合併

---

1 查理・蒙格曾經稱紡織業為「固態電力」，因此朝著TVA南邊移動（譯註：田納西河谷管理局〔Tennessee Valley Authority〕，是大蕭條時代羅斯福總統所推動的新政中，專責解決田納西河谷一切問題的機構。作為一個負責規劃整體水土保持、糧食生產、水庫、發電、交通等，以「地理導向」為主的機構，獲得很大的成功，經營至今。摘錄自維基百科），是勢不可擋的趨勢。他以慣常保守的語氣，表示新英格蘭的紡織業是一個「潰不成軍、註定毀滅的行業」。

了，因而有了這個我們沿用至今的公司名稱。

合併後的新公司擁有十四間工廠和一萬名員工，也立刻成為新英格蘭紡織業的霸主。然而，這份在公司高層眼中的合併契約，事實上，卻成為一份自殺合同。在合併後的七年裡，波克夏的營運整體而言，是處於虧損狀態，資產淨值也縮水了37％。

與此同時，該公司旗下有九間工廠關閉，有時候也會利用清算後的資金來回購股票。而這個作法引起了我的注意。

1962年12月，在預期會有更多關廠和回購股票行為的心態下，我為BPL買進第1股波克夏的股票。當時，1股的價格為7.5元，這與該公司投注在每股的營運資金為10.25元、且帳面價值為20.20元的現實間，存在著極大的價差。

買進這些股票，就像是撿起一根還剩幾口可以抽的雪茄屁股。儘管這個煙屁股既醜、還可能濕漉漉的，但至少那口煙是免費的。你可以享受這短暫的歡愉，然後，就再也沒有任何意義了。

此後的波克夏命運，就像是照著腳本在演般：很快地，它又關了兩間工廠；接著在1964年5月的信件中，打算以清算資產後得到的現金，回購股票。西貝里提議的價格，是BPL最初買進價格的一點五倍。時機來了——我的雪茄屁股，正等著我，在吸完這口煙後，我可以繼續尋找其他被拋棄的煙屁股。

但是，被西貝里激怒的我並沒有這麼做。我忽視他的提議，並開始挑釁般地買進更多波克夏的股票。

到了1965年4月，BPL已擁有39萬2,633股（當時波克夏海瑟

威在外流通的股票有101萬7,547股），在五月初召開董事會會議時，我們已經正式掌管了該公司。在史坦頓和我那幼稚的行為下（畢竟對我們雙方來說，八分之一美元算得了什麼？），他丟了工作，而我發現自己將BPL超過25%的資本，都投資在一間我不僅不懂、且營運狀況糟透了的公司身上。我成為撲向火焰的飛蛾。

在1964年的會計年度結束時，波克夏在營運虧損和股份回購的雙重打擊下，淨資產從1995年合併後的5,500萬美元，掉到了2,200萬。而這2,200萬完全投入在公司的營運之中——波克夏沒有任何多餘的現金，還背負著250萬的銀行債務（轉載在波克夏1964年的年報中）。

有那麼一段時間裡，我非常幸運：在接手的連兩年中，波克夏的營運狀況相當理想。更棒的是，由於早些年所累積出來的大量營業虧損抵免額度，讓公司不用繳納任何所得稅。

然而，兩年後蜜月期結束了，自1966年起的十八年間，我們不離不棄地苦心經營紡織業務，然而一切終究是徒勞。

毅力（抑或是愚蠢）總有極限——1985年，我終於投降了，停止了一切紡織業務。

▶波克夏的資本配置指南

儘管巴菲特懺悔，自己在出於對西貝里欺騙行徑的怒火下，買了一間瀕臨絕境的紡織公司，但我們認為他太苛責自己了。事實

上，在他接下來所展現的巧妙調度中，我們看到了驚人的侵略性資本再配置可能。

數據如下。在巴菲特接管該公司的前一年——1964年，波克夏的每股面值為19.46美元，而每股收益為0.15元。到了1969年末，波克夏的每股面值成長了120％，來到43.18元，每股收益為8.07元——巴菲特究竟對這間垂死的紡織廠做了什麼事？讓我們一起來看看：

A. 回購股票

在收購的當時，波克夏正經歷了戲劇性的回購股票行動。

在1964年，波克夏買回了46萬9,602股，僅剩113萬7,778股在外流通，資本縮水了29％！

此外，回購行為中，平均每股付出的價格為11.32美元，遠低於其帳面價值。換言之，在以非常低的價格來縮減資本的行為中，創造了大量的每股價值。

在巴菲特掌管公司後，波克夏又買進了額外的12萬231股，進一步縮減資本。簡而言之，波克夏的股票流通數量從1964年的160萬7,380股，下降到1969年的101萬7,547股，減幅達37％。[2]

2　與其相比，波克夏現行流通的股票有160萬股。在過去五十年裡，波克夏並沒有進行太多的股本擴張。

B. 隱藏價值

自1964年之後，波克夏帶著500萬美元的「稅損移後扣減」（tax loss carry-overs）。

根據當時的會計原則，在計算帳面價值時，並不會將此一資產納入計算。此外，有鑒於當時企業稅最高可以達到48%，此一資產擁有非常珍貴的意義。

由於波克夏在接下來的幾年裡使用了稅損移後扣減，讓一筆可觀的營業收入獲得免稅待遇，因此我們認為此一資產為波克夏每股又增添了2美元的價值。

C. 投資

巴菲特透過額外的資產販售，以及縮減庫存和經常性支出的方式，創造出可用於投資的現金。

他將這些錢投資在大幅增值的證券中，並在1968年至1969年間，將投資組合套現。他的報告說，在1968年，這些行為帶來的每股淨利為2.2美元（1.49元來自母公司，0.71元來自保險子公司）；1969年則為4.16元（3.87元來自母公司，0.29元來自保險子公司），稅後價值總共增加了6.36美元。

D. 收購

1967年，波克夏以840萬美元買下了國家賠償保險公司，而該公司也奠定了波克夏保險帝國的根基。

如同1969年年報中所表示的，波克夏的重心正在朝擔保、勞工賠償和再保險領域前進。

1969年，波克夏又買下了位於伊利諾州洛克福德的伊利諾國家銀行與信託。

E. 獲利與獲利能力

在獲得兩個新的營運方向後，巴菲特改變了波克夏的獲利能力。在1969年每股8.07美元的獲利中，有4.66元是來自於營運獲利：0.79元來自紡織業、2.31元來自保險子公司、1.56元來自銀行業務。[3]

此處最值得注意的地方在於：波克夏未來的獲利能力重心，從紡織業務轉移到了保險、銀行和投資業務方面。

值得一提的是，與1964年股票面值為19.46美元的波克夏相比，1969年面值為43.18元的波克夏，代表的是一個更健全、更多元且具備更高獲利能力與成長前景的公司。因此其每股內在價值的提升，遠多過於表面上每股面值120%的成長。

儘管巴菲特的起點是踏在命運多舛的紡織業，但他對於資源再分配的能力，讓波克夏海瑟威在短短的五年內，成為快速成長的產業霸主。

3　此外，此數據中的4.16美元獲利，來自於投資組合清算後的非經常性獲利。

波克夏聲望的驚人成長

隨著巴菲特的名聲與財富越來越壯大，那曾經低調的股東會也掀起了越來越強烈的熱潮。

- 在1970年代，波克夏的年度股東會僅有六名股東參加，地點在當地的咖啡廳。
- 1980年，僅有十三人出席股東會。
- 1984年，柯瑞（我現在的合夥人）成為波克夏審計部門的新人，並參加了那場在 Red Lion Inn 舉辦、僅有一些死忠股東參與的會議。
- 我首次參與股東會的那年是1986年。為了應付「洶湧的人潮」，大會地點改到喬斯林美術館。當時的出席人數為三百人。
- 1989年，由於超過一千人試圖擠進會場，導致會議延後十五分鐘開始。巴菲特表示，「來談錢的人潮，已經超過去欣賞畫作的人們」。
- 1994年，參加人數繼續成長，有高達三千名股東試著擠進奧芬

劇院。巴菲特沈思道，場地大到足以舉辦明年股東會的地方，或許只剩當地的賽車場——AK-SAR-BEN體育館。他表示，從藝術殿堂（喬斯林美術館）到舊時劇院、再到賭博的巢穴，波克夏的文化層級正在走下坡。

- 1997年，七千七百名股東填滿了AK-SAR-BEN的會場。
- 2001年8月，有超過一萬名粉絲來到現在名為CenturyLink中心的會場，參與股東會。
- 2003年，人數近乎翻倍的一萬九千名股東會出席者，還有人山人海的各式活動。
- 2008年5月，在華倫那三萬一千名好友的拜訪下，奧馬哈幾乎被巴菲特掌控了。
- 2013年5月，創下有史以來最高的出席人數：巴菲特和四萬五千名好友一同出席了CenturyLink中心的會議。

波克夏商城的啟發

其中一個造成波克夏股東會出席人數如此巨量的原因，就在於巴菲特聰明地於1990年代中期開始增加的節慶氣氛購物活動。身為創業家的巴菲特，深知其股東們的消費能力。對波克夏的子公司而言，這場活動很快就變成目標行銷的零售嘉年華會。藉由推出「波克夏商城」的做法，他們將巨量的參與人數轉換為實質營收。

今天，波克夏的股東們一齊擠進CenturyLink中心的一樓。等著他們的，是一個由波克夏子公司所組成的迷你商城，在不同攤位販售各自的產品。波克夏的子公司們就這樣毫無節制地佔據了會場的每一寸空間。右表是所有攤位。

如果你覺得這些宣傳還不夠強，在商場購買的物品和免費的宣傳冊，都會幫你裝在印有可口可樂標誌的購物袋中。漫畫版的巴菲特肖像，出現在數不清的商品外頭──從箱子、T恤，甚至到番茄醬的瓶身。但這絕對不是徒有其表的虛幻盛會。絕非如此。

2008年，內布拉斯加家具商城在活動中，創下750萬美元的營業額紀錄。對多數零售渠道而言，這是一個非常可觀的數字；2012

• Benjamin Moore Paints 油漆	• JustinBoots 鞋廠
• 波仙珠寶	• Kirby 吸塵器
• 克萊頓公寓	• Larson-Juhl 畫框訂製
• CORT 家具租貸公司	• M&T 銀行
• 冰雪皇后	• 內布拉斯加家具商城
• 水果牌服飾	• Pampered Chef 廚具
• 蓋可保險	• Quikut 刀具
• Ginsu Knives 刀具	• 時思糖果
• H.H. Brown 鞋廠	• Shaw Carpets 地毯
• 世界圖書	

年，巴菲特驕傲地宣佈，波克夏的股東們在包含時思糖果、波仙珠寶店等攤位上，共消費了 3,500 萬元，等同於每位出席者的消費金額超過 1,000 元；2014 年，內布拉斯加家具商城在股東會舉辦的當週，創下 4,000 萬美元的營業額，等同它一年營業額的 10%。

　　巴菲特不僅僅讓股東們能在公司的營業額上，盡一己之力，整個商場的運作也像是最棒的投資教學輔助道具。透過現場展示，股東們可以親身理解波克夏是如何透過這些旗下的營運事業，成為如今獨當一面的霸主。

　　顯然地，巴菲特就像是在驕傲地在向大眾暗示，多年以前，波克夏已經成長為一間以投資控股為核心的企業霸主。

波克夏的現金／債券／股票比

年份	投資組合（單位：百萬）	配置比率		
		現金和現金等價物	固定到期日證券	股票和其他投資
1979	$615	5%	30%	65%
1980	$764	8%	24%	68%
1981	$911	8%	22%	70%
1982	$1,162	5%	16%	79%
1983	$1,516	5%	14%	81%
1984	$1,710	10%	18%	72%
1985[1]	$2,676	38%	18%	44%
1986	$3,288	9%	34%	57%
1987	$4,666	5%	44%	51%
1988	$5,639	5%	32%	63%
1989	$8,263	2%	34%	64%
1990	$8,994	3%	34%	63%
1991	$12,283	6%	19%	75%

1　波克夏在1985年的現金比例之所以大幅增加，主要是因為菲利普‧莫里斯（Philip Morris）買斷了通用食品（General Foods）。

年份	投資組合（單位：百萬）	配置比率		
		現金和現金等價物	固定到期日證券	股票和其他投資
1992	$14,948	8%	14%	78%
1993	$16,487	11%	13%	76%
1994	$18,355	2%	15%	83%
1995	$26,362	10%	6%	84%
1996	$35,537	4%	18%	78%
1997	$47,548	2%	22%	76%
1998[2]	$74,589	18%	29%	53%
1999	$73,565	5%	41%	54%
2000	$77,086	6%	43%	51%
2001	$72,471	7%	51%	42%
2002	$80,494	13%	50%	37%
2003	$95,589	33%	27%	40%
2004	$102,929	39%	22%	39%
2005	$115,615	34%	23%	41%
2006	$125,715	30%	20%	49%
2007	$141,217	27%	20%	53%
2008	$122,025	20%	22%	58%
2009	$145,982	19%	22%	59%
2010	$147,772	24%	23%	53%
2011	$153,909	22%	20%	58%
2012	$176,331	24%	18%	58%
2013	$211,308	20%	13%	67%
2014	$228,906	25%	12%	63%

2　1998年收購通用再保險後，讓股票比重從76％下降到53％至55％左右。

附錄 IV　波克夏的現金／債券／股票比 473

本書的策劃

　　儘管本書來自於歷史檔案，但與我們當初寄給客戶的新聞報內容，已有所不同。相較之下，本書更像是原始檔的精華版。

　　之所以進行這樣的更動，是因為考量到一本書的篇幅無法容納所有內容。因此，部分重複的內容會移動到另一年。我們理解重複閱讀，可能會引起讀者的疲乏，所以盡可能地移除不必要的重複。

　　此外，我們也針對原版的新聞報進行編修。由於這些內容屬於歷史紀錄，因此我保留了一些語法錯誤。然而，在我和柯瑞進行整理的時候，有些錯誤實在明顯到讓我們兩人忍不住手癢，因此進行了些許更動，文體也有所改變。

　　至於筆記上的關鍵內容都沒有省略。資訊也都是一樣的。

ACKNOWLEDGMENTS
致謝

丹尼爾・皮考特

　　我要對柯瑞・溫倫——我的生意夥伴兼摯友，獻上最誠摯的感謝，是他讓我對波克夏有了最扎實的認識。謝謝你，柯瑞，用你那豐富詳盡的筆記（加上我的內容）為本書提供最寶貴的材料。能和你一起參與這麼多年的股東會，是一件非常美好的回憶。謝謝你願意相信我，即便在我懷疑自己的時刻。你的支持對我而言是無價的。

　　謝謝皮考特公司的客戶們。如果沒有你們，這些新聞報或許根本不會誕生。在這之中有非常多人和我們一起經歷了市場，以及生命中的起起伏伏。我們非常珍惜與各位相識相伴的這段日子。

　　我想對奧斯汀・皮爾斯（Austin Pierce）獻上我的感激之情，由於他的遠見，這本書才有了付梓可能。是你讓我將這個點子化為真實。如果沒有你，我不可能走到這裡。

　　我還要對我的助理雪兒比・皮爾斯（Shelby Pierce）致上更大的感謝。正因為她為我介紹了她的先生奧斯汀，這件事才有了正式

的起點。她用不屈不撓的工作熱忱和熱情活潑的性格，協助我度過工作的每一天。每個人的一生中，都應該要有一個像雪兒比這樣的人陪在左右。

感謝皮考特公司長久以來的管理者蓋爾・魯普（Gayle Rupp），因為她將公司管理得有聲有色，我才能去做那些瘋狂的事（例如孵育這本書）。我們擁有一個非常優秀的工作團隊，我很感激他們陪我們走過許多日子。

感謝這本書的試讀者：大衛・艾考克（David Aycock）、丹・波伊爾（Dan Boyle）、海倫・包斯汀（Helen Burstyn）、法蘭克・佛朗西斯科維奇（Frank Fraciscovich）、安德魯・亨秀（Andrew Henshon）、菲爾・麥克勞克林（Phil McLaughlin）、瑪麗・皮考特（Mary Pecaut）和羅伯特・羅伊（Robert Roy）。你們的意見，讓這本書更完美。非常感謝你們的幫助。

非常謝謝我的雙親狄克和桃蒂，他們讓我獲得許多人生歷練，並給予我一個充滿愛與求知的生長環境。儘管他們已經不在了，他們給予我的指導和鼓勵，仍舊存在我的心底；感謝我的孩子約翰、查理和丹妮爾，帶給我寶貴的人生體驗。一直到最近，我都認為我對他們的最大期望，就是希望他們開心。然而近期，我多了一個心願，希望他們能對自己的人生負起百分之百的責任。他們確實做到了。我非常快樂。

最後，我想對妻子、也是我高中時期的甜心和人生導師凱兒（Kay），獻上無盡的愛與感謝。一路上，她總是愛著我並支持著我。

她並不在乎金錢的多寡。她更在乎我是否能表現出應有的正直、寬厚與愛。

非常感謝華倫・巴菲特和查理・蒙格。沒有他們，就沒有這本書。謝謝過去三十年的照顧。我們明年見。

柯瑞・溫倫

我想感謝我的好夥伴與摯友丹尼爾・皮考特願意相信我，並在二十四年前熱切歡迎我加入皮考特公司這個大家庭。在我所認識的人之中，他真的是最棒的一個。他是一名了不起的作家、老師和投資家。我總是持續地從他身上學到許多——未來想必也會如此。

我也想對我們猶如家人般的客戶們，致上感謝。過去這些年，我非常榮幸能為他們提供服務、一起工作。對我而言，能與皮考特公司許多人共事是非常幸運的，像是迪克・皮考特。迪克是一位絕頂聰明、擁有百科全書般記憶、思緒敏捷且對投資充滿熱忱的人。

我非常感謝總是被我的家人們視為我左右手的蓋爾・魯普。她對細節總能抱持著無微不至的細心，對工作總有源源不絕的能量，更是我過去二十四年間不可或缺的幫手。

我也想對雪兒比・皮爾斯致上謝意。她為皮考特公司帶來了年輕的感染力與歡樂的氛圍。她不僅傑出，還總是能輕鬆地控制好我和丹尼爾。

奧斯汀・皮爾斯，謝謝你為這本書盡心盡力。你擁有無與倫比

的專業知識，以及領導一群不守規矩的傢伙走到終點的能力。

　　我非常感激自己在波克夏所學到的一切。這是一間不可思議的公司，充斥著聰明、才華洋溢且對事情總能全神貫注的人們。那些總是追問著接班人問題的人，根本不理解這間公司的實力有多麼地雄厚。能在那裡工作過，是我的榮幸。

　　我非常感激我的母親，獨自拉拔了一大群孩子長大。她建立了一間成功的公司，憑著努力與純粹的決心，為她的客戶們提供零元的初始股權。任何認識她的人，都很喜歡她，包括員工與客戶們。在她身上，我學到如何與人相處、正直、化危機為轉機的能力；我也非常感謝我的三個女兒和女婿們。她們每個人都擁有獨一無二的才華、能力和天份，就各種層面來說，正是因為有了她們，才有了今天的我。我愛她們，也非常驕傲她們一路走來的種種。

　　最後，我必須對我摯愛的妻子致上無比的謝意，謝謝她對我總是深信不疑。她陪伴著我走過人生的高谷與低谷，更是整個家庭的黏著劑。親愛的，我愛妳。

波克夏大學
巴菲特與窮查理 30 年的投資備忘錄

University of Berkshire Hathaway:
30 Years of Lessons Learned from Warren Buffett &
Charlie Munger at the Annual Shareholders Meeting

作　　者　丹尼爾・皮考特（Daniel Pecaut）
　　　　　柯瑞・溫倫（Corey Wrenn）
譯　　者　李祐寧
主　　編　郭峰吾

總 編 輯　李映慧
執 行 長　陳旭華（ymal@ms14.hinet.net）
社　　長　郭重興
發行人兼
出版總監　曾大福

出　　版　大牌出版／遠足文化事業股份有限公司
發　　行　遠足文化事業股份有限公司
地　　址　23141 新北市新店區民權路 108-2 號 9 樓
電　　話　+886- 2- 2218 1417
傳　　真　+886- 2- 8667 1851

印務協理　江域平
封面設計　葉馥儀 FE 設計
排　　版　藍天圖物宣字社
印　　製　成陽印刷股份有限公司
法律顧問　華洋法律事務所　蘇文生律師

定　　價　650 元
初　　版　2018 年 11 月
二　　版　2022 年 9 月

國家圖書館出版品預行編目 (CIP) 資料

波克夏大學：巴菲特與窮查理 30 年的投資備忘錄 / 丹尼爾・皮考特（Daniel Pecaut）、
柯瑞・溫倫(Corey Wrenn)著；李祐寧 譯 . -- 初版 . -- 新北市：大牌出版，遠足文化發行，
2022.9　面；公分
譯自：University of Berkshire Hathaway: 30 Years of Lessons Learned from Warren Buffett
　　　& Charlie Munger at the Annual Shareholders Meeting
ISBN 978-626-7191-15-6（平裝）
1. 巴菲特 (Buffett, Warren) 2. 蒙格 (Munger, Charles T., 1924-) 3. 投資

563.5　　　　　　　　　　　　　　　　　　　　　　　　　　111014625